Gescheit oder

Holger Rust

Gescheit oder gescheitert?

Bildungsrepublik Deutschland –
Zustand und Zukunft einer Utopie

Holger Rust
Aumühle, Deutschland

ISBN 978-3-658-46704-3   ISBN 978-3-658-46705-0 (eBook)
https://doi.org/10.1007/978-3-658-46705-0

Die Deutsche Nationalbibliothek verzeichnet diese Publikation in der Deutschen Nationalbibliografie; detaillierte bibliografische Daten sind im Internet über https://portal.dnb.de abrufbar.

© Der/die Herausgeber bzw. der/die Autor(en), exklusiv lizenziert an Springer Fachmedien Wiesbaden GmbH, ein Teil von Springer Nature 2025

Das Werk einschließlich aller seiner Teile ist urheberrechtlich geschützt. Jede Verwertung, die nicht ausdrücklich vom Urheberrechtsgesetz zugelassen ist, bedarf der vorherigen Zustimmung des Verlags. Das gilt insbesondere für Vervielfältigungen, Bearbeitungen, Übersetzungen, Mikroverfilmungen und die Einspeicherung und Verarbeitung in elektronischen Systemen.
Die Wiedergabe von allgemein beschreibenden Bezeichnungen, Marken, Unternehmensnamen etc. in diesem Werk bedeutet nicht, dass diese frei durch jede Person benutzt werden dürfen. Die Berechtigung zur Benutzung unterliegt, auch ohne gesonderten Hinweis hierzu, den Regeln des Markenrechts. Die Rechte des/der jeweiligen Zeicheninhaber*in sind zu beachten.
Der Verlag, die Autor*innen und die Herausgeber*innen gehen davon aus, dass die Angaben und Informationen in diesem Werk zum Zeitpunkt der Veröffentlichung vollständig und korrekt sind. Weder der Verlag noch die Autor*innen oder die Herausgeber*innen übernehmen, ausdrücklich oder implizit, Gewähr für den Inhalt des Werkes, etwaige Fehler oder Äußerungen. Der Verlag bleibt im Hinblick auf geografische Zuordnungen und Gebietsbezeichnungen in veröffentlichten Karten und Institutionsadressen neutral.

Springer ist ein Imprint der eingetragenen Gesellschaft Springer Fachmedien Wiesbaden GmbH und ist ein Teil von Springer Nature.
Die Anschrift der Gesellschaft ist: Abraham-Lincoln-Str. 46, 65189 Wiesbaden, Germany

Wenn Sie dieses Produkt entsorgen, geben Sie das Papier bitte zum Recycling.

Inhaltsverzeichnis

1	**Einführung & Hintergrund**	**1**
1.1	Die Idee einer „Bildungsrepublik"	2
1.2	Der Kontext der „Wissensgesellschaft"	4
1.3	Widersprüche zwischen Verfügbarkeit und Nutzung von Wissen	6
1.4	Wissenschaft als „repräsentative" Institution	8
1.5	Das brüchige Versprechen der Bildungs-Rendite	9
1.6	Befremdliche Abstraktionen und einfache Antworten	10
1.7	New Public Intellectuals	12
1.8	Schwarze Utopien	15
1.9	Erschöpfende Vielfalt	17
1.10	Jegliches Wissen ist verfügbar, jederzeit, für jede und jeden	20
2	**Wissenschaft und Forschung in der „Bildungsrepublik"**	**23**
2.1	Vielfalt und Unübersichtlichkeit	24
2.2	Wissenschaft und Forschung an Universitäten und Hochschulen	26
2.3	Bedeutung außeruniversitärer Forschung	28
2.4	Formeller und informeller Austausch	30

2.5 Forschung von Branchenverbänden, Unternehmen etc. 32
2.6 Was ist mit der künstlichen Intelligenz? 33
2.7 Das alles ist – Zukunftsforschung 35
2.8 Wissenschaftlich fundierte Zukunftsforschung 37
2.9 Sozialwissenschaften und Zukunft 39
2.10 Philosophie als öffentliches Ereignis 41

3 Bildungsbericht, PISA und andere Untersuchungen zu Bildung und Vertrauen 45
3.1 Großforschungsprojekte in Sachen Bildung 46
3.2 Aufwendungen für Bildung 47
3.3 Ungleiche Bildungsbeteiligung 49
3.4 Schockmeldung aus der PISA-Forschung 51
3.5 Oder doch nicht? Ein differenzierter Blick in die Studie 52
3.6 Das Prinzip „Fairness" und die Bildungsgerechtigkeit 55
3.7 Versagen des Systems? Ein unzulässiges Pauschal-Urteil 56
3.8 Öffentliche Wirkungen privater Ungleichheit 58
3.9 Geringe Nutzung eines umfangreichen Angebots 60
3.10 Sinkendes Vertrauen in die Wissenschaft – global 62

4 Neuer Strukturwandel der Öffentlichkeit 65
4.1 Vertrauensverlust in die Wissenschaft 66
4.2 Die Bedeutung des „Poppenbüttel-Effekts" 68
4.3 Gründe für Vertrauensverlust oder: Lohnt sich Bildung überhaupt? 70
4.4 Das Geschäftsfeld der Alarmisten 73
4.5 Upgrading des Vertrauensverlusts 76
4.6 Medienschelte – ein sicheres Thema der Aufmerksamkeits-Ökonomie 77
4.7 Die ewige Mär von den linken Medien 79
4.8 Kritik an den Öffentlich-Rechtlichen 81
4.9 Zivilisationsverluste durch Social Media? 83
4.10 Der Stammtisch, oder: Verlust der gastronomischen Kultur 85

5 Geschäftsfeld Simplifizierung — 89
5.1 Handreichungen für das lebenslange Lernen — 90
5.2 Scharlatanerie – analytischer Begriff oder Schimpfwort? — 92
5.3 Experten (und Expertinnen) für eh alles — 94
5.4 Desorientierte Führungskräfte? — 96
5.5 Das Rundum-Programm für jede Herausforderung — 98
5.6 Endlose Laufzeit des Theaterstücks: „Lernen von …" — 100
5.7 Immanente Widersprüche der Guru-Weisheiten — 101
5.8 Homo oeconomicus mit Hirn — 103
5.9 Und die Zukunft – wieder einmal — 106
5.10 Verkaufte Zukünfte — 107

6 Simplifizierung exemplifiziert: Horx — 111
6.1 Diskreditierung von und Anspruch auf Wissenschaft — 112
6.2 Persönliche Angriffe — 114
6.3 Enzyklopädischer Anspruch — 116
6.4 Was kommt nun dabei raus? — 118
6.5 Klima-Skepsis und Gourmet-Sex — 120
6.6 Der trendige Gesellschaftsvertrag — 122
6.7 Berufliche Resteverwertung — 124
6.8 Alles wird gut, vor allem, wenn es schlecht geht — 126
6.9 Blaue Energie, Chorsingen, Brutto-Inlands-Glück und Omni-Krise — 128
6.10 Wo sind die Kritiker geblieben? — 131

7 Simplifizierung exemplifiziert – von Horx zu Precht — 137
7.1 Die Trend-Familie — 138
7.2 Enthusiasmus für den „neuen" Philosophentyp — 141
7.3 Immer wieder neue neue Philosophen — 142
7.4 Kumulativer Vorteil Medienpräsenz — 144
7.5 Diskreditierung der akademischen Welt — 146
7.6 Wendepunkte, kurz skizziert — 149
7.7 Politischer Schleuderkurs — 151
7.8 Die großen Fragen der Menschheit — 153
7.9 Welt-Innenpolitik und auch sonst noch Allerlei — 155
7.10 Wissen und was dafürgehalten wird — 157

8 Wissenschaft und Komplexität — 161
- 8.1 Ignoranz der Wissenschaft — 162
- 8.2 Wissenschaft als repräsentatives System — 164
- 8.3 Mangelndes Selbst-Vertrauen in das Bildungssystem — 166
- 8.4 Instrumentalisierung der höheren Bildung — 169
- 8.5 Steinige Karrierewege — 171
- 8.6 Studentische Revolten gegen Einvernahme der Wissenschaften — 174
- 8.7 Wirtschaftswissenschaft als Höhlengleichnis — 176
- 8.8 Aber was also sollte denn Wissenschaft sein? — 178
- 8.9 Interpretative Wende in den Wirtschaftswissenschaften — 179
- 8.10 Forschungsfragen für die Zukunft — 181

9 Faktenchecks: Investigative Wissenschaft — 185
- 9.1 „Es ist alles schon mal da gewesen, manches sogar zwei Mal." — 186
- 9.2 Neuro-Ökonomie — 188
- 9.3 Mediale Vervielfältigung — 190
- 9.4 Ergebnis der Gegenrecherche: Am besten nichts Neues — 192
- 9.5 Die Fabel vom giftigen Testosteron — 194
- 9.6 Steigender Erregungsspiegel im Publizistik-Kreislauf — 196
- 9.7 Creative Class – das Elitemilieu — 198
- 9.8 Soziale Folgen — 200
- 9.9 Wissenschaftliche Falsifikationen — 202
- 9.10 Weitere Themen? Jede Menge — 204

10 Nostalgia, zukunftsorientiert — 209
- 10.1 Wissenschaft ohne Komplexität ist keine — 210
- 10.2 Auch Kant ist unterhaltsam — 211
- 10.3 Unterhaltsame Inspirationen — 214
- 10.4 Kategorische Imperative moderner Management-Klassiker — 216
- 10.5 Bildung als gesellschaftliches Ereignis — 219

10.6	Unbekannte Wirkungen	221
10.7	Vergessenes Erbe	223
10.8	Stimmen aus dem Off	224
10.9	Überwindung der Ungleichheit als Zukunftsaufgabe	226
10.10	Die Verantwortung des neuen Bildungsbürgertums	229

Literatur   **235**

1

Einführung & Hintergrund

Zusammenfassung Die Kernfrage: Warum ist die Skepsis gegenüber Bildung und Wissenschaft in einer Zeit am höchsten, in der beides am dringlichsten gebraucht wird? Der Kontext: Vor anderthalb Jahrzehnten wurde die Idee einer „Bildungsrepublik" formuliert, als Ausdruck einer europäischen Utopie der „Wissensgesellschaft". Das zukunftsorientierte Konzept erklärte Bildung zur unabdingbaren Voraussetzung für wirtschaftlichen Fortschritt und materiellen wie immateriellen Wohlstand. Wenn man genau hinschaut, ist denn auch in der BRD jegliches Wissen verfügbar, jederzeit, für alle. Gleichzeitig erlebt unser Gemeinwesen eine historische einmalige Diskussion um die Bedeutung von Wissen und Bildung. Was aber ist aus dem Versprechen geworden, dass Bildung eine persönliche Rendite abwerfe? Krisen wie Kriege und Corona, aber auch wirtschaftliche Transformationen wie die rasante Entwicklung Künstlicher Intelligenz erzeugen eher ein Gefühl der Hilflosigkeit. Widerstreitende Kommentare und Meinungen einflussreicher Medienintellektueller, düstere Utopien auf der einen und Mega-Optimismus auf der anderen Seite, führen zu Unsicherheit. Und das Vertrauen in Wissenschaft und Bildung sinkt.

1.1 Die Idee einer „Bildungsrepublik"

Es ist doch seltsam: In einem historischen Moment, in dem Wissenschaft – in diesem Fall die medizinische Forschung, die eine rasche Impfung gegen die Corona-Infektionen schuf – Millionen von Leben rettete, traten Verweigerer, Impfgegner und andere Repräsentanten einer irrational oder strategisch begründeten Opposition gegen alles Wissenschaftliche auf den Plan. Sie politisierten sich gar auf der Grundlage absurder, allen Fakten und simpelster Logik widersprechenden Verschwörungstheorien. Andere hingegen erklärten die Pandemie zur lehrreichen Volte einer „Evolution", die zu einer sozialpolitischen Besinnung und dadurch zu etwas völlig Neuem führe, wie der Publizist Matthias Horx im März 2020 in einem sich rasend verbreitenden Posting im Internet fabulierte. Rasend verbreitend heißt: Hunderte allgemein informierender Medien jeglicher Art nahmen kommentarlos die Weissagung vom Goldenen September des Jahres 2020 und die Prognose einer geläuterten Gesellschaft auf: Es wäre warm, wir säßen in einem Straßen-Café und würden uns wundern, dass „die sozialen Verzichte, die wir leisten mussten, selten zu Vereinsamung führten. Im Gegenteil. Nach einer ersten Schockstarre fühlten viele von sich [sic] sogar erleichtert, dass das viele Rennen, Reden, Kommunizieren auf Multikanälen plötzlich zu einem Halt kam" (https://www.horx.com/48-die-welt-nach-corona; letzter Abruf dieser und aller weiteren Online-Quellen in diesem Kapitel : 14.12.2024).

Das wurde, wie gesagt, im März 2020 niedergeschrieben. Kurz darauf folgte eine umfangreiche Interpretationsanleitung (wenn man es so nennen will), in der die Zukunft ausgemalt wurde (https://www.horx.com/55-die-wahrheit-nach-corona). Die zentrale Botschaft: „Die eigentliche Seuche, die Mega-Infektion unserer Zeit ist das, was ich den Narzisstischen Negativismus nennen möchte". Es folgte ein Buch mit dem Titel „Die Zukunft nach Corona" (Horx 2020), in dem diese Weissagungen noch einmal ausgebreitet wurden, und ein weiteres (als Folgeband zu „Die Zukunft nach Corona"): „Die Hoffnung nach der Krise!". Es zeige, so die Werbung, „die aktuellen Mindshifts und erkläre, wie sich die Zukunft in uns immer wieder neu erfindet" (Horx 2021). Aber dann, 2024, in einer 185 € teuren „Meta-Studie" mit einem Begriff, den vor mehr als

20 Jahren die Autoren des Weltbestsellers „Empire", Michael Hardt und Antonio Negri, geprägt hatten (Hardt, Negri 2000), wurde die „Omni-Krise" auszurufen.

Nur eins stimmte an dieser Prognose aus dem März 2020: Es war warm im September des Jahres, jedenfalls an manchen Orten. Ansonsten sah man sich einer im Vergleich mit diesen Mega-Optimismen absurden Situation gegenüber. Es setzte ein publizistischer Tsunami an Stellungnahmen, Warnungen, Relativierungen von Impfgegnern, sogenannten Querdenkern und populären Philosophen wie Richard David Precht ein (mehr dazu in Kap. 7). Es gab Existenzprobleme kleiner und mittelständischer Unternehmen und nicht zuletzt: heftige Kritik an der Wissenschaft. Gerade in der Pandemie verdichtete sich der ohnehin schon länger beobachtete Vertrauensverlust in „die" Wissenschaftlerinnen und Wissenschaftler. Zwei von ihnen – Katalin Karikó und Drew Weissman – konnten ein Jahr später, im Oktober 2023, den Nobelpreis für Medizin für Ihre Entdeckungen entgegennehmen.

Ausgezeichnet wurden damit ihre Forschungen zur mRNA-Technologie. Bemerkenswert war ja nicht nur, dass es damit eine wissenschaftliche Grundlage für die unerwartet rasante Entwicklung von Impfstoffen gab, sondern auch, dass es sich bei der Forschung um eine bis dahin in der Öffentlichkeit weitgehend unbekannte und zudem auch wenig geförderte und höchst komplexe Technologie handelte. Wie bei vielen Nobelpreisen für wissenschaftliche Arbeiten, lernen Laien das jeweilige Fach- oder Spezialgebiet erst kennen, wenn die Laureaten bekannt gegeben werden. Viele wundern sich dann darüber, welche unbekannten Probleme in den Elfenbeintürmen gelöst werden.

Bei allen Relativierungen, die im Zuge der Aufarbeitung der Corona-Zeit diskutiert werden, ist eines unumstritten: Wissenschaft verhinderte eine noch größere Katastrophe als es die mehrjährige Pandemie ohnehin schon war und legte gleichzeitig eine Basis für neue Therapien wie zum Beispiel gegen Krebserkrankungen. Karikó arbeitete nach der Entlassung aus der University of Pennsylvania seit 2013 im deutschen Unternehmen Biontech, bis sie 2022 eine Professur in Ungarn übernahm. War sie nicht eigentlich die Verwirklichung all der Slogans über die „Köpfe" als wichtigster Rohstoff? Oder des „Humankapitals" als Wettbewerbsfaktor? Wäre nicht eher ein wenig Stolz angebracht gewesen – auf eine Leistung, die letztlich auf guter Bildung und Ausbildung beruhte, Dokumentation einer lebendigen „Bildungsrepublik"?

Eine Metapher, die von der damaligen Kanzlerin Angela Merkel am 12. Juni 2008 bei ihrer Rede zum 60. Jahrestag der sozialen Marktwirtschaft benutzt wurde: „Wohlstand für alle heißt heute Bildung für alle." Damit erklärte sie Bildung zu einer der wichtigsten Zukunftsaufgaben.

Wirklich nur eine Metapher? Eine schöne Redewendung zum feierlichen Anlass?

Das wäre zu kurz gegriffen, auch wenn der Verdacht natürlich oft geäußert wurde. Tatsächlich bedeutet der Begriff die Sicherung allgemeiner Ausbildung und Verantwortung für ein politisches Modell, das alle repräsentiert. Ein politisches Modell, das am Gemeinwohl orientiert ist und frei von Partikularinteressen Chancengleichheit und Vorsorge gegen unverschuldete Notlagen garantiert und in dem alle zur aktiven und engagierten Teilhabe aufgerufen sind. Die Verbindung dieses politischen Idealtyps – der res publica mit Bildung – resultierte aus der Idee, die unabdingbaren Voraussetzungen einer „Wissensgesellschaft" zu schaffen, um Wirtschaft und Gesellschaft für die Zukunft zu stärken.

1.2 Der Kontext der „Wissensgesellschaft"

Wissensgesellschaft: Dieser Begriff markierte im selben Zeitraum ein europäisches Strategie-Programm, die EU zum wettbewerbsfähigsten und dynamischsten wissensbasierten Wirtschaftsraum zu machen. Vor allem ging es darum, mehr junge Menschen zum Abitur zu führen und ihnen Studienplätze zur Verfügung zu stellen. Steigende Abiturienten- und Studierendenzahlen galten als Erfolgsindikatoren. Hinter dieser Programmatik stand die Idee, dass sich seit den 1960er-Jahren eine fundamentale Transformation abzeichnet – die von der sogenannten Industriegesellschaft zur Informationsgesellschaft, ein Prozess, der alle Bürgerinnen und Bürger einbeziehen sollte. Die Metapher Merkels enthielt (und enthält) auch das Versprechen, durch Bildung und Ausbildung die Teilhabe aller am gesellschaftlichen Wohlstand sichern zu können.

Ausführlich beschrieben werden die Idee der Wissensgesellschaft, ihre Geschichte, aber auch nicht bewältigte Probleme übrigens in einem

Skript von Andreas Poltermann. Als Direktor der Heinrich-Böll-Stiftung war er unter anderem „Abteilungsleiter Politische Bildung Inland" und hat sich mit europapolitischen Fragen beschäftigt (https://www.bpb.de/system/files/dokument_pdf/DZB_Poltermann_Wissensgesellschaft.pdf).

Allerdings weist Poltermann auch darauf hin, dass eine Hoffnung sich nicht in dem gewünschten Maße erfüllte: „Das Versprechen, durch Bildung auch sozial aufzusteigen und eine den gestiegenen Qualifikationen entsprechende, anforderungsreichere und besser bezahlte Arbeit zu finden. Denn der Wechsel des Arbeitsplatzes vom Industrie- in den Dienstleistungsbereich (,horizontale Mobilität') bedeutet keinesfalls immer sozialen Aufstieg (,vertikale Mobilität'). […] Tätigkeiten wie Pflegen, Betreuen, Erziehen, die zu den personennahen Dienstleistungen gerechnet werden, sind meist deutlich schlechter bezahlt als die industrie- und unternehmensnahen Dienstleistungen. In diesen personennahen Dienstleistungen sind besonders viele Frauen anzutreffen. Sie profitierten zwar von der Bildungsexpansion und der Emanzipation von den traditionellen Geschlechterrollen, doch der soziale Aufstieg in die besser bezahlte Arbeit blieb ihnen meist verwehrt."

Erstaunlich ist auch, dass das wachsende Angebot an Bildungsmöglichkeiten nicht in dem Maße angenommen wurde und wird, wie es in Zeiten turbulenter Transformationen notwendig wäre, um die persönliche Zukunft und gleichzeitig das Vertrauen in die Zukunft zu sichern.

Mehr als erstaunlich und in hohem Maße problematisch ist das offenbare Scheitern der „Wissensgesellschaft" und der politisch entwickelten Infrastruktur zu ihrer Sicherung. Offensichtlich misslingen die Bemühungen, die Initiative zur Teilhabe zu fördern, Trivialangebote oder gar Verschwörungstheorien (wie sich in der Corona-Pandemie gezeigt hat) zu neutralisieren und die Chancen durch Bildung zu verdeutlichen.

Problematisch ist dies auch deshalb, weil diese Diskrepanz einen essenziellen Standortfaktor einer pluralistischen, lösungskompetenten und zukunftssicheren Wirtschaftskultur berührt: die Entwicklung von Zukunftstalent. Damit deutet sich ein fataler Widerspruch an: die Nutzung von Möglichkeiten des wirtschaftlichen und sozialen Aufstiegs durch die institutionelle Bereitstellung von Chancen wurde zusehends an die Bereitschaft geknüpft, diese Chancen individuell wahrzunehmen. Die

Voraussetzung dafür wiederum wäre die Nutzung der institutionellen Möglichkeiten. Es mutet fast wie eine Ironie an, wenn man die (trotz aller diskussionswerten Probleme, die in den nächsten Kapiteln noch erörtert werden) historisch tatsächlich einmalige und nie dagewesene Infrastruktur für Bildung, Forschung und Zukunftsorientierung betrachtet. Dieses Problem belegt die enge Verbindung der beiden diskutierten Grundbegriffe: Bildungsrepublik und Wissensgesellschaft. Die Metapher der Republik erfasst das institutionelle System, der Begriff der Wissensgesellschaft die Bedeutung für die Menschen, die in diesem System leben. Daher wird nun in der weiteren Argumentation dieses Buches von einer „bildungsrepublikanisch verfassten Wissensgesellschaft" gesprochen.

1.3 Widersprüche zwischen Verfügbarkeit und Nutzung von Wissen

Belege werden im zweiten Kapitel in einer beispielhaften Liste technik- und naturwissenschaftlicher sowie wirtschaftswissenschaftlicher Forschungseinrichtungen, Universitäten und außeruniversitärer Forschung näher dargestellt, als Dokumentation einer beachtlichen Vielfalt und Qualität: global führende Fachbereiche an Hunderten von Universitäten und Fachhochschulen; zahlreiche Wirtschaftsforschungs-Institute; die außeruniversitären Forschungsverbände wie die Fraunhofer-Institute, Max-Planck-Gesellschaften, Statistische Landes- und Bundesämter; dazu die Forschungsinitiativen vieler Branchen und ihrer Verbände, Stiftungen, Unternehmensberatungen und Marktforscher, politische Initiativen der Wissenschaftsministerien etc. Dies gilt auch für Geisteswissenschaften und deren steigende Zahl an vermittelnden Fachmedien und populären Magazinen. Das heißt: „Zukunftsforschung" im Sinne einer personellen und institutionellen Sicherung des Wissensbestandes und seiner Dynamisierung ist in Deutschland hervorragend ausgestattet.

Dennoch wurde immer wieder das „Scheitern" der Wissensgesellschaft beklagt, das heißt also auch: dass die geringe Akzeptanz und das fehlende Engagement auf einen Systemfehler in der Programmatik zurückgeführt werden könne: die Akademisierung. Poltermann analysiert: „Das Konzept ‚Wissensgesellschaft' trägt [...] durch seine Ausrichtung auf internationale Konkurrenzfähigkeit durch Deregulierung der Arbeitsmärkte dazu bei, die berufliche Bildung mehr und mehr in Richtung Beschäftigungsfähigkeit abzuwerten und auf einzelbetriebliche Bedürfnisse einzugrenzen. Dagegen soll die Hochschulbildung die marktstarken Manager hervorbringen, die die Handarbeiter kontrollieren. Bildung erzeugt hier nicht nur soziale Ungleichheit, sie rechtfertigt sie auch nach dem Maßstab der individuellen Leistungsgerechtigkeit. Die hohe Arbeitslosigkeit, von der in Europa heute besonders Jugendliche betroffen sind, erscheint dann als Folge ihres persönlichen Versagens."

Der Kern des Problems (ausführlich in Kap. 4): die mangelnde Motivation zur Zustimmung von Individuen zu den nur kollektiv zu erreichenden Zielen, von denen sie selbst dann wieder profitieren könnten. Mehrere Aspekte des politischen Gedankengebäudes der Bildungsrepublik sind, was diesen Aspekt betrifft, offensichtlich zu wenig beachtet und die Komplexität eines solchen Ansatzes schlicht unterschätzt worden. Anders ausgedrückt: Auch die schönsten sozial- und bildungspolitischen Ideen haben sich im Alltag jedes einzelnen Menschen zu bewähren. Was nun aber, wie auch sehr deutlich werden wird, wiederum keine Entlastung von der Pflicht zur gestaltenden Teilhabe bedeutet. Erst diese Teilhabe erlaubt – konstruktive – Kritik.

Erstens ist es seit den Bemühungen der bildungsorientierten „Revolution" an den Universitäten der späten 1960er-Jahre unbestritten, dass die Reformen unbedachte, wenngleich nicht immer negative Konsequenzen hatten. Die sogenannte kompensatorische Erziehung zum Beispiel führte dazu, dass Mitglieder der ohnehin besser gebildeten Milieus mehr von den Programmen profitierten als die eigentlichen Zielpersonen. Der Grund? Sie waren gewandter im Umgang mit Medien, und sie verfügten im Sinne der heutigen Begriffe der PISA-Forschung (siehe Kap. 3) über größere „Literacy" (also die Fähigkeit, Dinge in ihrem Kontext zu beurteilen) und „Numeracy" (die Kompetenz, Zahlenwerke im Hinblick auf ihre nicht nur mathematische Bedeutung hin zu interpretieren).

Wenngleich dies im Prinzip weiterhin gilt, sind aus der Sicht der neueren Forschung (insbesondere zur Frage der schulischen Bildung) Differenzierungen notwendig. Inzwischen hat sich herausgestellt, dass diese Erkenntnis nicht allein auf milieubedingte Faktoren zurückgeführt werden kann, weil es nachweislich in jedem Milieu Personen gibt, die von „kompensatorischen" Bildungsinitiativen profitieren.

Schließlich ist zweitens die Kritik an „der" Wissenschaft bei der Vielzahl der Studienfächer, Forschungseinrichtungen und Informationsebenen unsinnig. Selbst auf den Gebieten der einzelnen Disziplinen stehen vielfältige Informationsquellen zur Verfügung – nicht zuletzt das allen zugängliche Portal Wikipedia. Die dort gebotenen Informationen sind zum großen Teil didaktisch und inhaltlich ausgezeichnet. (Im Laufe der weiteren Argumentation werden dazu zahlreiche Belege geliefert).

1.4 Wissenschaft als „repräsentative" Institution

Irritierend erscheint aber auch die Forderung, dass „Wissenschaft" verständlich sein müsse. Dies ist ein Widerspruch zu dem, was sie eigentlich leisten soll: nämlich spezialisierte Hochleistungen auf hochkomplexen Gebieten (beispielsweise in der Medizinforschung, der angewandten Mathematik oder der Sozialwissenschaften) zu erbringen. Das heißt – um den „republikanischen" Gedanken einer Bildungsrepublik Deutschland aufzugreifen –, dass derartige Arbeiten genauso wie die von Piloten, Facharbeitern für komplexe Energieanlagen, Pflegeeinrichtungen und Finanzdienstleister – an eigens für derartige Aufgaben geschulten Personen in Universitäten, Schulen und Forschungseinrichtungen delegiert werden. Ralf Dahrendorf, liberaler Politiker, Soziologe und Direktor der London School of Economics, bezeichnete diese Tätigkeiten in seinem Buch über „Lebenschancen" bereits 1972 als „repräsentativ", als unerlässlich für die Sicherung einer sowohl wirtschaftlich soliden wie kulturell erfüllten Gesellschaft – sozusagen die bildungsrepublikanische Grundlage der Entwicklung von Lebenschancen.

Das Kernproblem fehlender Akzeptanz des Konzepts einer Bildungsrepublik führt direkt zum Thema der Leistungsfähigkeit von Schulen. Denn – wie schon angedeutet und erneut in der 2022 durchgeführten und 2023 erschienenen PISA-Studie dokumentiert – führt die schulische Bildung in der Bundesrepublik nicht automatisch zu den erwünschten Ergebnissen. Eine differenzierte Analyse auf Grundlage der Originalberichte wird dies auch im Hinblick auf den Wirtschaftsstandort Deutschland im Allgemeinen und die individuellen beruflichen Chancen im Besonderen interpretieren. Dabei zeigt sich aber auch, dass die aufgeregte Berichterstattung in vielen Medien eher von überstrapazierten Sensationsaspekten als von einer ganzheitlichen und differenzierten Darstellung geprägt war.

Ergänzend zur PISA-Studie wird hier die allgemeine Unlust am bildungspolitischen „Gesellschaftsvertrag" thematisiert. Kritisiert wird die passive oder aktive Verweigerung der Teilhabe am intellektuellen Diskurs in den verschiedensten Milieus. Öffentliche Wissenschaftsfeindlichkeit, Verschwörungstheorien, Anti-Elitismus und Ablehnung von Fakten oder jubelnd begrüßte Wissenschafts-Placebos wie die boulevardeske Trendforschung, zudem eine pauschale Kritik am Schulsystem sind als modische Narrative vor allem in einer unzulässig boulevardisierten, weil gut verkäuflichen Kritik alltäglich geworden. Und so stellt sich die Frage: Warum avanciert solch vordergründige Polemik gegen „die" Wissenschaft, gegen Lehrerinnen und Lehrer, gegen das akademische Personal oder das vorgebliche „Soziologen-Chinesisch", gegen die „Elfenbeintürme" und „faulen Professoren" in sensationellen Schlagzeilen und Buchpublikationen? In (unverhohlen destruktiver) Kritik am pädagogischen System und dem klassischen Wissenschaftsbetrieb?

1.5 Das brüchige Versprechen der Bildungs-Rendite

Als Grund nennen Soziologen das Versprechen des Gesellschaftsvertrags, Bildung führe zu Leistungsfähigkeit und damit zu sozialem und wirtschaftlichem Aufstieg. Dieses Versprechen scheint aus vielerlei Gründen heute keine universelle Gültigkeit mehr zu haben. Die Herausforderungen, die im Alltag der „Wissensgesellschaft" als ein Ergebnis von Forschung und Innovation unter dem seltsam abstrakten Begriff der *Transformation* spürbar werden, kommen bestimmten Milieus, Bevölkerungs- und Berufsgruppen bzw. Generationen zugute, während andererseits eine große und heterogene Menge nicht profitiert oder sich als Modernisierungsverlierer fühlt.

Viele fühlen sich in dieser technologisch und zunehmend auch wirtschaftlich und politisch komplexen Welt abgehängt. Dabei geht es in erster Linie um die Folgekosten wirtschaftlicher Transformationen, die irgendwie von den Akteuren, die sie vorantreiben, als quasi naturgesetzliche Entwicklungen deklariert werden. Die Sprache ist dabei seltsam verschwommen. Man könnte denken, wir seien in unserem modernen Alltag von heimtückischen Aliens aus einer Science-Fiction-Galaxie namens Abstracta beherrscht, die vor allem eines tun: *steigen, klettern, sich entwickeln* und *durchsetzen*, auf uns *zurollen* und Ähnliches. Überall wirken offensichtlich amorphe Prozesse – Pandemien, Kriege, Wirtschaftskrisen, Künstliche Intelligenz, Globalisierung und wer weiß, was noch alles, gestaltlose Entwicklungen, die sich man sich vorstellen muss wie das durch die Straßen wehende Gerücht in der dramatischen Grafik des norddeutschen Zeichners A. Paul Weber. Zum Beispiel: „die" Digitalisierung. Man sagt, sie schreite unaufhaltsam voran. Wie hat man sich das vorzustellen? Eher würdevoll? Oder müsste man doch schleichend sagen? Oder wie eine Welle? Eine Lawine? Man sieht: Keine Erklärungen. Nur Metaphern. Die Wissenschaftssprache gilt indes gleichzeitig als unverständlich – aufgrund der unvermeidlichen Komplexität von Analysen hochkomplexer Vorgänge. Was nun die Diagnose betrifft, scheint eines sicher: Große Teile der Gesellschaften leiden unter massiver Überforderung durch multiple Transformationen.

Aber stimmt das eigentlich?

1.6 Befremdliche Abstraktionen und einfache Antworten

Es stimmt nicht ganz. Die Sache ist komplizierter und ähnelt dem seltsamen in sich selbst kreisenden Problem, das weiter oben beschrieben wurde: von institutioneller Vorgabe und individueller Motivation der Nutzung dieser Vorgaben, die wiederum institutionell – zum Beispiel durch den Schulunterricht – gefördert werden soll. Bricht man aus diesem Zirkel aus, dann sind es Individuen, die diese Transformationen vorantreiben: Wir alle sind diese Digitalisierung, die unaufhörlich voranschreitet. Wir sind es, die zum Beispiel Facebook, Google, Amazon, X (ehemals Twitter), TikTok, Alexa und ChatGPT und damit schließlich auch den Forschungen zur künstlichen Intelligenz diese Macht verliehen haben. Jeder und jede Einzelne von uns. Wir sind es, die sich entscheiden, was im Buchmarkt geschieht, was im Fernsehen läuft, welche politischen Parteien gewählt werden und wie sich die Bildungsrepublik entwickelt.

Und dann passiert's. Wie in Science-Fiction-Romanen. Dass nämlich all diese Aktionen der verstreuten User sich, wie es früher so schön hieß, *verdinglichen* und als soziale, kulturelle, politische, wirtschaftliche und gesellschaftliche Tatsachen naturgesetzlich und unumkehrbar erscheinen. Das gilt weiter für die individuelle Mobilität, bei der niemand gezwungen wird, gigantische Fahrzeuge zu kaufen, aber gerade dafür ein unglaublich attraktiver Markt entsteht – aus Abermillionen individuellen Entscheidungen. Es gilt für den Klimawandel und den Zustand des Gemeinwesens, in dem wir leben, es gilt in besonderem Maße aber auch für die Bildung. Man nimmt es als eine seltsame Entwicklung hin, wenn PISA-Studien Rückschritte diagnostizieren. Und man misstraut „der" Wissenschaft und setzt lieber auf kurzschlüssige Zukunftsvisionen und wohlfeile Vereinfachungen.

Die Lücke zwischen empfundener Hilflosigkeit und Erklärung wird gefüllt. Wie in allen Zeiten dieser Art (dazu kurzer historischer Exkurs) tauchen nun – neben und als Alternative zur Wissenschaft – Erlöser-Figuren auf. Ihr Erfolgs-Rezept: Simplifizierung, Skandalisierung oder haltloser Optimismus und vordergründiger Pragmatismus, der sich gegen den vorgeblichen Alarmismus und die Über-Komplexität „der" Wissenschaft richtet.

Das Versprechen jeweils: Rettung aus der beschriebenen Hilflosigkeit.

Die Auseinandersetzung mit diesem Trend in den Kap. 5, 6 und 7 wird zeigen, wie diese Lösungen einerseits zu milieuorientierten Schuldzuweisungen führen (nämlich der verlogener, korrupter oder unfähiger „Eliten") und andererseits die Hilflosigkeit mit einem krassen Wettbewerbs-Individualismus therapieren. Statt der Maxime einer bildungsrepublikanisch verfassten Wissensgesellschaft steht bei dieser pragmatischen Reaktion nicht die Stärkung persönlicher Verantwortung für das Gemeinwesen im Vordergrund, sondern ein kaum verhohlen sozialdarwinistischer Optimierungsansatz. Da sind, nur um einige Beispiele zu nennen, Erfolgs-Coaching oder die Angebote sogenannter „Wissensforen", basierend auf trendigen Gesellschaftstheorien vom „Survival oft he Fittest" im „Smart Capitalism". All das wird mit der Nutzung „neuester wissenschaftlicher Erkenntnisse" begründet. Erstaunlich ist dabei der enzyklopädische Anspruch vieler selbst ernannter Zeitgeist- und Zukunftsdeuter. „Ich sehe mich als Universalist mit einem Hang zu trockenen, aber spannenden neuen Wissenschaftsdisziplinen", sagt zum Beispiel Matthias Horx, selbst ernannter und nach eigener Aussage einer der renommiertesten Trend-Forscher. Dabei führt er eine Reihe von Kompetenzen an, seltsamerweise in einem Interview mit der Goethe-Universität Frankfurt: „Ich versuche Evolutionstheorie, Spieltheorie, Systemtheorie, Kulturanthropologie und noch *dreizehn andere Disziplinen* gleichzeitig zu verstehen und in Beziehung zu setzen. Es geht ja letzten Endes um das tiefere Verständnis von Wandel. Die Disziplin, die der Zukunftsforschung am nächsten kommt, ist die Philosophie. Ein Philosophiestudium kann nie schaden, auch wenn man dann Computerprogrammierer werden will" (https://aktuelles.uni-frankfurt.de/studium/goethe-uni-ein-gigantischer-ort-des-aufbruchs). Weitere, nicht selten kabarettistisch anmutende Selbstporträts dieser Art werden im entsprechenden Kap. 6 vorgestellt. Dabei wird es notwendig sein, auf frühere Arbeiten und Kritiken zurückzugreifen, um die Genese dieser Publizistik und ihrer Rezeption zu verstehen.

1.7 New Public Intellectuals

Mit diesem „alternativen" Angebot einer Autorengattung, die die Wochenzeitung Die Zeit schon 2012 als „Medienintellektuelle" definierte (https://www.zeit.de/kultur/literatur/2011-05/intellektuelle-essay-2), entsteht ein Folgeproblem. Die komplexe Situation in Wirtschaft und Gesellschaft wird weder angemessen beschrieben, noch gibt es mehr als vordergründige Lösungen. Dennoch sind viele ihrer Angebote (wie der eingangs zitierte Horx'sche Internet-Kommentar zu Corona zeigt) in den Medien verbreiteter als die in einschlägigen Institutionen wissenschaftlicher Provenienz und oft in Kooperation mit internationalen Forschungsstätten erarbeiteten wirtschaftlichen und politischen Leitlinien. Denn diese anekdotischen Belege schaffen Quote, weil ihre Darbietungen das Gütesiegel der „leichten Verdaulichkeit" tragen.

Das war nicht immer so, wie der 2019 verstorbene Professor für Neuere Geschichte an der Universität Hamburg und Direktor der Forschungsstelle für Zeitgeschichte in Hamburg, Axel Schildt, in einer ebenso ausführlichen wie lesenswerten Analyse nachwies. Unter dem Titel „Medien-Intellektuelle in der Bundesrepublik" beschreibt er für die Jahrzehnte zwischen 1949 und 1968 einen höchst elaborierten, oft politisch engagierten, wissenschaftlich fundierten, vor allem öffentlich breit rezipierten intellektuellen Diskurs – und dies trotz der anspruchsvollen Umsetzung lesbar und spannend (Schildt 2020).

Nun wird *Simplifizierung* zum lukrativen Geschäftsfeld. Und dies nicht nur für die Urheber der Hilfsangebote, sondern auch für die Medien, die diesen Content als wohlfeilen Rechercheersatz weiterverbreiten. Dazu gehört schließlich auch die Legitimation derer, die den Content liefern, die sich selbst als Forscher bezeichnen oder gar die „herkömmliche" Wissenschaft diskreditieren – der sogenannten New Public Intellectuals. Dieses schmissige Etikett haben sie sich selbst gegeben, um sich als heute dominierende „Medienintellektuelle" von ihren Vorgängern zu unterscheiden. Und noch etwas ist von Bedeutung: Ihre oft zweifelhaften Ansprüche auf universalistische Wissenschaftlichkeit werden von vielen Medien kritiklos als biografische Legitimationen der ebenso kritiklos multiplizierten Inhalte ohne weitere Gegenrecherche reproduziert. Das eben zitierte Interview der Goethe-Universität ist ein Beleg dafür. Auch das unterscheidet die öffentliche Auseinandersetzung von den Debatten in der Bonner Republik.

Würde man versuchen, die Leitideen zu identifizieren, wäre das demokratiepolitische Motiv der *individuellen Verantwortung*, die in der Metapher der „Bildungsrepublik" anklingt, auf eine schlicht *ich-bezogene Variante* verkürzt. Mit der „Ich-AG" hatte sich dieser Grundbegriff des Soziologismus übrigens bereits angedeutet. Diese Idee inspirierte ganze Geschäftsfelder mit Selbstoptimierungs-Rezepten, Erfolgsversprechen durch den reinen Glauben an Erfolg, eine fast religiöse Heilserwartung. So formulierte Horx (nach eigenen Aussagen dem „humanistischen Futurismus" zuneigend) auf der Grundlage einer aufs Soziale transferierten Evolutionstheorie: „Eine Hochbildungsgesellschaft, die nicht mehr von der produzierenden Industrie, sondern wesentlich von der Innovation und von Dienstleistungen getragen wird, verhält sich sozial anders als eine ‚gemittelte' Gesellschaft. Wir werden in unserem Leben nicht nur einen, sondern mehrere Berufe haben, werden vielleicht mal Angestellter, mal Selbstständiger sein. Und nicht länger in Schichten oder Klassen denken." Flankierend dazu wird die Kompetenz des herkömmlichen „Systems" der Wissenschaften und der schulischen Bildung, werden Universitäten und ihr Personal diskreditiert, um diese Soziologismen zu einer neuen „Königsdisziplin" aufzupolstern.

All das geschieht, obwohl die Kritik seit ungefähr einem Jahrzehnt formuliert und stetig verschärft wird – wiederum auch in den Medien. Auch in jenen, die zuvor die „leichte Verdaulichkeit" der Angebote bejubelt haben (dazu insbesondere Kap. 6 und 7). Die Sprache, das kann schon hier festgehalten werden, ist bei diesen Kritiken nicht gerade akademisch, sondern leicht verständlich.

Dennoch zeigen die Verkaufszahlen der Optimierungs-Fibeln, der trivialen Zukunftsdeutungen und populären Welterklärungen, vor allem aber der Fundamentalkritik einer „Klare Kante"-Literatur und ihrer deftigen Kritik am Bildungssystem, dass unzählige Menschen die Entscheidung gegen eine konstruktive Teilhabe an den institutionellen Angeboten der Bildungsrepublik zur Erklärung komplexer Entwicklungen und deren Lösungsmöglichkeiten treffen. Das überrascht deshalb, weil diese Kritik am Bildungssystem durch Autoren wie Peter Hahne oder Richard David Precht (um nur zwei prominente Beispiele zu nennen) letztlich keine Lösungen bietet – so verständlich ihre Sprache auch sein mag. Aber was heißt es, wenn in Prechts Buch „Anna, die Schule und der liebe Gott" und in seinen TV-Sendungen vom „Verrat des Bildungssystems an unseren Kindern" die Rede ist? Was heißt es, wenn der promovierte Germanist und erklärte Philosoph „Erkenntnisse der modernen Entwicklungspsychologie, der Lerntheorie und der Hirnforschung" heranzieht, „die an unseren Schulen bis heute kaum berücksichtigt werden?" Wenn er fordert: „Unsere Schulen müssen völlig anders werden als bisher. Wir brauchen andere Lehrer, andere Methoden und ein anderes Zusammenleben in der Schule. Mit einem Wort: Wir brauchen keine weitere Bildungsreform, wir brauchen eine Bildungsrevolution"! So wird die Bildungsrepublik als gescheitert erklärt.

1.8 Schwarze Utopien

Das Thema der ersten Sendung Prechts in ZDF am 31. August 2012: „Skandal Schule – Macht Lernen dumm?" Die Wochenzeitung Die Zeit schrieb dazu: das sei eine „Art Crash-Kurs Reformpädagogik" gewesen, „das kleine Einmaleins fortschrittlicher Bildungspolitik. Der Unterschied zu einem Wikipedia-Eintrag liegt vor allem im Sound: Gerald Hüther würzt altruistisch nach (‚Wenn wir jetzt nichts ändern, wird es unser Land bald nicht mehr geben'), und Precht peppt die Reformpädagogik sozialkritisch auf (‚Hartz IV ist Entschädigung für nichtgewährte Chancengleichheit'). Zeitgemäßes Vokabular muss natürlich auch sein (Lehrer sollten zu ‚Potenzialentfaltungscoaches' werden, sprich: zu ‚Mentoren'). […] Hier wird an keinem Punkt nachgedacht, an keinem Punkt gezweifelt oder sich Zeit gelassen, nicht einmal wirklich gefragt oder auch nur einmal nachgefragt. Sekundenschnell haut Precht seine vorgestanzten Sätze heraus" (https://www.zeit.de/kultur/film/2012-09/precht-zdf-philosophie).

Und warum nimmt man es hin, wenn Peter Hahne nach der Publikation der PISA-Studie hurtig seltsame Argumentations-Konstrukte errichtet und im Klappentext seines letzten Buches behauptet: „Was ist los in unserem Land? Schüler können nicht mehr lesen und schreiben. Wer sich für Diplomatie einsetzt, gilt als Verräter. ‚Gendergerechte' Sprache im Zug und auf Beipackzetteln, aber nicht genug Medikamente und keine funktionierende Bahn. Wir sollen blechen für Prunk-Kanzleramt oder Politiker-Protz-Fotos. ‚Corona' bleibt unaufgeklärt. Warnhinweise für ‚Otto' oder ‚Harald Schmidt', als wäre das Volk blöd. Und der Fußball ist nur noch Weltmeister queerer Hochmoral. Überall Haltung statt Leistung. Ja, ist das euer Ernst? Peter Hahne entlarvt den Schwachsinn. Wie immer mit Hirn, Herz und Humor. Sein Markenzeichen: Klartext."

Schule macht dumm? Schüler können nicht mehr lesen?

Das ist Unsinn und steht in keiner Zeile des PISA-Berichts, auf den hier offensichtlich Bezug genommen wird. Das heißt nicht, dass die Ergebnisse von PISA und anderer prominenter Bildungs-Studien nicht besorgniserregend wären – vor allem vor dem Hintergrund des Anspruchs einer „Bildungsrepublik". Abgesehen davon nimmt Hahne den Verkaufserfolg seiner Bücher (acht Millionen Exemplare, heißt es) als

Beleg seiner Thesen – obwohl sie ja *gelesen* werden müssten. Und wären andererseits die Verkaufszahlen der volkstümlich gehaltenen Philosophie-Werke eines Autors wie Richard David Precht nicht eigentlich eine Widerlegung dieser „Klare Kante"-Literatur?

Ähnliche Verlautbarungen hört man auch aus Kreisen, denen man undifferenziertes Geschimpfe nicht zurechnen würde. Theodor Weimer zum Beispiel, seit Januar 2018 Chef der Deutschen Börse: „Wir sind, ökonomisch gesprochen, auf dem Weg zum Entwicklungsland." Als Börsenchef sei er international viel unterwegs. Eines sei klar: „So schlecht wie jetzt war unser Ansehen in der Welt noch nie." Er habe direkte Kenntnis, was internationale Investoren über Deutschland sagen. Die Gespräche mit Investoren hätten „fatalistischen Charakter", sie sagten: Wenn Deutschland so weitermache, werde man das Land „noch weiter meiden". Investoren würden nur noch in Deutschland investieren, weil es so günstig sei, sagt er weiter: „Wir sind zum Ramschladen geworden." Das wurde in ungezählten Medien kommentarlos reproduziert.

Die Süddeutsche Zeitung allerdings meinte: „Man kann zunächst einmal nur hoffen, […] dass es stimmt, was die meisten seiner Managerkollegen öffentlich sagen, zuletzt zum 75. Geburtstag des Grundgesetzes: Dass ihnen die Demokratie ebenso wichtig ist wie die soziale Marktwirtschaft. Dass in Deutschland jeder Bürger, jede Bürgerin eine Stimme hat und dass es in diesem Land eben nicht heißt: Das Geld regiert" (https://www.sueddeutsche.de/wirtschaft/weimer-boersenchef-rechte-kreise-lux.XchViL3mWfd7pUcQdBtec8).

Mit diesem Kommentar lenkt die Süddeutsche Zeitung den Blick auf eine komplexe Situation, die in den skizzierten Meinungsäußerungen selbst ernannter Public Intellectuals zugunsten einer unzulänglichen Kausalverkürzung aus dem Blick gerät. Der Sammelbegriff für eine kaum zu verfolgende Wirkungskette ist bezeichnenderweise inhaltsleer, weil er, wie schon ausgeführt, als Abstraktum dieser Situation nichts aussagt: Transformation. Es ist ein wissenschaftlich anmutender Begriff – allerdings ohne handlungsorientierende Prägnanz.

Das hat Folgen:

Erstens: Die Zukunftsgewissheit schwindet. Die Veränderungsgeschwindigkeit nimmt zu, sodass die Adaption der (in einem langwierigen Sozialisationsprozess) gelernten Habitusformen, Normen und

Werte an die neuen Bedingungen kaum möglich ist. Zudem prägen in unterschiedlichen Milieus verschiedene Geschwindigkeiten die Anpassung (Cultural Lags) – dies auch abhängig vom jeweiligen Nutzen der Veränderungen.

Zweitens: Der Wirklichkeitsverlust verstärkt sich. Symptome sind: Gefühlte Hilflosigkeit angesichts der (subjektiv empfundenen) neuen Normen und veränderten Werten. Netzwerke des Vertrauens sind gestört. Biografische Kalkulationen, die auf Lebensabschnitte oder gar das ganze Leben gerichtet sind, erweisen sich als überholt. Es droht der Verlust des Common Sense einer gemeinsamen Betroffenheit und der aus ihr erwachsenden Verpflichtung.

Drittens: Die Fähigkeit, Veränderungen zu verarbeiten, wird überstrapaziert. Der Information Overload auch der Lösungsansätze macht orientierungslos. Zugriffsmöglichkeiten auf existenziell bedeutsame Informationen schwinden (auch dies in unterschiedlicher Intensität in verschiedenen Milieus). Rückgriff auf Pseudo-Kausalitäten wächst (Verschwörungstheorien, Sündenbock-Konstruktionen, gesunder Menschenverstand).

1.9 Erschöpfende Vielfalt

Und so schimpft man eben im Stau, dessentwegen man zu spät zum Termin kommt, mit Peter Hahne und vergleichbaren Autorinnen und Autoren über die Unpünktlichkeit der Bahn. Man nimmt es für gegeben, dass Schülerinnen und Schüler „nicht mehr lesen können", dass Eliten „uns verarschen" (Hahne auf *YouTube*), dass „wir in einer Bildungskatastrophe verfangen sind und eine Revolution brauchen" (Precht), dass „Deutschland" nichts mehr auf die Reihe bringt (Monika Gruber), dass Medien und Wissenschaft sich in destruktivem Alarmismus ergehen (Matthias Horx) und sofort. Aber all das kommt an und manches wird – durch die Auflagenhöhen – zu sogenannten Spiegel-Bestsellern. Daraus wiederum entsteht, wie bei vielen Autoren, die mit oberflächlichen Slogans arbeiten, eine seltsame Legitimation. Denn die Reputation eines der wichtigsten Nachrichtenmagazine Deutschlands überträgt sich auf die öffentliche Qualitätseinschätzung dieser Literatur.

Dabei ist die Liste nur eine quantitative Spiegelung von Verkaufszahlen. Um derartige Scheinkorrelationen zwischen quantitativer Verbreitung und qualitativer Wirkung zu entschlüsseln, wäre es angebracht, einfach mal in die letzte PISA-Studie reinzuschauen. Die ist kostenlos verfügbar, wie viele andere Informationsquellen auch, die in den beiden nächsten Kapiteln skizziert werden. Reinschauen in solche Studien hieße auch, nicht nur aus dritter oder vierter Hand zu zitieren, sondern primäre Quellen zu nutzen. Dann könnte man sich mit Personen unterhalten, die etwas von der Sache verstehen und in der Lage sind, passende Informationen zu vermitteln und diese Informationen in die richtigen Kontexte zu stellen. Wie zum Beispiel Lehrerinnen und Lehrer, auch wenn nicht bekannt ist, wie viele sich der Pflichtlektüre des PISA-Berichts gestellt haben. Dieses, wenn man so sagen darf, Missverhältnis des Verkaufserfolgs der sogenannten „Klare Kante"- oder auch „Klartext"-Literatur mit dem inflationär benutzten Qualitätskriterium „leichter Verdaulichkeit" auf der einen und der doch eher zurückhaltenden Resonanz auf die hochdifferenzierten Befunde der PISA-Studie auf der anderen Seite, ist ja ebenfalls ein Resultat hunderttausendfach getroffener individueller Entscheidungen. Kritik ist gerechtfertigt und notwendig. Gemaule nicht. Und die wichtigste Voraussetzung für eine solche Kritik ist: die Bereitschaft zur Nutzung von Informationen. Und die stehen nicht nur den Insassen der geschmähten „Elfenbeintürme" zur Verfügung. Wenn man genau hinschaut, bieten, um es noch einmal zu betonen, die in Kap. 2 ausführlich beschriebenen Institutionen ein historisch einmaliges Wissen mit nicht minder historisch einmaligen Zugangsmöglichkeiten.

Was nun wieder zu der Frage der Legitimation von Repräsentantinnen und Repräsentanten der Bildungsrepublik und ihrer Institutionen führt und damit zwangsläufig auch zum Problem des mangelnden Vertrauens in das System. Die empirischen Daten zum Vertrauensverlust einer auf Teilhabe aufbauenden Republik mit ihren verfassungsrechtlich gesicherten Freiheiten der Meinungsäußerung und des Austausches sind jedenfalls erschütternd: Aggressionen gegen Andersdenkende, tätliche Übergriffe auf Politikerinnen und Politiker in Wahlkämpfen, Blockade der Fahrzeuge anlässlich der Debatten in Streiksituationen, unversöhnlicher Fundamentalismus in selbst ernannten Betroffenheits-Nischen,

Globalisierungskritik und Verschwörungstheorien mit nicht selten antisemitischen oder anderen ethnisch orientierten Vorurteilen. Zudem: Clash of Subcultures, Abschottung sozialer Bewegungen gegeneinander und Verweigerung von Diskursen. Verschiedene Mentalitätsmilieus prallen aufeinander und berufen sich auf Buchpublikationen mit unverhohlener Diskreditierung politischer und gesellschaftlicher Repräsentanten und vernichtenden Urteilen über die Eliten. Vor allem aber herrschen ein grundlegender wirtschaftlicher Pessimismus und Zukunftsängste in einer Situation multipler, also vielfältiger und wechselseitig aufeinander einwirkender Transformationen.

Es wäre zunächst einmal wichtig, einige Missverständnisse über Bildung auszuräumen. Zum Beispiel dieses: Bildung sei ein Zustand, in dem jeder praktisch alles verstehen und die wissenschaftlichen Arbeiten über jegliches Thema rezipieren könne. Und wenn das nicht der Fall ist, seien die Philosophie und ihre Repräsentanten schuld, „langweilige ältere Herren in braunen oder blauen Busfahreranzügen" (Richard David Precht). Oder dass ein bestimmter Kanon an traditionellen Wissensbeständen intellektuell archiviert werden müsse (https://www.fr.de/wissen/eins-folgt-anderen-11563680.html).

Es gibt keinen Kanon.

Und objektiv gesehen gab es nie einen. Immer unterlag, was zu den statusbehafteten Kenntnissen zählen sollte (und zwar im Wortsinne als „kulturelles Kapital", mit dem sozio-ökonomische Vorteile erkauft werden konnten), den Entscheidungen von einflussreichen Gruppen oder Milieus. Das beschreibt zum Beispiel Pierre Bourdieu in seinem Hauptwerk „Die feinen Unterschiede" (Bourdieu 1993).

Eine Relativierung ist angebracht: Es waren gleichzeitig immer auch zahllose Möglichkeiten gegeben, die Welt zu beschreiben, sie zu verstehen, verschiedene Erklärungen abzuwägen und Zukünfte zu gestalten. Dabei ist es wichtig, den legitimierten Kanon der Bildung zu erweitern, nicht nur traditionelle, überkommene Bildungsgüter zu feiern, sondern auch zeitgenössisch revolutionäre Transformationen höchst unterschiedlicher Art. Dies ist beispielsweise in der Musik bei Schönberg oder Duke Ellington, Maria Callas oder Caterina Valente der Fall. In der Literatur gilt dies für Arthur Miller und Charles Bukowski oder Umberto Ecos Kriminalroman „Der Name der Rose" und Bert F. Islands Reihe „Kommissar X". Zugespitzt auf eine ketzerische Frage: Sind die Techniken von Vladimir Horowitz und Jerry Lee Lewis am Klavier nicht gleichwertig komplex und fantasievoll?

Diversität existiert immer. Auch im Bildungsbereich ist das so. Der Erfolg von Precht zeigt, dass gleichzeitig ein Bedürfnis nach Philosophie und kurzem Satzbau besteht. Der Erfolg von Peter Hahne ist ein Indiz, dass Erklärungen gesucht werden. Der Erfolg von Horx beweist, dass Zukunftsgestaltung ein interessantes Thema ist, auch wenn sich das Ganze am Ende in noch lärmenden Anglizismen erschöpft, die jeden inkriminierten Fachjargon an Unverständlichkeit weit übertreffen. Und die Erfolge der unzähligen sogenannten Wissens-Foren, Selbstoptimierungs-Workshops etc. zeigen, dass ein Engagement zur Weiterbildung vorhanden ist.

Was aber zeigt dann die unverhohlene Kritik an wissenschaftlichen Beiträgen und die flächendeckende öffentliche Ignoranz gegenüber den Angeboten eines hochdifferenzierten Bildungssystems?

1.10 Jegliches Wissen ist verfügbar, jederzeit, für jede und jeden

Der Beitrag dieses Systems besteht seiner Logik gemäß darin, jedem Individuum Optionen zu eröffnen – und dies völlig unabhängig von gesellschaftspolitischen Ideologien der Diversität in ihrer gegenwärtigen Transformation zu einer Identitätspolitik, die unlogischer Weise ihren eigenen Maximen widerspricht. Dieser Trend wird im Übrigen in der (von Trendforschern als unfähig zur Analyse verleugneten) Soziologie schon seit Jahrzehnten diskutiert. In einem Projekt über die Folgen der wachsenden Komplexität von Gesellschaft, Kultur und Politik prognostizierten Forscher der San Diego State University schon 1998 eine „Dekonstruktion" des gesellschaftlichen Systems durch die Aufkündigung einer gemeinschaftlichen Leitidee. „Today's postmodern trends – increasing consumerism and affluence, individualism, demographic complexity, ideological diversity, global migration, and constant innovation in communications technology – have proliferated new social identities and deconstructed social identities imposed by the Other. As a result, postmodernity's complexities are multiplying the number of small, diverse, and diffuse groupings defining themselves in challenging ways outside the corridors of politics. Indeed these groupings may in the years to come recast what some see as a social movement society into a CBSM Society of diverse challenges to the institutional order" (Johnston und Shoon 1998, S. 453). Die Teilhabe an den jeweiligen Wertvorstellungen dieser sich aufspaltenden Milieu-Gesellschaft ist bemerkenswert und zeigt hohes gesellschaftliches Engagement – allerdings geprägt durch heftige Konfrontationen und Ausschließlichkeitsansprüche in den jeweiligen Subkulturen. Von mangelndem politischem Engagement kann also keine Rede sein. Auch die Bekundungen von Zugehörigkeiten sind Ergebnisse individueller Interpretationen und Entscheidungen auf der Grundlage des verfügbaren Wissens.

Und das meiste ist für alle verfügbar. Dank Internet sogar in einem historisch einmaligen Maße. Wir leben in einem überaus reichen Informations- und Wissens-Universum. Ein paar Mausklicks entfernt, wenn man gelernt hat, die Verödungen des Internets durch Verkaufsanzeigen und dümmliche Influencer-Anmachereien zu umgehen – was bei der digitalen Kompetenz der in der PISA-Studie untersuchten 15-jährigen Schülerinnen und Schüler kein großes Problem verursachen dürfte. Ein Roman von Patrick Modiano, dessen Handlung sich in den Kulissen des Pariser Stadtplans entfaltet, lässt sich auf Google Maps wie eine Stadtführung nachvollziehen. Wie der Palästina-Konflikt historisch einzuordnen ist, lässt sich auf StudySmarter in wenigen Minuten abrufen. Dazu braucht es Intelligenz. Aber die ist doch da. Welche Intelligenz ist höher zu bewerten? Die Kompetenz des IT-Spezialisten für die Konstruktion von Algorithmen zur Auswertung von Kundendaten oder die eines Auszubildenden, der die Historie eines Fußball-Drittligisten lückenlos vermittelt und dabei in der Lage ist, Zukunftsaussichten durch den Einkauf von Spielern im Verhältnis zu den Transferkosten in einer Punktetabelle potenzieller Spiele einzuschätzen?

Und so ist Bildung einerseits die Aufgabe des Bildungssystems, diese „strukturell äquivalenten" Intelligenzen zu legitimieren und fördernd aufzugreifen, und sie andererseits mit der Bereitschaft zu koppeln, sich auf der Grundlage des verfügbaren Wissens eine Meinung zu bilden – und diese Meinung mit anderen in unterschiedlicher Art austauschen zu können.

Dazu wiederum gehört eine grundlegende Kompetenz und die Bereitschaft zur Interaktion.

Aus diesem Grund wird in dieser Analyse ein starker Akzent auf die individuelle Verantwortung gesetzt. Darunter ist nicht die neoklassische Akzentverschiebung auf den Wettbewerb von Ich-AGs oder den individualistischen Einsatz von Humankapital zu verstehen. Das entspricht nicht dem, was der tiefere Sinn der Metapher von Bildungsrepublik meint. Sie ist auf thematische und instrumentelle Koalitionen angewiesen. Einerseits auf die Akzeptanz von unbequemen Informationen, Lust am Wissen und die Bereitschaft zur Interaktion. Andererseits muss die Möglichkeit dazu bestehen. Denn es ist nicht aus der Welt zu reden, dass – wie die in Kap. 3 beschriebenen Ergebnisberichte zeigen – die PISA-Studie, der Bildungsbericht 2024, die Manifeste des Europa-Rats, das Sozio-ökonomische Panel und die Befunde der Soziologie und einer „heterodoxen" Wirtschaftswissenschaft – die jeweils persönliche, sogenannte sozio-ökonomische Situation, die wichtigste Variable für Erklärungen darstellt. Zum Beispiel für das beschädigte Vertrauen in ein System und seine Versprechen. Diesen Zusammenhang wird das vierte Kapitel untersuchen. Dennoch ist auch hier schon eine wichtige Relativierung notwendig: PISA und andere Studien stellen durchaus fest, dass es auch in den sogenannten sozio-ökonomisch benachteiligten Milieus Ausreißer nach oben gibt. Aber unter welchen Bedingungen? Genau dazu fehlen aber trotz aller sonstigen Studien empirische Daten. Wie sie zu erarbeiten sein könnten, wird in einem Projektvorschlag in Abschn. 8.10 erörtert.

Vorläufiges Fazit: Bildung hat zu tun mit dem Vertrauen in die repräsentativen Positionen eines einschlägigen Systems, das wiederum seine Legitimation so formulieren und öffentlich zugänglich machen kann, dass sie einsichtig ist. Das geschieht, wie die nun folgende (zugegeben unvollständige) Bestandsaufnahme von Wissenschaft und Forschung in der Bundes- und Bildungsrepublik belegt. Nur ist es eben so, dass das Angebot auch auf eine Akzeptanz treffen muss. Und da hapert es.

2

Wissenschaft und Forschung in der „Bildungsrepublik"

Zusammenfassung Wie sieht es nun in der Realität der „bildungsrepublikanisch verfassten Wissensgesellschaft" aus? Unübersehbar ist, dass eine unglaubliche Vielfalt an Angeboten für Bildung und Weiterbildung besteht und unablässig neue Forschungsergebnisse auf allen Gebieten von der Wirtschaft bis zur Kultur, von der Medizin bis Mobilität erarbeitet werden – auch, was die Gestaltung und Kontrolle fortschreitender Digitalisierung angeht. Dafür sorgen universitäre Forschung und Lehre und außeruniversitäre weltweit geachtete Institutionen wie Fraunhofer- und Max-Planck-Gesellschaften, Wirtschaftsforschungs-Institute und viele andere, die jährlich Hunderte von interessanten Studien veröffentlichen wie Unternehmensberatungen und anderen kommerziellen Forschungseinrichtungen. Für den Hausgebrauch bestehen historisch nie da gewesene Informationsmöglichkeiten in den Social Media und populären Medien. Dies alles auch nur beispielhaft zu dokumentieren ist, zugegeben, für Autoren und Leserschaft eine kleine Zumutung, aber als Kulisse für das, was dieses Buch weiter verfolgen wird, unverzichtbar: die Verwunderung über die geringe Akzeptanz dieser Angebote und die Gründe dafür.

2.1 Vielfalt und Unübersichtlichkeit

Um nun einschätzen zu können, welche konkrete Wirklichkeit der rhetorischen Figur der „Bildungsrepublik" entspricht, wird sich dieses Kapitel also mit den Grundlagen befassen und – zumindest ansatzweise – die vielfältigen Ausdrucksformen von Wissenschaft und Forschung dokumentieren. Dass der Aspekt „Wissenschaft und Forschung" als erstes behandelt wird und dann erst Zustand und Zukunft der allgemeinbildenden Schulen, hat zwei Gründe.

Erstens wird der Zustand einer Gesellschaft und ihrer wichtigsten Elemente der allgemeinen Daseinsvorsorge im globalen Vergleich an der Kapazität ihrer intellektuellen Leistungen in Forschung und Lehre und deren Bedeutung für die Sicherung einer wirtschaftlich soliden Zukunft gemessen. Dies geschieht meist in Form von Rankings innovativer Leistungen materieller und immaterieller Natur. System und Zustand der allgemeinbildenden Schulen sind ohne Frage die wichtigsten Voraussetzungen für die Qualität der sogenannten Höheren Bildung. Natürlich wird nun gleich das Argument ins Feld geführt, nicht jeder könne studieren oder das Handwerk habe auch seinen Wert. Das ist alles verständlich. Nur treffen diese Argumente nicht den Kern des Bildungssystems insgesamt. Die schon angedeutete gesamtgesellschaftliche Aufgabe von Wissenschaft und Forschung, die der Allgemeinheit zugutekommt, setzt die Sicherung des Vertrauens in dieses System auf der Grundlage der Vermittlung von grundlegenden Kompetenzen und Wissensbeständen voraus, die auf ihre Bedeutung hin durchforscht worden sind.

Es sind ja zweitens in vielen Fällen hochkomplexe Themen von globalen Ausmaßen, die erst erfasst werden müssen, ehe sie einer angemessenen Didaktik allgemeiner Verständlichkeit eröffnet werden können: Klimaveränderungen, Energie-Vorsorge, künstliche Intelligenzen und ihre kulturellen und gesellschaftlichen Auswirkungen, demografische Prozesse wie die Alterungsdynamik und entsprechende Anpassungen der Sozialsysteme, medizinische Diagnostik und Therapie sowie entsprechende Vorsorge, Gentechnik und Gesundheitsmanagement, Hirnforschung und Theoretische Physik dann eine Reihe von Themen, die die Welt von morgen prägen werden: Irrationalität und politischer Extremismus, aber auch der rasend zunehmende Energieverbrauch der dynamisch anwachsenden Nutzung digitaler Angebote – nicht zuletzt der ununterbrochenen Trainings-Erfordernisse für die Entwicklung einer Artificial General Intelligence sowie die Herausforderungen der Mobilitätswende, um nur einige zu nennen.

Die optimalen Strategien zu ihrer Vermittlung sind ihrerseits Gegenstände und Ergebnisse der Bildungsforschung – dies betrifft sowohl fachliche und berufliche Fragen unseres Gesellschafts- und Wirtschaftssystems als auch die angesprochene Didaktik der Vermittlung. Wie das wiederum gelingt, wird in einem gesonderten, folgenden Kap. 3 anhand der Ergebnisse der letzten PISA-Studie und des aktuellen Bildungsberichtes von 2024 ausführlich analysiert – auf der Grundlage von Forschungsergebnissen, denen offensichtlich eine breite Legitimität zugeschrieben wird.

Zunächst also zum Zustand der Forschung.

In der Regel wird dieser Zustand an finanziellen Kriterien bemessen. Hier sind die Zahlen durchaus beeindruckend. So haben die Ausgaben für Forschung und Entwicklung in Deutschland im Jahr 2022 (aus dem Jahr stammen die letzten verbürgten Daten) einen neuen Höchststand erreicht, mehr als 121 Mrd. €. Diese Summe umfasst die gesamten Ausgaben für Forschung und Entwicklung in der Wirtschaft sowie an Hochschulen und außeruniversitären Einrichtungen. Sie sagt allerdings wenig über die inhaltliche Differenzierung und Vielfalt der Fachgebiete und Initiativen aus. Daher wird hier nun der Versuch eines illustrativen Überblicks unternommen – ein darstellerisches Wagnis aus wiederum zwei Gründen:

Erstens ist es unmöglich, alle wichtigen Initiativen, Projekte und Institutionen zu berücksichtigen, sodass eine wirklichkeitsnahe Abbildung der Struktur des Forschungswesens nur annähernd möglich ist.

Zweitens ist eine solche Auflistung nicht sehr unterhaltsam. Daher ist dieses Kapitel eine kleine Zumutung, denn einerseits ist eine möglichst aussagekräftige Aufzählung vielfältiger Initiativen notwendig, verursacht gleichzeitig aber etwas, das Autoren ebenso wenig mögen wie die Leserschaft: stilistische Monotonie.

Genau damit offenbart sich aber ein grundsätzliches Problem, denn das ist in der Wirklichkeit des Alltags einer Bildungsrepublik genauso. Niemand kann diese Vielfalt in ihrer Gänze erfassen, man fühlt sich bei der Aufzählung schnell gelangweilt und bei vielen hoch spezialisierten Themen und exotisch anmutenden Forschungsgebieten, deren Ergebnisse am Ende allerdings für den Alltag bedeutsame Lösungen beinhalten, überfordert. Andererseits ist der Versuch, einen realistischen Eindruck zu vermitteln, im vorliegenden Kontext unabdingbar.

Denn diese Szenerie bietet bei der Einschätzung von Ansprüchen der New Public Intellectuals und bei den vielfältigen Systemkritiken einen wichtigen Hintergrund. Außerdem und nicht zu vergessen: Es stellt sich doch immer ein Gefühl des Stolzes ein, wenn das bundesrepublikanische Forschungs- und Wissenschaftssystem in globalen Rankings gute Platzierungen erreicht. So zählt Deutschland nach den USA, China und dem Vereinigten Königreich nach einer Rangliste des US-amerikanischen Science-Magazins *Nature* zu den führenden Ländern bei den Gesundheitswissenschaften weltweit. Medien berichten darüber (https://www.nature.com/collections/fibhfgebgg: letzter Abruf dieser und aller weiteren Online-Quellen in diesem Kapitel: 14.12.2024).

2.2 Wissenschaft und Forschung an Universitäten und Hochschulen

Bei einer solchen Bestandsaufnahme sind zunächst einmal die Universitäten und Hochschulen zu berücksichtigen. Sie weisen den höchsten Grad an Vielfalt und interdisziplinärer Vernetzung auf und verfolgen eine gesamtgesellschaftliche Aufgabe, junge Absolventinnen und Absolventen auf eine im persönlichen wie allgemeinen Sinne lebenswerte Zukunft vorzubereiten. Das wird zum Beispiel (für staatliche Einrichtungen) in der beamtenrechtlich geregelten Sicherung des Personals deutlich, das ja – mit dem Recht, Bildungstitel zu verleihen – hoheitliche Aufgaben wahrnimmt und frei von kommerziellen Interessen selbstbestimmt die Aufgabenbereiche der wissenschaftlichen Arbeit absteckt. Die meisten Universitäten in privater Hand sind ebenfalls nach diesem Prinzip organisiert.

2 Wissenschaft und Forschung in der „Bildungsrepublik" 27

In Deutschland gibt es (Stand 2024) insgesamt 426 staatlich anerkannte Hochschulen an 641 Hochschulstandorten (ohne Universitätskliniken). Davon sind 122 Universitäten, 439 Fachhochschulen (einschließlich Verwaltungsfachhochschulen), 22 Pädagogische und Theologische Hochschulen und 58 Kunsthochschulen. Aktuell bieten diese deutschen Hochschulen 23.117 Studiengänge in 3892 Studienprofilen an. Insgesamt 5156 davon sind Lehramts-Studiengänge. Alle statistischen Daten zu Studienangeboten an Hochschulen in Deutschland, zu Studiengängen, Studierenden, Absolventinnen und Absolventen im Wintersemester 2023/2024 sind in einer 103 Seiten umfassenden Informationsbroschüre einzusehen.

Die Zahl der Studierenden in Deutschland ist beträchtlich: Das Centrum für Hochschulentwicklung (CHE) informiert: An den Hochschulen in Deutschland sind aktuell (Wintersemester 2022/23) rund 2,9 Mio. Studierende eingeschrieben. Wie attraktiv das Studium in Deutschland ist, zeigen die letzten verfügbaren Zahlen über ausländische Studierende. Der Deutsche Akademische Auslandsdienst teilt mit: „Im vergangenen Wintersemester studierten rund 370.000 internationale Studierende an deutschen Hochschulen. Das ist ein neuer Rekord. Deutschland hat damit Australien bei den beliebtesten Studienländern überholt und belegt nun Rang drei im weltweiten Ranking" (https://www.hrk.de/fileadmin/redaktion/hrk/02-Dokumente/02-03-Studium/02-03-01-Studium-Studienreform/HRK_Statistik_BA_MA_UEbrige_WiSe_2023_24.pdf).

Die großen Projekte der Exzellenz-Cluster und Sonderforschungsbereiche (die hier im Einzelnen nicht erwähnt werden müssen, weil ausreichend Informationen dazu leicht abrufbar zur Verfügung stehen), sowie Drittmittelprojekte und institutsinterne Studien schaffen neue oder erweiternde Wissensbestände. Für die Förderung vieler derartiger Projekte ist die Deutsche Forschungsgemeinschaft (DFG) zuständig. Sie ist Europas größte Organisation dieser Art und unterhält neben ihrer Zentrale in Bonn Büros in Indien, Japan, Latein- und Nordamerika sowie das Chinesisch-Deutsche Zentrum für Wissenschaftsförderung (CDZ).

2.3 Bedeutung außeruniversitärer Forschung

Aber nicht nur die klassischen Universitäten und Hochschulen prägen den Forschungsstandort Deutschland, sondern auch die zahlreichen außeruniversitären Einrichtungen. In ihnen arbeiten rund 115.000 Beschäftigte, gut die Hälfte davon als wissenschaftliches Personal. In erster Linie zählt dazu das Statistische Bundesamt, eine Bundesoberbehörde im Geschäftsbereich des Bundesministeriums des Innern, die ihre Funktionen so beschreibt: Sie erhebt, sammelt und analysiert statistische Informationen zu Wirtschaft, Gesellschaft und Umwelt. Die aufbereiteten Informationen werden tagesaktuell in rund 390 amtlichen Statistiken veröffentlicht. Das Themenspektrum ist umfassend, darunter volkswirtschaftliche Gesamtrechnungen, über Unternehmen und Handwerk, den Arbeitsmarkt, Verdienste und Arbeitskosten, Preise, Außenhandel, Umwelt, verschiedenste Branchen bis hin zu Daten wie Bevölkerungs- und Einkommensentwicklung, Konsum, Wohnen, Forschung und Kultur, Gesundheit, Soziales, öffentlichen Finanzen und Steuern sowie Justiz und Rechtspflege. In der Regel sind die Basisdaten allgemein zugänglich.

Das sogenannte Rückgrat der Forschungslandschaft bilden neben den Hochschulen vor allem vier große außeruniversitäre Organisationen.

Erstens: Die Helmholtz-Gemeinschaft, Deutschlands größte Forschungsorganisation. Sie betreibt Spitzenforschung in den sechs Forschungsbereichen Energie, Erde und Umwelt, Gesundheit, Information, Materie sowie Luftfahrt, Raumfahrt und Verkehr. Mehr als 43.000 Mitarbeitende sind in 19 Helmholtz-Zentren beschäftigt, darunter das Deutsche Zentrum für Luft- und Raumfahrt (DLR). In Zukunft soll ein neues Zentrum für Alternsforschung entstehen.

Zweitens: Die 1948 gegründete Max-Planck-Gesellschaft ist das wichtigste Zentrum der Grundlagenforschung für Natur-, Bio-, Geistes- und Sozialwissenschaften außerhalb der Universitäten. Rund 7000 Wissenschaftlerinnen und Wissenschaftler, 3400 Promovierende und 2200 Gastforschende arbeiten an den 86 Max-Planck-Instituten und Forschungseinrichtungen, auch außerhalb Deutschlands. Seit ihrer Gründung wurden mehr als 20 Nobelpreise an Forschende der Max-Planck-Gesellschaft vergeben.

2 Wissenschaft und Forschung in der „Bildungsrepublik" 29

Drittens: Die Fraunhofer-Gesellschaft mit ihren 76 Instituten und Forschungseinrichtungen an Standorten in ganz Deutschland gilt als die größte Einrichtung anwendungsorientierter Entwicklung in Europa. Zu ihren zentralen Forschungsfeldern zählen etwa Gesundheit und Umwelt, Mobilität und Transport, Arbeitsorganisation sowie Energie und Rohstoffe.

Viertens: Leibniz-Gemeinschaft. Sie repräsentiert 96 selbstständige Forschungseinrichtungen, deren Ausrichtung von den Natur-, Ingenieur- und Umweltwissenschaften über die Wirtschafts-, Raum- und Sozialwissenschaften bis zu den Geisteswissenschaften reicht. Ein übergreifender Schwerpunkt der rund 11.700 Forschenden liegt im Wissenstransfer in Richtung Politik, Wirtschaft und Öffentlichkeit.

Ein weiteres Cluster bilden die Wirtschaftsforschungsinstitute, die zum Teil auch durch die genannten Forschungsgesellschaften repräsentiert werden. Die fünf bedeutendsten deutschen Institute für wirtschaftliche Fragen sind: das Deutsche Institut für Wirtschaftsforschung (DIW), Berlin, das ifo Institut für Wirtschaftsforschung an der Universität München, das Institut für Weltwirtschaft (IfW) in Kiel, das Leibniz-Institut für Wirtschaftsforschung in Halle (IWH) und das Leibniz-Institut für Wirtschaftsforschung (RWI) in Essen. Diese fünf genannten Institute publizieren zweimal im Jahr eine viel beachtete Konjunkturprognose, die als Frühjahrs- und Herbstgutachten bekannt ist und in aller Breite in den Medien und den politischen Zirkeln diskutiert wird.

Weitere deutsche Wirtschaftsforschungsinstitute sind unter anderen: das Hamburgische Weltwirtschafts-Institut (HWWI), das Institut für Angewandte Wirtschaftsforschung (IAW) in Tübingen, das Institut für Arbeitsmarkt- und Berufsforschung (IAB) in Nürnberg, das Institut der deutschen Wirtschaft (IW) in Köln, das Institut für Makroökonomie und Konjunkturforschung (IMK) in Düsseldorf, das Institut für sozial-ökologische Wirtschaftsforschung (ISW) in München, das Forschungsinstitut zur Zukunft der Arbeit (IZA) in Bonn, das Leibniz-Institut für Finanzmarktforschung SAFE (Sustainable Architecture for Finance in Europe) in Frankfurt am Main, das Walter Eucken Institut in Freiburg im Breisgau und das Wissenschaftszentrum Berlin für Sozialforschung (WZB).

2.4 Formeller und informeller Austausch

Wichtig ist, dass diese vielfältigen Einrichtungen einen regulären institutionellen, aber auch kollegialen Austausch pflegen. Mit acht selbstständigen Auslandsgesellschaften in Europa, Nord- und Südamerika sowie Asien, zahlreichen Representative Offices und den Senior Advisors ist zum Beispiel die Fraunhofer-Gesellschaft weltweit aktiv. Ein wichtiger Initiator korrespondierender Forschungsansätze ist die Deutsche Forschungsgemeinschaft, wobei ein Schwerpunkt die Unterstützung der Internationalisierung von Forschung an Hochschulen für Angewandte Wissenschaften (vulgo: Fachhochschulen) ist.

Die Allianz der Wissenschaftsorganisationen ist ein weiterer Zusammenschluss der bedeutendsten Wissenschaftsorganisationen in Deutschland. Sie nimmt regelmäßig Stellung zu wichtigen Fragen der Wissenschaftspolitik. Die Deutsche Forschungsgemeinschaft ist Mitglied der Allianz und hat für 2022 die Sprecherrolle übernommen. Weitere Mitglieder sind die Alexander-von-Humboldt-Stiftung, der Deutsche Akademische Austauschdienst, die Fraunhofer-Gesellschaft, die Helmholtz-Gemeinschaft, die Hochschulrektorenkonferenz, die Leibniz-Gemeinschaft, die Max-Planck-Gesellschaft, die Nationale Akademie der Wissenschaften Leopoldina, der Wissenschaftsrat und andere. Zudem sind die deutschen Forschungsinitiativen und die sie vorantreibenden Kollegien in einer Reihe internationaler Gremien eingebunden, darunter bedeutende europäische Institutionen.

Eine solche Vernetzung wird zum Beispiel durch Initiativen des Bundesministeriums für Bildung und Forschung gesichert. „Research in Germany" präsentiert den Forschungs- und Innovationsstandort Deutschland als Partner in weltweit relevanten Forschungsmärkten und vor internationalen Zielgruppen. Dazu gehören Karrieremessen, Foren und Workshops, informative Publikationen und nicht zuletzt die Online-Plattform www.research-in-germany.org sowie verschiedene Social-Media-Kanäle. Die Initiative zeigt auf, welche Förder- und Karrieremöglichkeiten internationale Wissenschaftlerinnen und Wissenschaftler in Deutschland an Hochschulen, Forschungsinstitutionen und in der forschenden Industrie haben, unter welchen Bedingungen sie forschen und lehren können und welche Unterstützung sie erhalten.

Die Liste dieser europäischen und weiteren globalen Kooperationen würde ein Buch füllen und wäre immer noch nicht vollständig, weil auch vielfältige persönliche Kontakte von Forschenden weltweit mit in Betracht gezogen werden müssen. Der Deutsche Akademische Auslandsdienst weist darauf hin, dass immerhin 70.000 internationale wissenschaftliche Beschäftigte an Deutschlands Hochschulen und Forschungseinrichtungen arbeiten. Die Bundesrepublik sei damit gemeinsam mit dem Vereinigten Königreich nach den USA der wichtigste Wissenschaftsstandort für internationale Forschende. Informellen Austausch gibt es zudem über Diskurse, Diskussionen und Debatten, die in unzähligen Fachmedien und in den Social Media geführt werden. Viele Diskussionen verbreiten sich über deutsche Verlage, als Open-Access-Publikationen, als Datenbanken, über Kongresse und Tagungen sowie schließlich über zahlreiche Publikationen in Fachmedien. Studierende und Lehrende haben in den Universitäts- und Hochschulbibliotheken kostenlosen Zugriff auf eine gigantische wissenschaftliche Publizistik. So beispielsweise über jstsor.com, einem Archiv mit zwölf Millionen Zeitschriftenartikeln, Büchern, Bildern und Grafiken aus mehr als 75 Fachdisziplinen (https://about.jstor.org/whats-in-jstor). Nur am Rande sollen die Websites von Initiativen erwähnt werden, die sich aus verschiedenen Gründen mit wissenschaftlichen Fragen beschäftigen – und dies durchaus nicht nur und nicht einmal in erster Linie in vorgeblich akademischem Jargon, sondern als unterhaltsame Darbietungen wie edge.org im Sinne einer „Third Culture" der Vermittlung von Natur- und Geisteswissenschaften.

Man weiß nicht, wo man anfangen oder aufhören sollte. Schließlich gibt es die Forschungsbemühungen der deutschen Wirtschaft, also der Verbände mittelständischer Branchen, großer Unternehmen, der Unternehmensberatungen, Meinungsforschungsinstitute und vieler anderer privatrechtlich organisierter Initiativen. Und dieser Hinweis ist vor allem auch deshalb wichtig, um die wohlfeile Kritik an „akademischen Elfenbeintürmen" ad absurdum zu führen. Was da an Spezialgebieten untersucht wird, schlägt an Komplexität manche der sogenannten Orchideenfächer an den Universitäten.

2.5 Forschung von Branchenverbänden, Unternehmen etc.

Ein Beispiel: Kaum jemand denkt auf dem Ferienflug zu den Sonneninseln daran, dass das Gefühl der Sicherheit im Flugzeug nicht zuletzt auch den hoch technisierten Verfahren der Deutschen Gesellschaft für zerstörungsfreie Prüfung zu verdanken ist oder den Techniken der Unternehmen, die in der Forschungsvereinigung Schweißen und verwandte Verfahren e. V. organisiert sind. Grundlage sind Forschung und Entwicklung, finanziell aufwändig, meist im Prozess der Ergebnissuche offen und in den Ergebnissen für die Allgemeinheit gleichzeitig segensreich und unverständlich.

Diese Forschung spielt sich keineswegs nur in den verborgenen Laboren der Unternehmen ab. Sie ist sichtbar, vor allem in ihren praktischen Auswirkungen auf die Zukunft aller auch nur erdenklichen Bereiche von Wirtschaft und Gesellschaft und durch ein weit ausgedehntes Netz ihrer Repräsentationen: der Messewirtschaft. Auf Messen wird Zukunft dokumentiert, wird Forschung praktisch sichtbar, werden Möglichkeitsräume eröffnet und Zukunftsräume inszeniert. Hier zeigt sich das Potenzial praktischer Zukunftsforschung in allen erdenklichen Sparten, ganz gleich, ob man sie mit B2B, B2C oder sonstigen Kürzeln charakterisiert. Eine differenzierte Analyse dieses Sektors und seiner Bedeutung für die Innovationskultur ist kürzlich erschienen. Das Messewesen ist ein nicht zu vernachlässigender Teil einer lebendigen Bildungsrepublik. 160 bis 180 internationale und nationale Messen finden pro Jahr in Deutschland statt. Diese Messen ziehen über 180.000 Aussteller und zehn Millionen Besucher an. Die Messewirtschaft trägt mit rund 28 Mrd. € jährlich zum Bruttoinlandsprodukt bei und sichert 230.000 Arbeitsplätze. Die Steuereinnahmen für ein durchschnittliches Messejahr liegen bei rund 4,5 Mrd. €. Auch auf diesem Gebiet arbeiten zahlreiche Forschungseinrichtungen (Rust 2023).

Und auch in den privatrechtlich organisierten Forschungseinrichtungen sowie bei den in diesen Einrichtungen repräsentierten Unternehmen ist Bildung ein zentrales Thema. Zum Beispiel in der Bildungsoffensive des Stifterverbands. „Mit der Zukunftsmission Bildung will der

Stifterverband ein Bildungssystem für eine Welt im Wandel gestalten, das schnell mehr Menschen mit den notwendigen Kompetenzen aus- und weiterbildet. Dazu bringt er die relevanten Akteure aus Wirtschaft, Wissenschaft und Zivilgesellschaft in einer Gemeinschaftsinitiative zusammen und koordiniert die Aktivitäten in vier starken Allianzen: Allianz für Lehrkräfte, für MINT-Fachkräfte, für Schule Plus und für Future Skills. Denn um die großen Herausforderungen im Bildungssystem zu lösen, braucht es starke Partnerschaften – die gegenüber der Politik mit einer Stimme sprechen, die gemeinsam Rahmenbedingungen gestalten und damit langfristig eine Veränderung im Bildungssystem bewirken."

Querverbindungen zur Bildungspolitik sind selbstverständlich, auch über bildungspolitische Lobbyarbeit wie zum Beispiel die Forschungs-Lobby Spectaris. Ihre Vertreter, so heißt es, unterstützen „die Innovationsstärke seiner Mitglieder durch den forschungspolitischen Dialog mit dem Bundesministerium für Wirtschaft und Energie sowie dem Bundesministerium für Bildung und Forschung, kooperiert eng mit der Forschungsvereinigung Feinmechanik, Optik und Medizintechnik e. V. (F.O.M.) und steht als Disseminationspartner für nationale und europäische industrielle Forschungsprojekte zur Verfügung." Wichtig ist, was diese kurze und etwas mühsam zu lesende Aufzählung schon deutlich macht: die pluralistische Verfassung der Forschungslandschaft. Doch was ist mit Defiziten? Mit der oft beklagten mäßigen Platzierung Deutschlands in der Forschung zu Digitalisierung und künstlicher Intelligenz?

2.6 Was ist mit der künstlichen Intelligenz?

Was diese leidige Frage angeht, bei der die Bundesrepublik nach allen statistischen Daten nur im Mittelfeld der internationalen Entwicklung steht, ist zumindest in der Forschung eine deutliche Dynamik zu verzeichnen. Eine Auflistung ist wenig sinnvoll, weil die Projekte zu diesem Bereich in offiziellen Institutionen, Unternehmensberatungen und Unternehmen selbst untrennbar mit allen auch nur erdenklichen anderen Fragen verknüpft sind – Wohnen, Mobilität, Bildung, Klimaschutz, aber auch psychische und soziale Wirkungen eines ungebändigten „Digitalismus" (Rust 2019). Nur beispielhaft zu erwähnen sind Foresight-

Forschungen des BMWK. „Ziel des Vorausschauprozesses des BMWK ist es, nicht eine einzelne, sondern mehrere mögliche Entwicklungen für die Zukunft der digitalisierten deutschen Wirtschaft in verschiedenen Facetten über einen Zeithorizont von zehn bis 15 Jahren zu betrachten. Dabei werden verschiedene Szenarien mit Blick auf die Digitalisierung und die damit einhergehenden Veränderungen der deutschen Wirtschaftsstruktur qualitativ analysiert und wirtschaftspolitische Implikationen abgeleitet."

Den Ausgangspunkt bilden Entwicklungen in ausgewählten Schlüsseltechnologien. Diese umfassen digitale Plattformen, das Internet der Dinge, künstliche Intelligenz, autonome Systeme, Blockchain, Big Data, Quantenrechner und Industrie 4.0. Die meisten dieser Technologien sind zwar vielen geläufig, ihr Anwendungspotenzial und Zusammenspiel dürften aber bei weitem noch nicht ausgeschöpft oder absehbar sein. Interdisziplinäres Expertenwissen ist notwendig, um dieses angemessen und in Gänze zu beurteilen.

Das Statistische Bundesamt (Statista) veröffentlichte am 31.01.2024 eine Bestandsaufnahme des Digitalisierungsgrades mit Daten aus dem Jahr 2022, die in der Europäischen Kommission den Index für die digitale Wirtschaft und Gesellschaft (DESI) bilden und Fortschritte der Mitgliedstaaten in den fünf wesentlichen Bereichen Konnektivität, digitale Kompetenzen, Internetnutzung durch Privatpersonen, Integration digitaler Technik durch Unternehmen sowie digitale öffentliche Dienste dokumentieren. Deutschland steht beim europäischen Vergleich der digitalen Wirtschaft und Gesellschaft im Jahr 2022 im Mittelfeld, an 13. Stelle. Führend sind die skandinavischen Länder Finnland und Dänemark. Nun sind solche Indizes nur dann aussagekräftig, wenn auch die Qualität und die Akzeptanz von Bildung und Ausbildung auf diesen Bereichen differenziert erfasst werden. Auf den ersten Blick scheint sich die Beobachtung zu verdichten, dass das Angebot weit größer ist als die Nutzung. Und vieles ist noch im Planungs- oder Versuchsstadium.

„Mein Bildungsraum" zum Beispiel, eine von vielen Initiativen des Bundesministeriums für Bildung und Forschung. Diese Plattform „soll Bildungseinrichtungen, -anbieter und Content-Produzenten zu einem interoperablen, barrierefreien Bildungs-Ökosystem verbinden, das die Datensouveränität aller Beteiligten gewährleistet. Grundlage dafür ist der gemeinsame Datenraum Bildung und Kompetenzen (auch: GAIA-X, Domäne Bildung) mit gemeinsamen Standards, Formaten und interoperablen Strukturen. Mit einem einzigen Login sollen sich Nutzer im digitalen Bildungsraum bewegen und ihre Daten jederzeit unter Kontrolle haben können" (https://www.meinbildungsraum.de/).

Zudem wird ein „Ideenmarkt" etabliert, „über den Projektpartnerinnen und -partner für die gemeinschaftliche Entwicklung von Ideen und Projekten zusammenfinden können. Mit den KI-Ideenwerkstätten für Umweltschutz des BMUV wird die gesellschaftliche Vernetzung unterstützt und die Erprobung digitaler Technologien ermöglicht. Das Civic Data Lab des BMFSFJ unterstützt zivilgesellschaftliche Organisationen bei der Schaffung gemeinwohlorientierter Datenräume."

Das Programm umfasst eine Reihe von Initiativen der unterschiedlichen Ministerien. All diese Dienste werden aber nur dann ihre Wirkung entfalten können, wenn sie ebenso breit und selbstverständlich genutzt werden wie die Bestellservices Amazon oder Lieferando, wie Netflix und andere Streaming-Dienste oder TikTok, Instagram oder WhatsApp. Bei dieser sehr skizzenhaften Auflistung zeigt sich das Problem noch einmal sehr klar: Digitalisierung wird auf breiter Basis akzeptiert, allerdings unproportional wenig in den Bereichen Bildung und Weiterbildung.

Einige Illustrationen zur Vielfalt der Forschung finden sich bei Bruno Kirschfeld (einer der Gründungsdirektoren des Max-Planck-Instituts für biologische Kybernetik) nach einer bissigen Rezension des Buches über künstliche Intelligenz und den Sinn des Lebens von Richard D. Precht im Magazin Cicero vom 6. Dezember 2020. Daran schloss sich eine interessante Diskussion an – mit differenzierten Stellungnahmen zur KI von zwei Politikwissenschaftlern (https://www.cicero.de/comment/244634; https://www.cicero.de/innenpolitik/replik-kuenstliche-intelligenz-ki-mehr-politik-wagen).

2.7 Das alles ist – Zukunftsforschung

Die Wirtschaft selbst ist selbstverständlich auch auf diesem Gebiet überaus aktiv, zum Beispiel in übergeordneten Unternehmensverbänden wie etwa der Bitcom, aber auch in branchenspezifischen Vereinigungen, von denen viele in der Öffentlichkeit kaum bekannt sind. Der Maschinen- und Anlagenbau in Deutschland zum Beispiel hat einer Pressemeldung des VDMA zufolge im Jahr 2022 knapp 8,7 Mrd. € für Forschung und Entwicklung ausgegeben. Laut der aktuellen Erhebung des Stifterverbands war dies ein Plus von knapp sechs Prozent im Vergleich zum Vorjahr und zugleich ein neuer Höchststand.

„Die Mitglieder des Bundesverbandes der Unternehmen der Künstlichen Intelligenz in Deutschland e. V. setzen sich dafür ein, dass diese Technologie im Sinne europäischer und demokratischer Werte genutzt wird und Europa digitale Souveränität erlangt. Ziel ist ein aktives, erfolgreiches und nachhaltiges KI-Ökosystem in Deutschland und Europa. Denn nur, wenn sich die klügsten Köpfe und Vordenker:innen dazu entscheiden in der Europäischen Union zu gründen, zu forschen, zu lehren und zu arbeiten, können wir im globalen Wettbewerb bestehen. Datenkunde muss als Pflichtfach ab der 3. Klasse eingeführt werden und es braucht eine breite Verankerung von Datenkunde in den meisten Studienfächern und Förderung von Weiterbildungsprogrammen für Arbeitnehmer:innen." Eine Übersicht über teilnehmende Firmen hier: https://ki-verband.de/mitglieder.

Das alles ist Zukunftsforschung, wenn auch selten unter diesem Etikett ausgewiesen. Denn im Grunde ist Forschung durchwegs zukunftsorientiert, egal, ob es um künstliche Intelligenz in der Medizin oder um die Interpretation des Verfalls des Römischen Reiches geht. Die Schlussfolgerungen erfassen immer Wirkungsketten, die in der Vergangenheit gründen und über Jahrhunderte und Jahrtausende Einflüsse ausgeübt haben.

Andererseits hat nun gerade das Etikett „Zukunftsforschung" einen unglaublichen Tumult ausgelöst. Befeuert wurde er durch zahllose selbst ernannte Forschungs-Initiativen, von denen eine Reihe im Kap. 5 skizziert werden. Das Interessanteste daran ist, dass die meisten dieser kleinen Agenturen und Institute von den öffentlich verfügbaren Ergebnissen der seriösen Forschungen zehren. Seriös heißt hier, dass unverbrüchliche Maximen nachweislich eingehalten werden, wie die bisher beschriebenen Institutionen es tun. Dazu gehören: die Formulierung einer klaren Fragestellung, die sich operationalisieren lässt; der Nachweis der Verlässlichkeit von Methoden und Techniken, ganz gleich, ob es sich um quantitative oder interpretative, um analoge oder digitale Verfahren handelt; die Offenlegung der Samples, also der untersuchten soziologischen Einheiten oder sonstiger Objekte; klare Informationen darüber, wann und in welchen regionalen Kontexten oder sonstigen außerordentlichen Bedingungen die Studien absolviert wurden; die Trennung von Auswertung und Interpretation, vor allem, was die publizistische Erstverarbeitung angeht; die Rückführung der Interpretationen auf jeden vorangehenden Prozess des gesamten Projekts und schließlich der lückenlose Nachweis der Quellen, die bei Vorbereitung, Durchführung und Auswertung genutzt wurde. Wann immer in diesem Buch von Wissenschaft die Rede ist, gilt diese Definition.

2.8 Wissenschaftlich fundierte Zukunftsforschung

Dass Zukunftsforschung – von Unternehmen, Verbänden und Beratungsfirmen oft auch vorsichtiger Foresight Research genannt – Themen setzt und öffentliche Aufmerksamkeit auf sich zieht, zeigt sich in der publizistischen Kaskade von wissenschaftlichen Zeitschriften oder Insider-Dokumentationen über die Rezeption in Special-Interest-Magazinen und allgemein informierenden Medien. Wie zum Beispiel die mit verschiedenen Bundesministerien aufgelegten „Fraunhofer Zukunftsforen" mit 60 Trendprofilen bis 2030. Oder die vor Jahren schon für den Arbeitsmarkt bis 2030 von Prognos entworfenen Zukunfts-Szenarien, mit einem deutlichen Hinweis auf profunden Fachkräftemangel (https://www.fachportal-paedagogik.de/literatur/vollanzeige.html?FId=2943083).

Überhaupt scheint „Zukunft der Arbeit" eines der wichtigsten Themen mit öffentlicher Beachtung zu sein. In dieser Richtung arbeitet auch das Institut für Arbeitsmarkt und Berufsforschung: „Wie in kaum einem anderen Politikfeld werden Entscheidungen am Arbeitsmarkt durch wissenschaftlich fundierte Beratungen unterstützt. Dazu leistet das Institut für Arbeitsmarkt- und Berufsforschung (IAB) einen zentralen Beitrag. Das IAB erforscht den Arbeitsmarkt in seiner gesamten Breite aus der Perspektive unterschiedlicher Disziplinen und im gesellschaftlichen Kontext. Qualitativ hochwertige Forschung und umfassende, gesicherte Datengrundlagen bilden das Fundament für gute Politikberatung und professionellen Wissenstransfer." Eine Übersicht über die Langzeitprojekte gibt es hier: https://iab.de/das-iab/projekte.

Damit wäre auch die Grenze zum Bereich der kommerziellen Forschungseinrichtungen geöffnet, deren Auflistung und Beschreibung eine weitere umfangreiche Recherche dokumentieren würde: die Forschungsaktivitäten der Unternehmensberatungen wie Deloitte, Price Waterhouse Cooper oder McKinsey, um nur wenige zu nennen, die mit zum Teil bahnbrechenden Projekten den Kenntnisstand über wirtschaftliche und soziale Themen bereichert haben. Gute Beispiele sind die bereits 1997 von McKinsey bereitgestellten Befunde über den „War for Talents" (Michaels et al. 1997), die tiefgreifende Untersuchung der Personalberater von Spencer Stuart über Erfolg (1999), die Unternehmensberatung Korn/Ferry über den CEO des 21. Jahrhunderts oder Deloittes Fahndung nach den Gründen des Erfolgs in einer Studie über die Performance von 21.000 amerikanischen Firmen über mehr als 40 Jahre Geschäftstätigkeit (Raynor et al. 2012). Hinzu kommen die Institutionen der Konsum- und Marktforschung wie GfK oder vornehmlich demoskopisch und politologisch ausgerichtete Institute wie Allensbach oder Infratest.

Bei aufmerksamer Betrachtung dieser Szene drängt sich eine Frage auf: Warum die öffentliche Assoziation von Zukunftsforschung nicht diese Aktivitäten in den Blick nimmt – zumindest nicht in erster Linie, sondern angeregt vor allem durch die mediale Vervielfältigung und trotz der nachweislichen Qualitätsunterschiede des sogenannten Contents die von Optimierungs-Coaches, Trendforschern und selbst ernannten Medienintellektuellen? Auf diesen Gebieten tummelt sich eine Menge kleinerer Agenturen oder Ein-Personen-Beratungsunternehmen, die in heftiger Konkurrenz zueinander auf dem Markt der medial attraktiven Slogans zukünfteln oder sich als neue Universalisten feiern und gleichzeitig das realitätsferne Spezialistentum in den Elfenbeintürmen medienwirksam anprangern. Das Geschäftsmodell floriert. Die öffentliche Aufmerksamkeit ist groß. Selbst die Politik greift auf dieses Repertoire zurück: „Forschungsministerin trifft auf Zukunftsforscher: Wohin führen uns

Digitalisierung und KI?" hieß es in einem Podcast des Ministeriums vom 24. August 2023. „Wie verändert künstliche Intelligenz Deutschland? Was braucht es, um Deutschlands Schulen fit für die Digitalisierung zu machen? Und was tut die Politik? Bundesforschungsministerin Bettina Stark-Watzinger und Zukunftsforscher Matthias Horx geben Antworten. Mit Moderator Joël Kaczmarek sprechen sie über blaue und weiße Kragen, Matrix-Effekte und die KI-Gretchenfrage" (https://www.bundesregierung.de/breg-de/mediathek/podcast-aus-regierungskreisen-watzinger-horx-2216048).

Die Fragen der öffentlichen Reichweite und der aus ihr abgeleiteten Wirkungen werden im Hinblick auf das Selbstverständnis einer bildungsrepublikanisch verfassten Wissensgesellschaft an den zwei meistzitierten Protagonisten analysiert: Matthias Horx, nach eigenen Angaben „Zukunftsforscher und Universalwissenschaftler" und Richard David Precht, Prototyp des „neuen Medienintellektuellen". Bei der kritischen Betrachtung dieser Initiativen geht es nicht um die Frage der Legitimität, sondern darum, die zugrunde gelegten Ansprüche auf ihre Plausibilität hin zu prüfen.

2.9 Sozialwissenschaften und Zukunft

Die Frage nach dem Sinn dieses Contents drängt sich noch deutlicher auf, wenn der Blick sich auf die altbewährten Institutionen richtet, die Trend- und Zukunftsforschung nach den Regeln wissenschaftlicher Verfahren betreiben. Ist das alles zu kompliziert? Zu selbstbezüglich? Verschanzt in Elfenbeintürmen? Da ist zum Beispiel der Bereich der Soziologie und der Themenschwerpunkt gesellschaftlicher Entwicklungen: prominent das Sozio-ökonomische Panel (SOEP), eine repräsentative Wiederholungsbefragung, die bereits seit 25 Jahren läuft. Im Auftrag des DIW Berlin werden jedes Jahr über 20.000 Personen in Deutschland aus rund 11.000 Haushalten von TNS Infratest Sozialforschung befragt. Die Daten geben Auskunft zu Fragen über Einkommen, Erwerbstätigkeit, Bildung oder Gesundheit. Weil jedes Jahr die gleichen Personen befragt werden, können langfristige soziale und gesellschaftliche Trends besonders gut verfolgt werden.

Die Durchführung und Entwicklung der Längsschnittstudie SOEP erfolgt in Form einer „Serviceeinrichtung für die Forschung" im Rahmen der Leibniz-Gemeinschaft (WGL) mit Sitz am DIW Berlin. Die SOEP-Gruppe gibt die nutzerfreundlich aufbereiteten Daten an die interessierte Fachöffentlichkeit weiter und erstellt eigene Analysen. Die Feldarbeit führt TNS Infratest Sozialforschung (München) unter dem Titel „Leben in Deutschland" durch. Es wird sich zum Beispiel in der PISA-Studie zeigen, dass die Daten dieses Panels zur Interpretation der Bildungssituation an Schulen hochinteressante Zusammenhänge vertieft (http://www.diw.de/de/diw_02.c.239928.de/publikationen_mit_dem_soep.html).

Eine Reihe interessanter privatrechtlich-kommerzieller Initiativen erweitert das Spektrum. Zum Beispiel der „Trend Report" der Wirtschaftszeitung Handelsblatt, erstmals erschienen im Februar 2017. Ein Supplement, das seither dreimal jährlich aufgelegt wird und Schwerpunktreportagen zu aktuellen Themen aus Wirtschaft, Wissenschaft und Politik beinhaltet.

„Unser Team aus Redakteuren und Textern stellt für jedes Thema alle relevanten Informationen, aktuelle Innovationen oder Prognosen zusammen, führt Interviews mit Wissenschaftlern, Verbänden und Politikern und arbeitet bei der Umsetzung der Reportagen Hand in Hand mit renommierten Fachjournalisten. Um nah am Puls des Geschehens zu sein und aktuelle Entwicklungen direkt erkennen und abbilden zu können, arbeiten unsere Redakteure in verschiedenen Ressorts" (https://trendreport.de).

Ein weiteres bedeutendes wissenschaftliches Institut ist das Institut für Zukunftsforschung und Technologiebewertung (IZT), „eine selbstständige und gemeinnützige Forschungseinrichtung, die Firmen, weitere Organisationen und Behörden als Kunden hat. Es arbeitet eng mit dem Büro für Technikfolgenabschätzung beim Deutschen Bundestag zusammen. Zur entsprechenden Einrichtung auf europäischer Ebene, dem Netzwerk EPTA (European Parliament Technology Assessment, dt. Technikfolgenabschätzung des Europäischen Parlaments), gehört auch der Zukunftsausschuss des Parlaments Finnlands. Das IZT hat drei hauptsächliche Themenbereiche: Zukunftsforschung und Partizipation, Nachhaltigkeit und Transformation sowie Technologie und Innovation."

„Institut Futur" wiederum ist der Name des „Arbeitsbereichs Erziehungswissenschaftliche Zukunftsforschung" an der Freien Universität Berlin. Das Institut ging, wie es heißt, im Jahre 2000 aus dem Arbeitsbereich Umweltbildung hervor und konzentriert sich seitdem auf drei Kernbereiche: die sozialwissenschaftliche Zukunftsforschung, das Lern- und Handlungsfeld Bildung für nachhaltige Entwicklung (BNE) und die Forschung zu Transfer von Wissen und Innovationen. Der inter- und transdisziplinäre Masterstudiengang Zukunftsforschung an der FU Berlin vermittelt seit 2010 unter anderem Grundlagen und Methoden zur Erforschung, Konstruktion und Reflexion von Zukunftsvorstellungen in Gesellschaft, Politik und Wirtschaft. Dass sich Forschung und Lehre, vor allem was Methoden und Techniken der Prognostik angeht, an zahlreichen Hochschulstandorten mit „Zukunftsforschung" auseinandersetzen, braucht kaum eigens betont zu werden.

Dass in zunehmendem Maß eine Ergänzung eines thematisch hoch konzentrierten Spezialistentums durch „weiche" Disziplinen wie Philosophie (insbesondere Ethik etwa bei Fragen der Medizin) und intermediäre Disziplinen wie Soziologie in diese Curricula integriert werden, ist begrüßenswert. Aber das Problem der pluralistischen und damit differenzierten Bildung durch die Begegnung unterschiedlichster intellektueller, sozialer und politischer Milieus ist dadurch nicht gelöst. Es fehlt – und das ist eines der schmerzlichen Defizite – die Öffnung zur Allgemeinheit und damit ein wesentliches Element der Stärkung und Bereicherung des Alltagslebens als Erweiterung der intellektuellen Arbeit in einem prinzipiell forschungsstarken und wissenschafts-fundierten Kontext. Genau danach aber scheint es ein starkes, wenngleich diffuses Bedürfnis zu geben.

2.10 Philosophie als öffentliches Ereignis

Dieser Befund liegt nahe, wenn eines der erfolgreichsten Philosophiebücher der letzten zu einem Bestseller avancierte und sein Autor zur Kultfigur der New Public Intellectuals emporstieg. Der Titel: „Wer bin ich? Und wenn ja, wie viele?" zeigt verschiedene Aspekte, die schon angesprochen wurden. Er ist unterhaltsam, charakteristisch für den Autor selbst, der sich in einem geradezu lexikalischen Rausch mit den „neuesten wissenschaftlichen" Ergebnissen der unterschiedlichsten Fachbereiche befasst, von der Philosophie über die Hirnforschung, Psychiatrie und Soziologie bis Biologie, zum Thema Mensch und Bewusstsein, später dann noch zu Tierethik und zur evolutionstheoretischen Grundlegung der Liebe, zu Digitalisierung und bedingungslosem Grundeinkommen, zum Ukrainekrieg, zu den Medien (vulgo „Vierte Gewalt"), zum Schulsystem, zum sozialem Jahr und jüdischer Arbeits-Ethik, Elektroautos und zu allerlei Sonstigem. Und wie vieles, was die Publizistik dieser Szene New Public Intellectuals ausmacht: Der Titel war eine Zweitauflage – und zwar der populärphilosophischen Kneipenkultur der späten 1960er-Jahre entlehnt. Er war einer dieser zahlreichen Sprüche, die mit Filzstift in der legendären Bierkneipe „Cosinus" im Hamburger Uni-Viertel neben einem altersfleckigen Spiegel über dem Waschtisch hingekritzelt wurden. Man kann davon ausgehen, dass in München Schwabing, Berlin Kreuzberg oder in der Frankfurter Sponti-Szene, aus der der später zum selbst ernannten Zukunftsforscher avancierte Horx stammt, sowie unzähligen anderen Kneipen dieselbe Frage stand.

Ein paar andere philosophische Weisheiten, die auch gut als Buchtitel geeignet gewesen wären, informierten zudem über die Skurrilität der Welten und die Originalität der Alternativszene: „Hier darf jeder denken, was er sagt ..." oder „Die Basis ist die wahre Grundlage des Fundaments". Passend auch: „Es ist alles schon mal dagewesen, manches sogar zweimal", oder Sprüche, die die Zukunft betreffen: „Vorsicht, die Zukunft kann schon morgen beginnen", mitunter sogar tiefgründig Philosophisches: „Zwerge, die auf den Schultern von Riesen stehen, sehen weiter als diese". Erdmann Wingert, ehemals Redakteur der Zeitschrift Stern und des ZEIT-Magazins und heute Textchef der Agentur Zeitenspiegel, hat dieser Szene einen schönen Nachruf gewidmet, mit einem Titel, der ebenfalls an vielen Wänden verewigt war: „Begrabt mein Herz an der Biegung des Tresens" (https://www.zeitenspiegel.de/projekte/reportage/begrabt-mein-herz-an-der-biegung-des-tresens/article).

Der Begriff der Bildungsrepublik kursierte damals noch nicht. Aber die Idee war längst ausgereift, durchdacht und wurde praktiziert. Offene Universität, kompensatorische Erziehung, Studium ohne Abitur an der später dann stillgelegten Hochschule für Wissenschaft und Politik in Hamburg.

Es war im Übrigen die Zeit, in der zum Beispiel Vorlesungen über Philosophie als öffentliche Ereignisse wirkten, die mitzuerleben als wichtig oder zumindest interessant, mitunter statusfördernd galten. Zum Beispiel die Kant-Vorlesungen von Carl Friedrich von Weizsäcker im Audimax der Universität Hamburg, die bis zum letzten Stehplatz besetzt waren (https://av.tib.eu/media/11588).

Precht, dem als Prototyp des neuen Medienintellektuellen ebenfalls eine eigene Strecke gilt (Kap. 7), verleitet dazu, sich auch die Szene der geisteswissenschaftlichen und philosophischen Forschung näher anzusehen. Aus Platzgründen wird das zwar schwierig, die Diagnose würde aber dieselbe sein, wie sie vor wenigen Absätzen zur Forschung generell getroffen worden ist. Auch diese Szene ist reich und lebendig und wie am Beispiel Weizsäcker sichtbar, seit jeher von einer Tradition prominenter Wissenschaftler getragen. Nun lassen sich die Auflagenzahlen nicht vergleichen, und über die Wirkung der Bücher Prechts ist – bis auf die Höhe der Auflagen – wenig bekannt.

Nur einige Namen seien genannt: Jürgen Habermas, natürlich an vorderster Stelle, aber auch Odo Marquardt, Ernst Tugendhat, der Soziologe Hans Albert, Peter Sloterdijk, Markus Gabriel oder der Publizist Wolfram Eilenberger, der zusammen mit Barbara Bleich die Sendung „Sternstunden der Philosophie" im Schweizer Fernsehen moderiert; Aleida Assmann oder Gabriele Gramelsberger mit ihrer aktuellen „Philosophie des Digitalen", Klassikerinnen wie Hannah Arendt als politische Philosophin oder Hedwig Conrad-Martius mit ihrer wegweisenden Verbindung von Natur- und Geisteswissenschaften sowie schließlich die aktuellen feministischen Philosophinnen wie Judith Butler oder Luisa Muraro.

Es sind Fragen der Ethik, der Ästhetik, der Gleichheit, der Erkenntnistheorien oder Fragen des Universalismus menschlicher Werte, wie sie Omri Böhm und Daniel Kehlmann anlässlich des 300sten Geburtstages Immanuel Kants in ihrem eindrucksvollen Gesprächsband „Der gestirnte Himmel über mir und das moralische Gesetz in mir" zum zentralen Thema erheben. Es sind die Fragen nach dem guten Leben, wie sie der österreichische Philosoph Robert Pfaller stellt und beantwortet. Vertreterinnen und Vertreter der Philosophie, deren Forschung weit bekannter sein sollte als sie ist. Woran liegt das? Es heißt, sie schreiben am Markt vorbei.

Das Argument kann nicht ganz richtig sein, denn für eine Klientel derer, die die großen Ideen der Philosophie vermitteln sollen und verstehen wollen – Lehrer, Professoren in Proseminaren und Journalisten, aber auch für jene, die sich nur aus Interesse mit diesen Fragen beschäftigen –, ist eine Reihe von Zeitschriften auf dem Markt der Publizistik verfügbar, die sich eben dieser Herausforderung stellen, komplexe philosophische Sachverhalte einfach verständlich darzustellen. Etwa das an eine interessierte Allgemeinheit gerichtete Philosophie Magazin mit einem annotierten Register zu den Begriffen der Disziplin, Abenteuer Philosophie oder die Allgemeine Zeitschrift für Philosophie, für ein Publikum „das an der verständlichen Aufbereitung von Fragen der philosophischen Tradition, aber auch an bisher vernachlässigten Themen interessiert ist", so die Frankfurter Allgemeine Zeitung. Und dann am Ende der Skala populärer Informationen: Die Geschichte der Philosophie für Dummies.

Oder die Zeitschrift für Praktische Philosophie, von zwei Institutionen der Universität Salzburg getragen, dem Fachbereich für Philosophie KTH und dem Zentrum für Ethik und Armutsforschung. Hierbei handelt es sich um „ein Publikationsorgan für Arbeiten aus allen Bereichen der praktischen Philosophie, die in ihrem Themenbereich einen wertvollen Beitrag zur vorhandenen Literatur darstellen. Die ZfPP ist offen für alle Inhalte, Methoden und Traditionen, sofern diese den wissenschaftlichen Qualitätskriterien der Philosophie genügen."

Es wären nun noch weitere geistes- und kulturwissenschaftliche Disziplinen zu erwähnen. Aber aus den genannten Gründen der zunehmenden Monotonie und auch deshalb, weil der Grundgedanke ausreichend belegt ist, soll die bisherige Darstellung genügen. Außerdem informieren die Fachverbände auf ihren Websites ausreichend über ihre vielfältigen Initiativen (https://soziologie.de/sektionen/migration-und-ethnische-minderheiten/ links-und-weitere-informationen/institute-und-organisationen). Was den Schwerpunkt dieses Buches – die Bildungsforschung – angeht, werden im folgenden Kapitel die wichtigsten Initiativen vorgestellt und diskutiert.

3

Bildungsbericht, PISA und andere Untersuchungen zu Bildung und Vertrauen

Zusammenfassung Im Zentrum deses Kapitels steht die letzte PISA-Studie – und der begründete Schock, den sie auslöste. Lese- und Mathematikkompetenzen sind weiter rückläufig. Aber wichtiger als das Schockerlebnis, das in den Medien überdimensioniert behandelt wird, sind die aus den Ergebnissen abgeleiteten Handlungsorientierungen – auch im Hinblick auf den Wirtschaftsstandort Deutschland. Hier eröffnet sich eine Perspektive auf die Gründe für das in vorangehenden Kapiteln beschriebene Missverhältnis von Bildungsangebot und Nachfrage. Dieser Zusammenhang wird auch in weiteren Großforschungsprojekten diskutiert. Ein Befund wird durch alle Studien gestützt: In der BRD herrscht nach wie vor die Ungleichheit der Bildungsbeteiligung. Zwar sind Zweifel angebracht, wenn pauschal ein Versagen des Systems beklagt wird. Allerdings wird offensichtlich gerade das zentrale Versprechen nicht eingelöst: das der Bildungs-Rendite. Es konnte sich wohl nicht erfüllen, weil es einen weiteren Widerspruch zum Opfer fällt: Bildungszugänge sind abhängig von dem sozio-ökonomischen Status, der durch sie erreicht werden soll. Das Ergebnis ist ein Vertrauensverlust in das Bildungssystem.

3.1 Großforschungsprojekte in Sachen Bildung

Der beeindruckenden Vielfalt an Grundlagenforschung und ihrer anwendungsbezogenen Ausarbeitungen steht eine ebenso große Zahl an Forschungen in den Domänen der so genannten „weichen" Disziplinen – Geistes-, Sozial- und Kulturwissenschaften – gegenüber. Sie gewinnen an Bedeutung. Für die Soziologie und die Psychologie ist die Korrespondenz mit den Wirtschafts- und Naturwissenschaften aus verschiedenen einsichtigen Gründen schon lange etabliert und intensiviert sich zurzeit programmatisch. Dass nun auch die Philosophie in diesen Kanon einbezogen wird, und das nicht nur, wie oft behauptet wird, durch eine eher feuilletonistische Variante, beschleunigt die Entwicklung zu einer „Third Culture". Diese klassische Redewendung charakterisiert die wechselseitige Beziehung von praxisbezogener „Erfindungsforschung" mit ihrem Ziel, wettbewerbsfähige Innovationen auf wirtschaftlichen, technischen oder medizinischen Gebieten zu entwickeln und der Folgenabschätzung für das gesellschaftliche, kulturelle und individuelle Leben.

Das Problem der pluralistischen und damit differenzierten Bildung unterschiedlichster sozialer und politischer Milieus ist dadurch aber noch nicht gelöst. Um es noch einmal zu betonen: Es fehlt die Öffnung zur Allgemeinheit und damit ein wesentliches Element der geistigen und materiellen Stärkung und Bereicherung des alltäglichen Lebens – als Vermittlung der intellektuellen Arbeit in einem prinzipiell forschungsstarken und wissenschaftsfundierten Kontext für Milieus, die traditionell weder mit den Methoden der Forschung noch mit den Spezialitäten bestimmter Fachdisziplinen vertraut sind. Im Laufe der weiteren Argumentation wird sich zeigen, dass dieses Defizit vor allem Bereiche wie die Hirnforschung, die Digitalisierung (besonders im Bereich der künstlichen Intelligenz), die Klimaforschung und die Entwicklung globaler wirtschaftlicher Zusammenhänge charakterisiert. Eine Konsequenz ist die vorschnelle Bereitschaft vieler Medien und ihrer Nutzergruppen, einfache Erklärungen dieser komplexen Zusammenhänge zu suchen. Wie bereits angedeutet, hat sich dieses Bedürfnis zu einem breiten, vielfältigen Geschäftsfeld oft unzulässig simplifizierender Erklärungen ausgewachsen, bis hin zu falschen Korrelationen und Kausalverkürzungen in Verschwörungstheorien oder hyperoptimistischen Visionen einer glänzenden Zukunft für alle.

An dieser Stelle nun ist es angebracht, die Perspektive zu wechseln und die Frage nach dem Beitrag der primären Bildungseinrichtungen zu stellen. In diesen Institutionen (von der Kindertagesstätte über die Schule bis zur Universität) soll ja vor der beruflichen Ausbildung die Grundlage für das Verständnis von größeren Zusammenhängen und kontextuellen Bedingungen politischer, gesellschaftlicher, wirtschaftlicher, technologischer, kultureller Prozesse gelegt werden. Dass auf diesem Gebiet ein akuter Handlungsbedarf besteht, um den im vorangehenden Kapitel geschilderten Reichtum an Zukunftswissen für die Bereicherung der persönlichen Lebenschancen und die Sicherung der Gemeinwesen zu nutzen, ist wiederum das Ergebnis von Forschung. Und was diese Forschung auch in eigener Sache leistet, demonstrieren zum Beispiel der alle zwei Jahre erscheinende „Bildungsbericht für Deutschland" und die internationale PISA-Studie, die eine umfängliche Analyse der Bildungschancen in den OECD-Ländern vermittelt. Hier sind Trends abzulesen, in validen und nach ihrer Plausibilität gültigen Befunden. Außerdem mit langfristig getesteten und mithin verlässlichen Methoden und Techniken.

3.2 Aufwendungen für Bildung

Zusammen ergeben diese Berichte ein differenziertes Bild der gesellschaftlichen und kulturellen Entwicklung im Kontext der vielfältigen anderen Projekte und Studien der Sozial- und Wirtschaftswissenschaften sowie im Hinblick auf die Situation der primären Bildung. Für die PISA-Studie sind dies Schülerinnen und Schüler im Alter von 15 Jahren. Die Ergebnisse, die regelmäßig zu öffentlichen Diskussionen geführt haben, enthalten aber auch Hinweise auf hintergründige Motive. Dazu gehört beispielsweise der Vertrauensverlust in wissenschaftliche Arbeit als Folge eines (im Kap. 4 behandelten) Vertrauensverlusts in die gesellschaftlichen Systeme und die Einflüsse der sozialen und ökonomischen Befindlichkeiten verschiedener Milieus.

Was den 436 Seiten starken „Bildungsbericht Deutschland 2024" vor allem unter dem Gesichtspunkt der Kritik am „Soziologenchinesisch" der in „Elfenbeintürmen" unter geheimnisvollen Bedingungen entstandenen weltfremden „Elite"-Forschung angeht, ist eine formale Bemerkung angebracht. Dieser Sammelband ist didaktisch hervorragend aufbereitet. Das Werk ist verständlich formuliert, übersichtlich gegliedert und in seinen Ergebnissen interessant. Es richtet sich an eine breite Leserschaft von Personen, nicht nur an die, die in der Politik und im Erziehungswesen tätig sind. Es repräsentiert einen gesellschaftlichen Bereich von enormer Bedeutung für die wirtschaftliche und kulturelle Gestaltung der Bundesrepublik Deutschland, benennt die sichtlichen Probleme und errichtet damit eine Kulisse für die speziell auf Deutschland bezogenen Ergebnisse der PSA-Studie.

Da sind zunächst einmal die eindrucksvollen Zahlenwerke. Das Wichtigste in Kürze: Die Bildungsausgaben in Deutschland sind kontinuierlich angestiegen, bleiben aber in Relation zur Wirtschaftsleistung weitgehend stabil. Konkret: Sie machen knapp sieben Prozent des Bruttoinlandsprodukts aus. Mit rund 123 Mrd. € entfällt die größte Position dabei auf die Schulen sowie den schulnahen Bereich. Rund 83 % der Gesamtausgaben werden von Bund, Ländern und Gemeinden finanziert, der Rest entfällt im Wesentlichen auf Privatpersonen, Unternehmen und Organisationen ohne Erwerbszweck.

Im Jahr 2022, so der Bericht weiter, hat sich die Gesamtzahl der Menschen, die Einrichtungen der frühen Bildung, allgemeinbildende und berufliche Schulen sowie Hochschulen und Berufsakademien besuchen, um 1,1 auf 17,9 Mio. Personen im Vergleich zu 2012 weiter erhöht. Diese Entwicklung ist Ausdruck des Anstiegs der Geburten, der Zuwanderung und der erhöhten Bildungsbeteiligung von unter 3- und über 19-Jährigen im Elementar- bzw. Hochschulbereich.

Zudem ist eine wachsende Zahl an Beschäftigten im Bildungswesen zu verzeichnen. Im Jahr 2022 sind 2,7 Mio. Menschen dort beschäftigt gewesen. Nach Bereichen gegliedert sind es in der frühen Bildung 848.000, an allgemeinbildenden und beruflichen Schulen 1.138.000 sowie an Hochschulen 750.000 Beschäftigte. Damit sind sechs Prozent aller Erwerbstätigen in den genannten Bildungsbereichen tätig. Die Personalkosten machen rund 72 % der Bildungsausgaben aus, so der Bericht weiter.

Eine beeindruckende Zahl illustriert diese Bemühungen und offenbart gleichzeitig die Probleme: die Aufwendungen für den sogenannten Digitalpakt, der mit 6,5 Mrd. € finanziert wird. „Die Strategie gibt Ländern, Bund, Kommunen und Schulträgern sowie Schulen ein klares Handlungskonzept für die Vermittlung von digitalen Kompetenzen an die Hand. Ein zentraler Bestandteil ist ein verbindlicher Kompetenzrahmen mit sechs Kompetenzbereichen, der fächerübergreifend an allgemeinbildenden Schulen einsetzbar ist. Und auch die Aus- und Weiterbildung von Lehrkräften steht klar im Fokus der Strategie. Der Unterricht soll somit an allen deutschen Schulen systematisch und fächerübergreifend in digitale Lernumgebungen eingebettet werden" (https://www.kmk.org/fileadmin/Dateien/veroeffentlichungen_beschluesse/2018/Strategie_Bildung_in_der_digitalen_Welt_idF._vom_07.12.2017.pdf; letzter Abruf dieser und aller weiteren Online-Quellen in diesem Kapitel 14.12.2024).

Bekanntermaßen liegen Probleme in der Realisierung durch die einzelnen Länder der föderalistisch verbundenen Bundes- und „Bildungs"-Republik. Aber bei einem zentralistisch verwalteten Gemeinwesen wären es sicher nicht weniger, sondern andere. Außerdem sind die aktuellen Initiativen von föderalistischen Hemmnissen weitergehend frei. Etwa das Startchancen-Programm. Es soll gezielt Schulen mit einem hohen Anteil sozial benachteiligter Schülerinnen und Schüler unterstützen. Dafür investieren Bund und Länder zusammen rund 20 Mrd. € in zehn Jahren. Es ist damit das größte und auf lange Zeiträume angelegte Bildungsprogramm in der Geschichte der Bundesrepublik Deutschland. Insgesamt gehen zum 1. August 2024 nach den offiziellen Informationen 2125 Schulen in allen Bundesländern an den Start. Bis zum Schuljahr 2026/27 soll es in ganz Deutschland etwa 4000 Startchancen-Schulen geben (https://www.bmbf.de/bmbf/de/bildung/startchancen/startchancen-programm.html).

3.3 Ungleiche Bildungsbeteiligung

An dieser Stelle sollte man daran erinnern, dass ein beträchtlicher Teil dieser Zukunftssicherung des Gemeinwesens durch Steuern finanziert wird – also von allen, deren Einkommen aus produktiver und kreativer

Arbeit stammt. Doch ganz so reibungslos wie diese Logik nahelegt, ist die Sache leider nicht. Denn, wie der Bildungsbericht, das Sozio-Ökonomische Panel, die Reichtums- und Armutsberichte und schließlich auch die PISA-Studie nachweisen, profitieren wirtschaftlich schwächere Milieus weit weniger als arrivierte von diesem System. Die Teilhabe an früher Bildung ist in der Bundesrepublik nach wie vor selektiv und abhängig von familialen Merkmalen. So nehmen Kinder von Eltern mit einem höheren Bildungsabschluss und Kinder, deren Mütter erwerbstätig sind, häufiger ein Angebot der frühen Bildung wahr. Auch liegen die Beteiligungsquoten von Kindern mit Migrationshintergrund weiterhin deutlich unter denen von Kindern ohne Migrationshintergrund – die Realisierung eines Betreuungswunsches fällt Eltern ausländischer Herkunft deutlich schwerer. Und weiter: Auffällig ist der unverminderte hohe Anteil (17 %) an formal gering Qualifizierten unter den 25- bis unter 35-Jährigen, die weder über einen beruflichen Abschluss noch über die Hochschulreife verfügen. Kinder von formal gering qualifizierten Eltern hatten im Erwachsenenalter sogar zu 40 % keinen dieser Abschlüsse erworben.

Bildungsbeteiligung und -erfolg im Schulalter sind also beständig von sozialen Ungleichheiten geprägt. Sowohl im Primar- als auch im Sekundarbereich I ist die Entwicklung von Lesekompetenzen anhaltend stark vom sozioökonomischen Hintergrund des Elternhauses abhängig. Zudem erhalten mit 32 % deutlich weniger Kinder aus sozioökonomisch benachteiligten Familien eine Gymnasialempfehlung als jene aus privilegierten Elternhäusern. Zwar verzeichnet der Bildungsbericht einen anhaltenden Trend zur Höherqualifizierung: Im Jahr 2022 verfügten 30 % der erwachsenen Bevölkerung über einen höheren beruflichen oder akademischen Abschluss. Mit Blick auf den Bildungserfolg zeigen aber die Entwicklungen im Kompetenz- und Abschlusserwerb von Kindern und Jugendlichen erheblichen Handlungsbedarf. „Trotz vieler Anstrengungen gelingt es bisweilen nur unzureichend, alle Kinder und Jugendlichen entsprechend ihren individuellen Voraussetzungen auf eine selbstbestimmte Lebensführung und gleichberechtigte soziale Teilhabe vorzubereiten. […] Für viele der Jugendlichen gehen damit rechtlich eingeschränkte Möglichkeiten einher, einen allgemeinbildenden Abschluss zu erwerben, verbunden mit hohen Hürden am Übergang in eine berufliche Ausbildung" (S. 172). Was wiederum volkswirtschaftliche Konsequenzen nach sich zieht. Das heißt: Individuelle Bildungsdefizite verursachen neben den unzureichenden Chancen für die Betroffenen selbst materielle und immaterielle Nebenkosten auch für alle anderen.

3.4 Schockmeldung aus der PISA-Forschung

Wie im „Bildungsbericht Deutschland" resultiert auch das beeindruckende Zahlenwerk der aktuellen PISA-Studie in einer für moderne Gesellschaften und Volkswirtschaften wichtigen Konsequenz: der Stärkung ganzheitlichen Bildung, die unerlässlich ist, um die oft verwirrenden Wirkungsketten der „multiplen Transformationen" zu verstehen und an der Gestaltung der Konsequenzen mitzuarbeiten. Das ist gemeint, wenn von „Schlüsselfertigkeiten" die Rede ist. Dazu sind rund 690.000 Schülerinnen und Schüler aus 81 Ländern und Volkswirtschaften getestet worden – repräsentativ für 29 Mio. Schülerinnen und Schüler in den OECD-Ländern.

Insgesamt aber kam es in der PISA-Erhebung 2024 (mit den letzten verfügbaren Daten aus dem Jahr 2022) zu einem beispiellosen Rückgang des OECD-Leistungsdurchschnitts. Verglichen mit 2018 sank er in Lesekompetenz um zehn Punkte und in Mathematik um fast 15 Punkte. Der Leistungsrückgang in Mathematik ist dreimal so hoch wie jede vorherige Veränderung von einer PISA-Erhebung zur nächsten. Auf die Coronapandemie kann der Leistungsrückgang nur teilweise zurückgeführt werden. Die Leistungen in Lesekompetenz und Naturwissenschaften hatten bereits vorher zu sinken begonnen und auch bei den Mathematikleistungen waren in diversen Ländern schon vor 2018 negative Trends zu beobachten. Das hat erhebliche Konsequenzen für die Lebensgestaltung der Individuen selbst und der Gestaltung der gesellschaftlichen Zusammenhänge, in denen sie leben.

Schon in vorangehenden PISA-Studien hatte sich eine klare Tendenz angedeutet: In einer dpa-Zusammenfassung vom 4. Mai 2021 heißt es: „Viele Schülerinnen und Schüler in Deutschland haben beim Lesen von Texten Probleme, *zwischen Meinung und Fakt* zu unterscheiden. Das geht aus einer Sonderauswertung der aktuellsten Pisa-Studie von 2018 hervor, die von der OECD (Organisation für wirtschaftliche Zusammenarbeit und Entwicklung) am 04. Mai 2021 veröffentlicht wurde. Im Vergleich zu anderen Ländern sind 15-jährige Schülerinnen und Schüler in Deutschland auch weniger fit bei der Informationssuche im Netz. Zwar gab ein relativ großer Teil der 15-Jährigen in der Pisa-Erhebung 2018 an, zu wissen, wie mit zweifelhaften Quellen im Internet oder betrügerischen E-Mails umzugehen ist. Beim praktischen Test am Text, wo die Schüler einordnen mussten, ob es sich um Fakten, Meinungen oder Behauptungen handelt, habe es aber gehapert, sagte OECD-Bildungsdirektor Andreas Schleicher. Nur 45 % der 15-Jährigen konnten demnach einordnen, was Fakt oder Meinung ist. Schleicher forderte die Schulen dazu auf, in dem Bereich mehr Kompetenzen zu vermitteln. Knapp die Hälfte der Schülerinnen und Schüler (49 %) gab bei Pisa an, in der Schule gelernt zu haben, was Meinungen von Fakten unterscheidet oder ob Informationen aus dem Netz vertrauenswürdig sind."

3.5 Oder doch nicht? Ein differenzierter Blick in die Studie

Die Ergebnisse, die 2024 präsentiert wurden, sind weit differenzierter als die oft lauthals verbreiteten medialen Verkürzungen nahelegen („Deutsche Schüler können nicht mehr lesen"). Das generelle Fazit lautet nämlich so: Zwar ist es 31 Ländern und Volkswirtschaften trotz der schwierigen Umstände gelungen, ihre Mathematikleistungen wenigstens auf dem Niveau von PISA 2018 zu halten. Dennoch sind für einen erheblichen Teil der deutschen Schülerinnen und Schüler schlechtere Werte gemessen worden als in den Jahren zuvor. Sie drücken den Durchschnitt erheblich. Und hier ist anzusetzen. Dabei geht es nicht in erster Linie darum, Rechnen und Lesen zu können, sondern um die Ziviltechniken, die Rechnen und Lesen voraussetzen.

Im sogenannten PISA 2022 Assessment and Analytical Framework werden die Erhebungsbereiche definiert, damit unmissverständlich ist, was hier untersucht wurde:

- Mathematikkompetenz als die Fähigkeit, mathematisch zu argumentieren und Mathematik zu formulieren, anzuwenden und zu interpretieren, um Fragestellungen in einer Vielzahl von Alltagskontexten zu lösen. Dies beinhaltet Konzepte, Verfahren, Fakten und Instrumente, um Phänomene zu beschreiben, zu erklären und vorherzusagen. Mathematikkompetenz hilft den Jugendlichen, fundierte Urteile und Entscheidungen zu treffen und zu konstruktiven, engagierten und reflektierenden Bürger*innen des 21. Jahrhunderts zu werden.
- Lesekompetenz als die Fähigkeit, Texte zu verstehen, zu nutzen, zu evaluieren, über sie zu reflektieren und sich mit ihnen auseinanderzusetzen, um ihre Ziele zu erreichen, ihr Wissen und Potenzial weiterzuentwickeln und sich in die Gesellschaft einzubringen.
- Naturwissenschaftliche Kompetenz als die Fähigkeit, sich als reflektierende Bürger*innen mit naturwissenschaftlichen Fragen und Konzepten auseinanderzusetzen. Dazu zählt die Bereitschaft, sich argumentativ mit Naturwissenschaften und Technologie auseinanderzusetzen.

Die PISA-Studie definiert diese Kombination aus fachlichen und übergeordneten Kompetenzen sehr klar und verständlich – und zwar aus einem wichtigen Grund: Je besser es den jungen Menschen geht, desto offener sind sie für Bildung und ihre Anwendung in Beruf und Alltag.

PISA 2022 ist auf dieser Grundlage, so heißt es, die erste groß angelegte Studie, in die Daten zu den Leistungen der Schülerinnen und Schüler, zu ihrem Wohlergehen und zur Bildungsgerechtigkeit aus der Zeit sowohl vor als auch nach der Pandemie einfließen. Inspiriert durch die jüngsten Forschungen zur ganzheitlichen Intelligenz wurde im Bericht 2024 erstmals auch kreatives Denken als innovativer Erhebungsbereich getestet – als die Fähigkeit, Ideen zu produzieren, zu evaluieren und zu verbessern. Ideen, die originelle und wirksame Lösungen, Wissensfortschritte und wirkungsvolle Ausdrucksformen der Vorstellungskraft hervorbringen können.

Mit diesen Kompetenzen und Schlüsselqualifikationen ist, leicht erkennbar, ein Porträt der Mitglieder des engagierten und verantwortungsbewussten, des nachdenklichen, engagierten und abwägenden Prototyps zukunftsorientierter Bürgerinnen und Bürger entworfen. Um diese

Persönlichkeiten des 21. Jahrhunderts zu entwickeln, wären im Idealfall Kompetenzen zu schulen, die im PISA-Projekt einem sogenannten Level 6 der Lesefähigkeiten entsprechen. Hier zitiert aus einer Kurzfassung des deutschsprachigen Ergebnisberichts: „Auf Stufe 6 können Leser*innen längere und abstrakte Texte verstehen, in denen die zu suchenden Informationen nicht leicht zu finden sind und nur einen indirekten Bezug zur Aufgabe aufweisen. Sie können Informationen vergleichen, gegenüberstellen und verknüpfen, die verschiedene, möglicherweise widersprüchliche, Standpunkte widerspiegeln, indem sie mehrere Kriterien berücksichtigen und aus nicht nebeneinanderstehenden Informationen schließen, wie die Informationen genutzt werden können. Leser*innen auf Stufe 6 sind in der Lage, gestützt auf textexterne Kriterien eingehend über das Verhältnis von Quelle und Inhalt eines Textes zu reflektieren. Sie können aus verschiedenen Texten stammende Informationen vergleichen und gegenüberstellen, zwischen Texten bestehende Diskrepanzen und Widersprüche erkennen und durch Schlussfolgerungen in Bezug auf die Informationsquellen, die expliziten oder impliziten Interessen sowie andere Anhaltspunkte für den Wahrheitsgehalt der Informationen klären. Für Aufgaben der Stufe 6 muss der*die Leser*in die verschiedenen, möglicherweise widersprüchlichen Standpunkte der Regel durchdachte Strategien entwickeln, mehrere Kriterien berücksichtigen und Schlüsse ziehen, um den Bezug zwischen der Aufgabe und dem/den Text(en) herzustellen. Aufgaben auf dieser Stufe beinhalten mindestens einen komplexen, abstrakten Text, in dem mehrere, möglicherweise widersprüchliche Standpunkte zum Ausdruck kommen. Bei den Informationen, die gesucht werden sollen, kann es sich um nicht unmittelbar ersichtliche Details in einem oder mehreren Texten handeln, die u. U. durch konkurrierende Informationen verdeckt werden". Ähnliches gilt für die Kompetenzen in Mathematik.

Die PISA-Studie definiert diese Kombination aus fachlichen und übergeordneten Kompetenzen klar und verständlich – und zwar aus einem bereits beschriebenen wichtigen Grund: Je besser es den jungen Menschen materiell und sozial geht, je weniger Ängste sie haben, desto offener sind sie für Bildung und ihre Anwendung in Beruf und Alltag.

3.6 Das Prinzip „Fairness" und die Bildungsgerechtigkeit

Die PISA-Studie 2022 fasst ihre Schlussfolgerungen unter der Überschrift: „Preparing Students for a Changing World" zusammen und stellt diese Aufgabe in die Kulisse zweier Problemfelder: Chancengleichheit und Verteilungsgerechtigkeit. Das heißt: Unabhängigkeit vom sozioökonomischen Status. Den definieren die PISA-Forscher so: „Der sozioökonomische Status ist ein allgemeines Konzept, mit dem erfasst werden soll, inwieweit die Schüler*innen zu Hause Zugang zu bestimmten Ressourcen – z. B. zu wirtschaftlichem, sozialem und kulturellem Kapital – haben und wie die Familie bzw. der Haushalt der Schüler*innen sozial gestellt ist" (deutsche Fassung Bericht 1, S. 124).

Es geht um die Chancengleichheit, oder, wie es im Bericht heißt: Fairness.

„Die Fairness eines Bildungssystems hängt davon ab, inwieweit Schüler*innen ungeachtet ihres Hintergrunds gleiche Chancen geboten werden, ihr Potenzial auszuschöpfen. Da Mathematik den Schwerpunktbereich von PISA 2022 bildet, wird Fairness anhand der Leistungsunterschiede in diesem Bereich gemessen, die sich durch den sozioökonomischen Status der Schüler*innen erklären lassen. Weitere Möglichkeiten, Fairness zu erfassen, sind die Betrachtung der geschlechtsspezifischen oder der vom Migrationshintergrund abhängigen Leistungsunterschiede" (S. 53).

An dieser Stelle nun weitet sich der Horizont der Analyse und bezieht die gesellschaftspolitische Bedeutung wirtschaftlicher Verhältnisse ein – und zwar mit einer Deutlichkeit, die sowohl der Politik als auch dem vordergründigen Sensationsjournalismus und den Urhebern verquaster Gesellschaftstheorien der auf die Ich-AG zurückverwiesenen Verantwortlichkeit für Employability durch Selfness und Empowerment im Smart Capitalism zu denken geben sollte (siehe dazu Abschn. 6.6.): „Um fair zu sein, muss das Bildungssystem eines Landes bzw. einer Volkswirtschaft gewährleisten, dass zwischen dem sozioökonomischen Status seiner Schüler*innen und ihren Leistungen nur ein schwacher Zusammenhang besteht. Dies reicht jedoch noch nicht aus. Zur Beurteilung der Fairness eines Bildungssystem muss auch dessen Gesamtleistungsniveau betrachtet werden. […] Wenn ein Land bzw. eine Volkswirtschaft ein hohes Maß an Fairness in Bezug auf den sozioökonomischen Status der Schüler*innen erzielt, die mittlere Punktzahl der Schüler*innen aber gering ist – was auf schwache Leistungen unabhängig vom sozioökonomischen Status der Schüler*innen schließen lässt –, kann dies nicht als ein erstrebenswertes Ergebnis angesehen werden" (S. 125).

Diese Schlussfolgerung stützt sich nicht allein auf die Daten des Projekts selber, sondern greift auf weltweite Studien zurück, die diesen Aspekt definitiv untersucht haben, auch in Deutschland. Der Bericht des Europarats vom 19. März 2024 „stellt der Bundesrepublik kein gutes Zeugnis aus: Darin fordert der Europarat mehr Anstrengung bei der Bekämpfung von Armut, Wohnungslosigkeit und Ausgrenzung. Das hohe Maß an Armut und sozialer Benachteiligung stehe in keinem Verhältnis zum Reichtum des Landes", heißt es in dem Bericht.

„Die Menschenrechtskommissarin des Europarats, Dunja Mijatović, begrüßte zwar die von der Bundesregierung ergriffenen Maßnahmen, etwa das Sozialsystem zu reformieren, um es zugänglicher zu machen, die Sozialversicherungsleistungen zu erhöhen und mehr Ausbildungsmöglichkeiten für Arbeitslose anzubieten. Es seien jedoch weitere Anstrengungen nötig, um die ‚wachsende Ungleichheit' zu bekämpfen." In die gleiche Richtung weisen Studien des DIW und der Diakonie, die sich mit dem Zusammenhang von Armutsrisiken, Bildungsverlusten und Zukunftsängsten beschäftigen.

3.7 Versagen des Systems? Ein unzulässiges Pauschal-Urteil

Natürlich lässt sich nicht von der Hand weisen, dass vor allem im schulischen Sektor eine Reihe von systemisch bedingten Mängeln beziehungsweise strukturellen Grenzen kreativer Gestaltung sichtbar werden – allen voran die Prägung des deutschen Schulsystems durch die bereits erwähnte föderalistische Kulturhoheit, andererseits die Übertragung der gesamten Verantwortung auf die Politik durch New Public Intellectuals und Talkshow-Hosts, „Klare Kante"-Bestseller-Autorinnen und -Autoren sowie Influencer/innen. Um aber einem Irrtum vorzubeugen: Die bildungspolitischen Möglichkeiten, die von den PISA-Experten vorgeschlagen werden, sind keine bloßen Empfehlungen einer Systemreform, die nach unten durchgereicht werden könnte, sondern beinhalten einen allgemeinen Aufruf zur Erfüllung eines Gesellschaftsvertrags, dessen verfassungsweisendes Prinzip die besagte Fairness darstellt und durch individuelle Teilhabe mit Leben erfüllt werden muss.

Außerdem ist zu berücksichtigen, dass das Bildungssystemweit vielfältiger ist, als es in der PISA-Studie erfasst werden kann. Darüber informiert zum Beispiel ein Forschungsbericht der Bertelsmann-Stiftung zu den Möglichkeiten sogenannter „nachschulischer" Bildungs- und Qualifikationsangebote. Statista liefert die wichtigen Daten zum Kontext: „Laut Statistischem Bundesamt verließen im Jahr 2022 [zwar] insgesamt 51.604 Jugendliche eine allgemeinbildende Schule ohne erfolgreichen Abschluss der neunten Klasse (Schulabgängerinnen und Schulabgänger ohne Hauptschulabschluss), das waren 6,9 % der abgehenden Schülerinnen und Schüler. Ein Teil dieser Jugendlichen wird vermutlich dennoch eine höhere Qualifikation erreichen: Das Berufsbildungssystem Deutschlands ermöglicht den nachträglichen Erwerb von notwendigen Zertifikaten für die Berufsausbildung. Im Jahr 2021 verließen mehr als 240.000 Schülerinnen und Schüler eine berufliche Schule mit einem Abschluss, den sie dort erworben hatten. Knapp 43.000 hatten an einer beruflichen Schule einen Hauptschulabschluss erworben, mehr als 74.000 einen mittleren Schulabschluss." Die Situation in Deutschland stelle sich also grundsätzlich etwas besser dar, wenn man nicht nur auf die Gruppe der Schulabgängerinnen und Schulabgänger blickt, sondern auf das Vorhandensein von Zertifikaten in der erwachsenen Bevölkerung (https://www.bertelsmann-stiftung.de/de/publikationen/publikation/did/nachschulische-bildung-in-deutschland). Was weitere Institutionen der Erwachsenenbildung im Hinblick auf nachholende Qualifikationen angeht, bietet neben den Fachportalen, die allerdings nicht generell bekannt sind, auch die Plattform Wikipedia, also ein Wissensportal, das breit genutzt wird, eine erste informative Übersicht (https://de.wikipedia.org/wiki/Erwachsenen-_und_Weiterbildung).

Da wären ebenfalls 845 Volkshochschulen zu erwähnen, die sich als „Zukunftsorte" bezeichnen und einen demokratiepolitischen Beitrag durch „Zugänge zu nachholender Bildung" leisten, als praktische Verwirklichung des „lebenslangen Lernens" – auch und in besonderer Intensität die Beschäftigung mit künstlicher Intelligenz in der VHS Cloud (https://www.volkshochschule.de/verbandswelt/service-fuer-volkshochschulen/vhs-cloud/index.php).

Im Rahmen der Bertelsmann-Studie werden vor allem drei bedeutsame Faktoren der individuellen Motivation zur Weiterbildung und zum lebenslangen Lernen identifiziert:

1. das Abwägen von direkten und indirekten Kosten, die mit einer bestimmten Ausbildungsform verbunden sind,
2. die Bewertung der eigenen Erfolgswahrscheinlichkeit in bestimmten Ausbildungsgängen (abhängig von zuvor erbrachten Leistungen im Bildungssystem),
3. die Bewertung der erwarteten Bildungsrenditen, die mit einer bestimmten Ausbildungsform verbunden sind (finanzielles Einkommen, Prestige, Arbeitsmarktnachfrage).

Alle drei genannten Faktoren variieren in der individuellen Bewertung und werden vor allem durch die soziale Herkunft beeinflusst – womit sich dieser Befund noch einmal erhärtet. Der sozio-ökonomische Status ist das wirkmächtigste Element für die individuelle Bereitschaft zur Teilhabe an den Möglichkeiten einer „Bildungsrepublik".

3.8 Öffentliche Wirkungen privater Ungleichheit

In einer Umfrage unter 1032 Lehrkräften an allgemein- und berufsbildenden Schulen in Deutschland, die von der Robert Bosch Stiftung in Auftrag gegeben und vom Meinungsforschungsinstitut Forsa durchgeführt wurde, gaben 37 % der Befragten an, dass Kinder häufiger als im Vorjahr mit unzureichendem Schulmaterial oder ohne Sportkleidung in den Unterricht kommen. 18 % sagen, dass Kinder zunehmend nicht an

Schulausflügen teilnehmen. 33 % erleben, dass Kinder sich vermehrt Sorgen um die finanzielle Situation ihrer Familie machen.

Besonders häufig wurden solche und ähnliche Indizien an Förderschulen, Gesamtschulen und an Haupt- und Realschulen beobachtet. Dagmar Wolf von der Robert Bosch Stiftung fordert deshalb eine bedarfsdeckende Kindergrundsicherung. Wichtig sei aber auch, dass Pädagogen eine „armutssensible Haltung" hätten: „Sie müssen nicht nur in der Lage sein, die Auswirkungen von Armut auf Kinder und Jugendliche zu erkennen, sondern auch Stigmatisierungen entgegenwirken."

Zitiert wurde bereits das Dossier des Europarats vom 19. März 2024. Kernaussage: Deutschland unternehme zu wenig gegen Armut und Wohnungsnot. Der Europarat rückt dabei drei Tätigkeitsfelder in den Fokus.

Armut sei vor allem für Kinder, Senioren und Menschen mit Behinderungen ein großes Problem. Es brauche entschlossene Schritte, um den Kreislauf der Kinderarmut zu durchbrechen, heißt es in dem Bericht. Auch müssten die Kinderrechte gestärkt und etwa mit einer zentralen Behörde koordiniert werden, weil sonst die Bedürfnisse von Kindern und Jugendlichen bei politischen Entscheidungen übersehen würden – wie beispielsweise während der Corona-Pandemie. Außerdem müsse gegen die hohe Armutsquote bei Seniorinnen und Senioren vorgegangen werden. Besondere Aufmerksamkeit sollte demnach auch dem wachsenden Rassismus gewidmet werden, der das Potenzial habe, den sozialen Zusammenhalt zu untergraben und demokratische Institutionen zu destabilisieren, heißt es in dem Bericht.

Dieser Aufruf, gestützt durch eine umfangreiche europaweite Analyse, zeigt noch einmal den Widerspruch, der am Ende des vorangehenden Kapitels akzentuiert wurde: eine europäische politische Institution beklagt sinkendes Vertrauen in die Politik und bestätigt damit die öffentliche Meinung, die aber gleichzeitig in weiten Teilen die Einmischung Brüssels in nationale Belange kritisiert. Doch diese „Einmischung" beruft sich auch und in erster Linie auf deutsche Untersuchungen, die sich mit den Folgen der sozioökonomischen Ungleichheit bei der Teilhabe am Bildungssystem entstehen.

Dieses Vertrauen ist nach einer kürzlich veröffentlichten Umfrage auf einen neuen Tiefstand gesunken. In einer Forsa-Erhebung für den Deutschen Beamtenbund hielten nur noch 27 % der Befragten den Staat für fähig, seine Aufgaben zu erfüllen. Das waren zwei Prozentpunkte weniger als im vergangenen Jahr. 69 % sahen ihn als überfordert an, vor einem Jahr waren es 66 % gewesen. Diese Zahlen seien „erschreckend", sagte der DBB-Vorsitzende Ulrich Silberbach, „weil wir natürlich in einer Zeit leben, wo wir merken, dass die Bürgerinnen und Bürger Orientierung brauchen, dass die Bürgerinnen und Bürger auch Führung brauchen". Bei der Frage, auf welchen Feldern der Staat überfordert sei, hat es eine signifikante Veränderung gegeben. Während 2022, kurz nach der russischen Invasion in der Ukraine, mit 17 % die Energieversorgung ganz oben stand, ist es jetzt mit 26 % die Asyl- und Flüchtlingspolitik. Die Energieversorgung kommt nur noch auf sieben Prozent. Sehr oft genannt wurden auch die Schul- und Bildungspolitik (19 %) sowie der Klima- und Umweltschutz (17 %).

3.9 Geringe Nutzung eines umfangreichen Angebots

Ein Aspekt rückt damit ins Blickfeld, der in der Forschung in den letzten Jahren zusehends an Bedeutung gewonnen hat und auch die skizzierten Widersprüche erklärt: die Forderung nach Vertrauen in ein System, das im Prinzip auf dem Gesellschaftsvertrag von allseitiger Teilhabe und Chancengleichheit aufbauen soll, in dem aber gleichzeitig das diffuse Gefühl herrscht, das Bildungsversprechen der Chancengleichheit werde nicht umgesetzt. Hinzu kommt, dass Politik trotz der vielen Krisen einen geringen Stellenwert im Leben junger Menschen einnimmt. Die Jugendlichen haben ein Bewusstsein für soziale Ungleichheit, zeigen aber kein gesteigertes Interesse an diesem Thema. Dasselbe trifft auf das Thema Politik generell zu. Eine gestiegene Politisierung der Jugendlichen im Vergleich zur letzten Erhebung 2020 ist nicht festzustellen. Eher hat Politik – trotz der allgegenwärtigen Krisen – einen geringen Stellenwert in ihrem Leben. Um das Vertrauen der Bürger in die Handlungsfähigkeit des Staates sei es grundsätzlich schlechter bestellt denn je. Und doch ergeben sich gerade hier seltsame Widersprüche. Denn während das Vertrauen in die Politik sinkt, gewinnen bestimmte politische Parteien an Zustimmung. Ein Teil der Jugendlichen werde zwar durch Krisen kurzfristig dazu aktiviert, etwa mit persönlichen Vertrauten zu sprechen oder auch Informationen zu recherchieren. Ein anderer Teil fühle sich jedoch überfordert und tendiere zu Verdrängung. In beiden Fällen (Recherche und Verdrängung) ist das Medium übrigens identisch: das Internet.

Wie geht das zusammen?

Gar nicht.

Jedenfalls nicht, wenn klassische Interpretationsansätze bemüht werden. Amerikanische Untersuchungen bei jüngeren Gruppen zeigen nämlich, dass ein anderer Mechanismus greift. Demnach ist eine Rebellion im Gange, die keinen konkreten Hintergrund besitzt. Oder, wie der bekannte italienische Journalist Carlo Rossella es einmal ausdrückte: Man trifft auf das Phänomen der „Revolutionäre ohne Revolution".

Und wie beschrieben: Rein formal ist der Zustand der Bildungsrepublik ausgezeichnet. Was allerdings die Umsetzung und damit die Zukunft angeht, sind erhebliche Zweifel angebracht. Es wird sich im Laufe dieses Dossiers zeigen, dass dafür nicht nur und nicht einmal in erster Linie Verweigerung oder Ignoranz verantwortlich sind. Denn Bildungsangebote werden durchaus angenommen – und zwar massenhaft.

Die Frage ist allerdings, welche.

Nämlich was die Angebote, die massenhaft akzeptiert werden, inhaltlich bedeuten. Konkret: Was heißt es, wenn Pamphlete von Peter Hahne, auf die eine Recherche über das Lesen zwangsläufig stößt, also um die vierzig Bücher, mehr als acht Millionen Mal verkauft wurden? Was sagt es aus, wenn das jeweils neueste Buch des TV-Philosophen Richard David Precht auf den prominenten Rängen der Bestseller-Rankings erscheint? Wenn eine unübersehbare Schar von Zukunftsdeutern Weissagungen produziert, die in den Tageszeitungen und Magazinen als sensationelle Einsichten gefeiert werden? Wenn Optimierungs-Gurus ihre Angebote als wissenschaftlich gesichert anpreisen wie ein neues Kosmetikum gegen Falten?

Einerseits.

Was bedeutet es andererseits, wenn die Zahl der Studierenden unablässig steigt, wenn Fernsehdokumentationen über Kant und Kafka produziert werden, wenn, wie schon angedeutet, Deutschland über eine hohe

Dichte an wissenschaftlich ausgewiesenen Forschungsinstitutionen und Bildungsstätten verfügt? Wenn in den sogenannten Social Media auf der einen Seite wüste Verschwörungstheorien und absurde Informationsblasen produziert werden und auf der anderen auf zahllosen Info-Plattformen hochklassige und allgemein verständliche Informationen abgerufen werden können? Wie zum Beispiel über die historische Wirkungskette des Konflikts zwischen Palästinensern und Israelis.

Was wiederum bedeutet es, wenn Studien über eine starke Nachfrage nach Informationen aus den Wissenschaften berichten, sie aber gleichzeitig und zusehends als ein abgehoben elitäres System diskreditiert wird?

3.10 Sinkendes Vertrauen in die Wissenschaft – global

Schon die Formulierung veranschaulicht die Problematik. Denn die Auseinandersetzung richtet sich nicht, wie schon mehrfach belegt, auf konkrete Befunde, Projekte oder Konsequenzen für die Praxis, die von bestimmten Disziplinen erarbeitet werden, sondern auf ein abstraktes System, das als „die" Wissenschaft erscheint. Was gemeint ist, bleibt offen, weil das Objekt und die Personen, die es repräsentieren, nur als Ausdruck eines gleichartigen, realitätsfremden, sprachlich entrückten und auf sich selbst gerichteten Universums erscheinen. In der weiteren Recherche wird sich dann zeigen, dass die selbst ernannten Alternativen zu diesem System mit dem gleichen semantischen Trick vorgehen und pauschale Kompetenzen für sehr disparate wissenschaftliche Disziplinen in Anspruch nehmen – zum Beispiel an der Hirnforschung oder der Soziologie. Während das Vertrauen in die Medien sinkt, beruft man sich auf die Berichte darüber – in den Medien. Und dort wiederum beruft man sich auf vorgeblich wissenschaftliche Studien, die in einem seltsamen Zirkelschluss Befunde über das sinkende Vertrauen in die Wissenschaft erarbeiten, wie etwa in den im vorangehend schon skizzierten Großprojekten über das Bildungssystem.

Nun reproduzieren die Studien, die diese Kritiken zutage fördern, den gleichen Fehler: In der Regel untersuchen sie durch Umfragen das Vertrauen in die Wissenschaft, und bestärken damit das Gefühl, es gäbe ein einheitliches System von sich wechselseitig bestätigenden Personen und Institutionen. Das erleichtert es der Kritik, wie sich zeigen wird, weil sie den Personenkreis der Wissenschaftlerinnen und Wissenschaftler pauschalisierend als „die" Professorinnen und Professoren zusammenfassen können. Das legt den Eindruck einer machtvollen Elite nahe, die sich anmaßt, es besser zu wissen. Der Gedanke an die repräsentative Verfassung der einschlägigen Institutionen durch eigens ausgebildete und damit vertrauenswürdige Personen im (wörtlich zu nehmen) „öffentlichen Dienst", wird damit auf billige Weise neutralisiert. Der Grund liegt im skizzierten Widerspruch: Kritik an der Wissenschaft ist zwar verbreitet, der Wunsch nach wissenschaftlich gesicherten Informationen und praktischen Hinweisen auf eine zukunftssichere Lebensgestaltung aber ebenso.

Was also stimmt nun?

Ein Team um die Sozialwissenschaftlerin Viktoria Cologna griff das Thema auf. Cologna ist Postdoctoral Researcher an der Universität Zürich im Department of Communication and Media Research sowie Fellow am Department History of Science der Harvard University. Das Team war Teil eines weltweiten Netzwerks. Das Projekt unter dem Namen „Trust in Science and Science-Related Populism" richtete sich an 71.417 Menschen in 67 Ländern. Gefragt wurde danach, wie hoch das Vertrauen in Wissenschaft und Forschende sei. Zusätzlich widmete sich diese globale Studie der spezifischen Charakteristik der populistischen Wissenschaftskritik, die Thema dieses Kapitels ist. „Science-related populism describes the belief that academic elites, including scientists and experts, produce knowledge that is useless, biased by political or personal interests, and inferior to the allegedly truthful common sense of ordinary people. Perceptions of such a populist people-elite conflict have been discussed intensely in public and scholarly debate, as they have implications for trust in science, science communication, and climate change attitudes. The TISP survey includes the 'SciPop Scale', a survey tool to measure science-related populist attitudes" (https://www.ncbi.nlm.nih.gov/pmc/articles/PMC7411529/).

Wie wird hier gemessen? Ganz sicher nicht mit so geheimnisvollen Mitteln, wie die populistische Wissenschaftskritik nahelegen will, sondern nach jenen unerlässlichen Kriterien wissenschaftlicher Arbeit von der Philosophie bis zur Kernphysik, die weiter oben schon differenzierter ausgewiesen wurden: nachweisliche Gültigkeit der Befunde auf der Grundlage nachvollziehbarer Methoden und Techniken, die sich jederzeit erneut anwenden lassen und damit eine unabhängige Prüfung der Interpretationen und Schlussfolgerungen ermöglichen.

Und das Ergebnis?

Vertrauen in die Forschung ist zwar im Durchschnitt groß. Am höchsten ist es überraschenderweise in Ländern, die aus westlicher Perspektive in puncto Wissenschaft oft eher als Schwellenländer wahrgenommen werden. So genießt die Wissenschaft von allen Ländern in Ägypten das höchste Vertrauen, gefolgt von Indien und Nigeria. Schlusslichter der Studie sind demnach Albanien, Kasachstan und Bolivien. Im Vergleich zum Gesamtergebnis „unterdurchschnittlich" aber sei es in „technologisch weit entwickelten Ländern" wie Japan oder Deutschland. Befunde im Einzelnen unter dieser Adresse: https://osf.io/preprints/psyarxiv/jktsy.

4

Neuer Strukturwandel der Öffentlichkeit

Zusammenfassung Der Vertrauensverlust in das Bildungssystem und andere Bereiche des Staates und der Gesellschaft bildet eine zweite Kulisse, die einen eher düsteren Hintergrund abgibt: Vertrauensverlust als Folge der kumulierten Transformationen, ihre Undurchschaubarkeit und individuelle Hilflosigkeit und eine seltsame Rückführung menschengemachter Probleme auf naturgesetzliche Unausweichlichkeit, zum Beispiel, dass „die" Digitalisierung „unaufhaltsamvoranschreite". Diese Erklärungszusammenhänge vernebeln die Wirkungsketten und fördern das Gefühl der „erlernten Hilflosigkeit".

Dass über die Jahrzehnte ein sinkendes Vertrauen öffentliche Institutionen belastet, ist zum Teil aber auch auf eine systematische Diskreditierung wissenschaftlicher Standards und öffentlicher Diskurse zurückzuführen, zum Beispiel auf eine verbreitete Medienschelte – ein sicheres Thema der Aufmerksamkeits-Ökonomie auch und seltsamerweise der neuen Medienintellektuellen. Darüber hinaus macht sich ein schmerzlicher Verlust in der Alltagskultur bemerkbar: Zunehmend fehlen gastronomische Orte für den pluralistischen und unterhaltsamen Austausch, Stammtische wenn man so will.

4.1 Vertrauensverlust in die Wissenschaft

Ähnlich angelegte Studien, die sich auf Deutschland beziehen, widersprechen den Befunden zwar nicht, zeigen aber ein differenzierteres Bild. Den Umfragen des regelmäßig veröffentlichen „Wissenschaftsbarometers" zufolge haben zum Beispiel über die Hälfte der Deutschen durchaus Vertrauen in Wissenschaft und Forschung. Allerdings ist das weniger als in den Vorjahren. Dieser Verlust wird auf die Erfahrungen im Umgang mit der Pandemie zurückgeführt, die ja Wissenschaftler der unterschiedlichsten Provenienz vor unerwartete Herausforderungen stellte. Eine aktuelle bundesweite Studie des Deutschen Zentrums für Hochschul- und Wissenschaftsforschung (DZHW) aus dem Jahr 2024 mit einer Umfrage unter rund 2600 Wissenschaftlerinnen und Wissenschaftlern zeige, wie der Radiosender rbb24 formulierte, „leicht erhöhte Werte". Besonders schweren Anfeindungen sahen sich die Lebenswissenschaften wie Medizin, Virologie und Biologie ausgesetzt. Bei diesem Ergebnis liegt ein Zusammenhang mit den politischen Auseinandersetzungen im Zusammenhang mit der Corona-Pandemie nahe. Laut dem Wissenschaftsbarometer 2020 sagten rund 40 % der Deutschen, „dass Wissenschaftler uns nicht alles sagen, was sie über das Coronavirus wissen."

Ebenso vielen ist es wichtig, Informationen dazu auch von außerhalb der Wissenschaft zu beziehen. Einige Befunde: 35 % zweifeln die Kompetenz der Wissenschaftlerinnen und Wissenschaftler an; unangemessene Reaktionen auf wissenschaftliche Erkenntnisse wurden von 28 % und aktive persönliche Diskriminierung von Forschenden von zwölf Prozent berichtet. Die Studienautoren legen Wert auf die Feststellung, dass viele der Anfeindungen schon länger zurück liegen.

Es handele sich also nicht um ein neues Phänomen.

Auch gebe es Anzeichen dafür, dass „ernste Probleme in der Kommunikationskultur innerhalb der wissenschaftlichen Fachgemeinschaften" bestünden. Damit wird die Möglichkeit angedeutet, dass die allgemeine Zugänglichkeit zu den wissenschaftlich erarbeiteten Befunden auch durch die Scientific Community selbst nicht ausreichend gestaltet wird. Dass die Bereitschaft im Prinzip vorhanden ist, zeigen die Verkaufszahlen von Büchern (Büchern!) mit philosophischen und politischen Inhalten der Hahnes und Prechts. Und dies trotz aller Vorbehalte, die in

4 Neuer Strukturwandel der Öffentlichkeit

den folgenden Kapiteln über die Simplifizierung von Bildungsinhalten noch differenziert erörtert und begründet werden.

Dabei stehen zunächst die – vorgeblich – eher weichen Disziplinen zur Disposition, wie etwa die Soziologie. Da das Argument umfassend und grundlegend von Autoren der Süddeutschen Zeitung für den 12. und 13. Dezember 2020 auf Seite 35 unter dem Titel: „Zersetztes Vertrauen" formuliert wurde, kann ich mich hier auf diese Quelle beziehen. Die kritische Anmerkung bezog sich zwar auf die Pandemie und die Berichterstattung darüber, spricht aber ein grundlegendes und wie sich in den vorangehenden Begründungen zeigte, lang anhaltendes Problem dar.

„Sicher liegt es nicht an den vielen Wissenschaftlerinnen und Wissenschaftlern, die neben ihrer Kernarbeit als Virologen, Epidemiologen, Soziologen, Psychologen, Medizinern oder Ökonomen auch noch Öffentlichkeitsarbeit […] leisten. […] Mittlerweile aber werden die meist einstimmigen Botschaften der Experten in der Öffentlichkeit Stück für Stück zersetzt: von Neunmalklugen, die glauben, durch einen Abend Googeln ein Studium ersetzen zu können. Von Pseudowissenschaftlern […], die oft erst auf den zweiten Blick als Schwurbler zu erkennen sind. Ihre scheinbar wissenschaftlichen Argumente entpuppen sich dann als Desinformationskampagnen. Sie säen Zweifel und ziehen Menschen mit echter Expertise in den Schmutz."

Dass also insgesamt über die Jahrzehnte ein sinkendes Vertrauen der Öffentlichkeit in die Wissenschaft diagnostiziert wird, ist zum Teil auch auf eine systematische Unterminierung wissenschaftlicher Standards, aber auchdurch die latente Diskreditierung ihrer Protagonisten und des Prinzips der kritischen Prüfung von Befunden mit zurückzuführen. Und so kommt es zur beschriebenen Konsequenz des Vertrauensverlusts. Die SZ greift diesen Aspekt auf: „Wenn selbst die Wissenschaft den Überblick verliert, wie sollen dann Bürgerinnen und Bürger verstehen, was in der Forschung geschieht? Da wundert es kaum, wenn es immer wieder heißt: Die Öffentlichkeit kann seriöse nicht von unseriöser Forschung unterscheiden, glaubt, was im Internet steht und ist eigentlich gar nicht an echter Wissenschaft interessiert. Klimaleugner und Impfverweigerer scheinen diese Glaubwürdigkeitskrise der Wissenschaft zu stützen. Und je länger über eine Glaubwürdigkeitskrise geunkt wird, desto glaubwürdiger wird sie – so ist das mit Klatsch und Tratsch."

Wieder die Diagnose: Es war alles da. Das gesamte Meinungsspektrum in Form von gedruckten Bestsellern bis hin zu millionenfach geteilten Posts in den Social Media, von der Polemik bis zur Analyse, von Jürgen Habermas bis Richard David Precht, von der kritischen Theorie bis zu Peter Hahnes allumfassenden Polemiken oder einem weit verbreiteten Pamphlet, dessen Autoren mit dem Titel „Professor Untat" gegen „faule Professoren" zu Felde zogen (Kamenz und Wehrle 2007).

4.2 Die Bedeutung des „Poppenbüttel-Effekts"

Wenn also die Kritik an wissenschaftlichen Arbeiten formuliert wird, steckt dahinter nicht immer und mutmaßlich eher selten ein antiwissenschaftliches Ressentiment. Vielmehr geht es um die Rechtfertigung eines Geschäftsfelds, das als gefälligen Ersatz der Wissenschaft und der auf Wissenschaft beruhenden Angebote von Institutionen der Erwachsenenbildung dem öffentlichen Diskurs „leicht verdauliche" Schlagworte liefert. Jede Person, die halbwegs jene Kompetenz beherrscht, die in der PISA-Studie als „Numeracy" etikettiert wurde, würde beim ersten Blick auf das „Sample", also die Zahl der Personen, auf die sich die Befunde beziehen, die Strategie derartiger Argumente durchschauen: Sie konstruiert eine „anekdotische" Evidenz, die unzulässige Verallgemeinerung eines Einzelfalles ohne Berücksichtigung des Kontextes, in dem dieser Einzelfall gefunden wurde. In der Ausbildung von Studierenden der Sozialwissenschaften haben wir dafür (in Hamburg) den Begriff des „Poppenbüttel-Effekts" geprägt. Benannt nach einem Vorort der Stadt, eine kabarettistische Umschreibung der quasistatistischen Falsifikation durch einen Einzelfall, der belegen soll, dass er kein Einzelfall ist: „Ich habe da eine Tante in Poppenbüttel, bei der ist es genau umgekehrt." Was diese fingierte Tante sagt, beruht auf der Welterfahrung ihrer unmittelbaren Lebenswelt, geprägt möglicherweise von egoistischen Motiven oder der Diskurskultur in der Nachbarschaft.

Aber auch am Ende der Milieuskala wird diese Art von Wissenschaftskritik geübt, und das mit weit größerer Wirkung, wie kürzlich wieder demonstriert vom Präsidenten des COP 28 Climate Summit, Sultan Al Jaber. Als die ehemalige irische Präsidentin Mary Robinson ihn fragte, ob er sich gegen die weitere Förderung von fossilen Brennstoffen wende, antwortete er: „There is no science out there, or no scenario out there, that says the phase-out of fossil fuel is what's going to achieve 1.5." Und er weigere sich „signing up to any discussion that is alarmist."

Wichtig an diesem letzten Beispiel ist die Konkordanz zwischen Politik und Wissenschaftsverweigerung, die ja (nicht nur) in den USA während der Pandemie von höchster amtlicher Warte aus betrieben wurde. Betrachtet man das Verhältnis genauer, so wird von den Befragten der vermeintliche Einfluss von Politik und Wirtschaft auf die Wissenschaft als deutlich größer bewertet als vice versa. Dabei sehen, wie in der schon zitierten Studie der österreichischen Akademie der Wissenschaften, 56 % der Befragten einen zu großen Einfluss von Politik und 44 % einen zu großen Einfluss von Wirtschaft auf die Wissenschaft. Umgekehrt sehen dies nur jeweils rund 20 % so. Und eine Datenanalyse vom Institut für strategischen Dialog (ISD) und der Koalition Climate Action Against Disinformation (CAAD) zeigt, dass Desinformationen zum Thema Klima gezielt verbreitet werden, um Klimamaßnahmen zu verhindern oder zu verzögern.

Alarmismus, auch so ein Wort, auf das noch zurückzukommen sein wird. Denn die lautesten Alarmisten sind die, die vor dem vorgeblichen Alarmismus der Wissenschaft und der Medien warnen. Der Bericht des Institute for Strategic Dialogue unter dem Titel „Deny, Deceive, Delay" kommt schon bei der COP26 zu dem Schluss, dass sich „Junk-Wissenschaft, Klimaverschleppung und Angriffe auf Klimaexperten" durchsetzen konnten, weil nicht genügend gegen Desinformationen im Internet vorgegangen wurde. Wenige Akteure sind für sehr viele der verbreiteten Desinformationen über das Klima verantwortlich – viele von ihnen haben einen wissenschaftlichen oder akademischen Hintergrund und könnten so Glaubwürdigkeit für ihre Analysen beanspruchen. Sowohl strukturell als auch inhaltlich überschnitten sich viele Konten von Corona- und Klimaskeptikern und sammelten sich schließlich in einem hermetisch geschlossenen Terrain des Misstrauens gegen einen öffentlichen, informations- und wissensbasierten Diskurs (https://www.isdglobal.org/isd-publications/deny-deceive-delay-documenting-and-responding-to-climate-disinformation-at-cop26-and-beyond-full; letzter Abruf dieser und aller weiteren Online-Quellen in diesem Kapitel:14.12.2024).

Das alarmierende Ergebnis hat nun auch global prominente Repräsentanzen der Wirtschaft erreicht, die im Vertrauensverlust eine ernsthafte Bedrohung der Innovationskultur erkennen. Deshalb erstaunt es nicht, dass das Problem die „Elite" der Weltwirtschaft auf dem World Economic Forum in Davos 2024 zentral beschäftigt hat. „Rebuilding Trust" lautete das Motto – Vertrauen wiederherstellen. Die offizielle Verlautbarung klingt wie das Programm einer Weltinnenpolitik: „With trust eroding, long-term visions may be too abstract to rally around, while merely focusing on responses to current shocks will leave everyone vulnerable to the transformations at hand. What is needed are new and upgraded platforms for dialogue, stronger partnerships, agile policy frameworks and effective deployment of technologies that can lead to practical and implementable gains for societies across both short-term and strategic horizons" (https://www3.weforum.org/docs/WEF_AM24_Meeting_Overview.pdf).

Wiederherstellung von Vertrauen. Aber wie?

4.3 Gründe für Vertrauensverlust oder: Lohnt sich Bildung überhaupt?

Auch wenn die Zahlen nicht genau bekannt sind, stellen sich diese Fragen: Warum ist der Diskurs, der auf Informationen und Wissen beruht, in vielen Milieus in Misskredit geraten? Warum entarten Diskussionen zu ideologischen Auseinandersetzungen? Warum wird das Ideal einer aufklärerischen Philosophie der Kommunikation, wie sie sich in den weltweit verbreiteten und rezipierten Arbeiten von Jürgen Habermas kristallisierte, verächtlich diskreditiert und missachtet? Warum also wird Bildung trotz all ihrer Möglichkeiten und Potenziale in weiten Teilen der Bevölkerung so gering geschätzt? Um diese Fragen beantworten zu können, müssen zwei tiefer gehende Probleme erörtert werden.

Das erste betrifft die von Andreas Poltermann bereits aufgeworfene Frage, ob Bildung sich überhaupt noch lohnt. Das klassische Bildungsversprechen ist, wie schon ausgeführt, offensichtlich nicht mehr voll konkurrenzfähig. Offensichtlich benötigt man keine Bildung im herkömmlichen Sinn, um Karriere als Influencerin oder TikTok-Star, als YouTuber:in, als Insasse oder Insassin von Reality Shows oder als Model-Contest-Gewinnerin zu machen. Diese werden weit mehr honoriert als die Karrieren, die eine „gute Ausbildung" voraussetzen. Die Titelgeschichte der Illustrierten Stern vom 7. August 2024 über die Fitness-Influencerin Pamela Reif ist mit ihrer offensichtlich von der Redaktion für wichtig gehaltenen Aussagen aufgemacht: „Ich habe nichts gelernt von dem, was ich tue".

Gute Ausbildung?

Die bietet ja nicht einmal mehr – oder in zunehmendem Maße weniger – für höchstspezialisierte IT-Experten Sicherheit, wie die Entlassungswelle in den amerikanischen Tech-Companies derzeit zeigt.

Der Heise Nachrichtendienst fasste zusammen: „Allein in den ersten zweieinhalb Monaten von 2024 haben 209 Tech-Firmen bis zum Wochenende 50.312 Mitarbeiter entlassen, zeigt das Portal Layoffs.fyi an, das den Job-Abbau in der IT-Branche seit der Corona-Pandemie und der folgenden Entlassungswelle automatisiert anhand von Medienberichten verfolgt. Die Zahlen für Anfang 2023 lagen zwar noch höher. Doch insgesamt setzt sich der Trend aus dem Vorjahr bislang auch 2024 fort. Layoffs zählte für 2023 insgesamt über 260.000 gefeuerte Mitarbeiter in rund 1200 IT-Unternehmen. Konzerne wie Alphabet mit Google und YouTube, Amazon, Meta (Facebook und Instagram) sowie Microsoft haben sich in diesem Jahr alle am ‚Downsizing' beteiligt. Gleiches gilt etwa für eBay, PayPal, Unity Software, SAP und Cisco" (https://www.heise.de/news/Entlassungswelle-im-Tech-Sektor-auf-hoechstem-Punkt-seit-dem-Dotcom-Crash-9657136.html).

Insofern ist der Vertrauensverlust in die klassische Bildung und ihre Fundierung durch Wissenschaft und Forschung nicht besonders erstaunlich. Verbunden mit einem „Anti-Elitismus" entsteht ein intellektueller Klassenkampf, in dem auch die Frage der Gegenkritik mitschwingt, welchen Anteil die Wirtschaft, präziser: das wirtschaftliche Gebaren bestimmter Milieus, am Vertrauensverlust, hat. Darunter Hedge-Fonds, Investoren, multinationale Konzerne, entfesselte Aktienmärkte, gigantomanische IT- und KI-Oligopole, politisch beschleunigte Deregulierung sowie die Globalisierung.

So entsteht eine Mischung aus Unsicherheit durch die sich wechselseitig durchdringenden und verstärkenden Transformationen. Das schon mehrfach beschriebene Gefühl der Hilflosigkeit wird ergänzt durch die Schuldzuschreibung an abstrakte und undurchschaubare Akteure (Markt,

Globalisierung, Digitalisierung, System, Eliten, die da oben), bestätigt in einer einschlägigen Publizistik von Ratgebern und Brevieren mit allerlei Tipps zur Bewältigung des komplizierten Berufsalltag. All das wiederum verstärkt das Gefühl der Hilflosigkeit, fast wie in einer Schulung. Deshalb verwenden Psychologen zunehmend den Begriff der „Learned Helplessness" (Seligman 1991). Schließlich führt das beruhigende Gefühl einer „geteilten" Hilflosigkeit zur gemeinsamen Suche nach bestätigenden Informationen, ganz im Sinne der bereits 1952 von Leon Festinger diagnostizierten Tendenz zur Vermeidung von Informationen, die, wie es damals hieß: „kognitive Dissonanzen" erzeugen. Heute sind dies „Echokammern" oder „Informationsblasen". Und dort, aber nicht nur dort, lässt man sich aus über den Zustand des Landes. Dies allerdings meist wenig konstruktiv und unter der Anleitung von Kommentatoren und Kommentatorinnen, die über den Niedergang unserer Gesellschaft räsonieren. Daraus resultiert in einer seltsamen Dialektik ein positives Gefühl, das wieder auch von Seligmann unter dem Gesichtspunkt des „Learned Optimism" beschrieben wurde – Teil einer Psychologie, die auch unter dem Begriff des Positiven Denkens sehr kontrovers diskutiert wird (Seligman 1991).

Der Spiegel hat dieses Phänomen eines grassierenden Gemaules in seiner Ausgabe vom 15. August 2023 so zusammengefasst: „Im Gemecker über beklagenswerte deutsche Fehlentwicklungen und Versäumnisse verbinden sich Großmannssucht und Kleinlichkeit auf unschöne Weise." Und es wird klar, dass es für jedes Milieu maßgeschneiderte Schuldige gibt. „Allerdings", so schreibt der Autor dieser Glosse, Arno Frank, unterstelle „die Behauptung, es funktioniere ‚nichts mehr', dass es mal eine Zeit gegeben haben muss, in der *alles* funktionierte, also wie am Schnürchen exakt so abschnurrte, wie es das eigentlich soll. Was mich betrifft, so kann ich mich an eine solche Zeit nicht erinnern. Von paradiesischer Zuverlässigkeit muss dieses Land demnach bis ungefähr 1971 gewesen sein, bevor dann allmählich die zersetzend leistungsfeindlichen Einflüsse der Achtundsechziger spürbar wurden. Das ist eine Erzählung, wie sie gern von Rechten gepflegt wird.

Eine eher linke Erklärung für den spürbaren Niedergang *von allem* sucht die Gründe dafür in der Verschleuderung staatlichen oder kommunalen Tafelsilbers – Energie, Verkehr, Gesundheit, Bildung und Wohnen – im ‚alternativlosen' neoliberalen Privatisierungsauktionswahn späterer

Jahrzehnte. Kritische unkten schon damals, das werde uns in Zukunft noch wehtun. Jetzt ist Zukunft und es tut eben weh" (https://www.spiegel.de/kultur/kaputter-regierungsflieger-und-der-ganze-rest-es-funktioniert-gar-nichts-mehr-glosse-a-7e334b7a-fe09-4091-af95-9d74bbf7b8de).

4.4 Das Geschäftsfeld der Alarmisten

Alles richtig. Aber eines steht in dieser Geschichte nicht: dass das Gemecker ein lukratives Geschäftsfeld ist, das auch fleißig beackert wird. Ganz gleich, ob es sich beispielsweise um die Fortsetzungsreihe „Klartext" Peter Hahnes handelt oder um die Kritik an der Schule durch Richard D. Precht, um Monika Grubers Grabrede auf Deutschland (siehe weiter unten) oder zuvor schon Sarrazin. Alles Werke, die geschrieben werden und – gelesen. Bildungsstoff, aber nicht unbedingt der, der den Vordenkern einer ganzheitlichen Politik in den Studien zur Sicherung der Zukunft der Bildungsrepublik vorschwebt.

Hahne zum Beispiel bringe, laut Klappentext, „Aufstand gegen Lug und Trug der Eliten" die „dreisten Lügen aus Wirtschaft und Gesellschaft auf den Punkt und bezieht klare Haltung gegen Sprachpolizei und Bürokraten-Terror." Die Liste der üblichen Versatzstücke wird Posten für Posten abgearbeitet: „Ein Flughafen, der nicht fertig wird. Bildung, die den Bach runtergeht. Wissenschaftler, die ‚Winnetou' verbieten wollen. Kindergärten, die Schweinefleisch verbannen. Klimaschutz, der zur Religion wird. Christliche Flüchtlinge, die in den Iran abgeschoben werden." Hahne, so nochmals der Verlag, „entlarvt den Schwachsinn unserer Zeit. Mit spitzer Feder und klaren ethischen Standpunkten."

Roland Tichy, der ehemalige Chefredakteur der Magazine Impulse, Euro sowie der Wirtschaftswoche und seit 2014 Herausgeber des Onlinemagazins Tichys Einblick schreibt am 5. November 2021: „Vergeblich versuchten Koryphäen des Literaturbetriebs, der Medienkritik und der Satire auf unterschiedlichste Weise Peter Hahne zu desavouieren, als ‚dumpfen Stammtischmichel' (Denis Scheck), als einen Autor, der ‚Thilo Sarrazin das Fürchten lehren' (Jan Böhmermann) und der in Fragen der Migration und inneren Sicherheit ‚populäre Ressentiments' (Daniel Bax) schüren würde.

Der Erfolg seiner Publikationen spricht eine ebenso unmissverständliche Sprache, wie der Autor selbst. Und genau das schätzen seine Leser an ihm: Peter Hahne spricht Klartext, nimmt kein Blatt vor den Mund, lässt sich von keiner zeitgeistigen Variante des ‚Neusprech' einschüchtern, ‚egal ob sie als Political Correctness', ‚Gendersprache' oder ‚Cancel Culture' in Erscheinung tritt. Dabei bleibt er, bei aller Schärfe und Pointiertheit im Aufspießen von Mißständen stets respektvoll gegenüber Menschen – im Gegensatz zu den Verfechtern der sprachpolizeilich und kulturkämpferisch auftrumpfenden Milieus."

Der von Tichy ins Feld geführte Erfolg derartiger Literatur (40 Bücher oder ein paar mehr allein von Hahne, mit einer Gesamtauflage von acht Millionen und prominente Platzierungen auf der Spiegel-Bestseller Liste) motiviert weitere Autoren und Autorinnen. Wie die Kabarettistin Monika Gruber. „Sie lebt davon, frei ihre Meinung zu sagen", sagt sie, zum Beispiel in der Online-Ausgabe des Nachrichtenmagazins Focus: „Mein Deutschlandfrust: Früher wurden wir respektiert, jetzt werden wir bemitleidet".

Was folgt?

Zumindest war sie, so schreibt sie, „die meiste Zeit meines Lebens immer ziemlich froh, Deutsche zu sein. Zum Beispiel wegen unseres Schwarzbrots. So etwas bekommt kein anderes Land auf der ganzen Welt besser hin. Eine Scheibe frisches Bauernbrot (am liebsten den Anschnitt, in Bayern: Scherzl genannt) dick mit Butter bestrichen, ist für mich immer noch das größte Glücklichmach-Essen, das es gibt."

Aber nun geht das nicht mehr. Denn „wir möchten im Alleingang das Klima retten, belehren dabei den Rest der Welt, wie sie zu leben haben, während wir seelenruhig aber mit gutem Gewissen unsere Wirtschaft an die Wand fahren beziehungsweise ins ausländische Exil vertreiben. Wir bauen nur noch E-Autos (für die wir nicht genügend Strom haben) und Lastenfahrräder.

Alles andere macht inzwischen der Chinese, und zwar besser und billiger und vor allem: schneller, weil bei uns allein die Baugenehmigung für eine Doppelgarage zwei Jahre dauert und bei jeder neuen Fabrik erst einmal geprüft werden muss, ob nicht irgendwo im Umkreis von 50 Kilometern ein einzelnes Ringelgans-Pärchen gerade ein Nest baut. Und weil wir alle unsere Atomkraftwerke dichtmachen, nehmen wir nur noch Strom aus Sonne und Wind.

Eine richtige Energiewende schaut anders aus. Oder wie es Kollege Dieter Nuhr einmal so schön gesagt hat: ‚Wenn die Realität und die eigene Wunschvorstellung nicht zusammenpassen, dann muss etwas mit der Realität nicht stimmen.'"

Das Fazit der Gruber Monika: „Aus einem Land der Dichter und Denker ist leider ein Land der Deppen und Schenker geworden, das seinen bisschen Rest an Wohlstand, den unsere Eltern und Großeltern aufgebaut haben, am liebsten mit der ganzen Welt teilen möchte" (https://www.focus.de/kultur/monika-gruber-rechnet-ab-als-ich-anfing-mich-fuer-deutschland-zu-schaemen_id_259486281.html).

„Der" Chinese, aha.

Die Frage, wie genau die grandiosen Errungenschaften zustande gekommen sind, wird erst gar nicht gestellt. Wie es gelingen kann, dass zum Beispiel der Hochgeschwindigkeitszug die 1318 km lange Strecke vom Bahnhof Shanghai Hongqiao nach Peking Süd in etwas mehr als vier Stunden mit einer sekundengenauen Pünktlichkeit bewältigt. Erst wenn man damit gefahren ist, eröffnen sich einige gesellschaftspolitische Perspektiven – zum Beispiel die, dass ein beträchtlicher Teil der Strecke auf einer Hochbahntrasse verläuft, keine Kreuzungen, keine Bäume, keine Orte, in denen die Geschwindigkeit reduziert werden müsste, kein bayerisches Marterl, das der künftigen Trasse im Weg steht. Und: Keine Genehmigungsverfahren, in denen Bürgerinnen und Bürger Bedenken gegen die Trassenführung in demokratisch legitimierten Demonstrationen lautstark offenbaren und mit Klagen oft auch durchsetzen können. Dasselbe gilt für weitere infrastrukturelle Maßnahmen, Staudämme, Straßen, Stadterweiterungen, Brückenbau, Industrieansiedlungen …

Und manche der irrationalen Reaktionen entstammen der regressiven Idee, dass früher alles besser war. Was aber unbestritten bleibt, ist die zunehmende Ungleichheit der Vermögensverteilung. Und erneut trifft man auf den eklatanten Widerspruch zwischen der entzückten Bewunderung des Lebensstils der sogenannten Reichen und Schönen, ihrer Villen in Malibu und ihrer Fincas auf Mallorca, ihre ostentativen Zurschaustellung von Statussymbolen in den Magazinen der Boulevard-Presse und den einschlägigen Blogs von Influencerinnen und dem Gefühl, das der eigenen Lebensgestaltung die ausreichenden Mittel fehlen.

Sind das wir?

4.5 Upgrading des Vertrauensverlusts

Es ist allerdings durchaus nicht so, dass der Vertrauensverlust auf bestimmte soziale Schichten beschränkt wäre. Er wird auch zu einer modischen Attitüde arrivierter und gebildeter Milieus. Der Journalist Thilo Komma-Pöllath thematisierte dieses Problem in der Ausgabe 11/2024 der Wochenzeitung Freitag anhand von Wahlverweigerungen seiner Umgebung. Titel des Stücks: „Champagner trinken, aber nicht wählen gehen". Alles Personen mit hoher Bildung und hohem Einkommen, die der Journalist befragt hat. Einige von ihnen bezeichneten Wahlen gar als „Marketingveranstaltung". Empirische Befunde aus politologischen Studien bestätigen diese Tendenz, die im Übrigen nicht neu ist. Schon im Juni 2013 erläuterte Harald Welzer, Sozialpsychologe und Publizist, in einem Spiegel-Essay „Warum ich nicht mehr wähle". Der Beitrag rief einiges an Reaktionen wach. Ausführlich berichtete zum Beispiel der Deutschlandfunk (https://www.deutschlandfunk.de/von-der-macht-und-ohnmacht-des-waehlers-100.html). Es gab ein Interview in der TAZ dazu und auch sonst ziemlich viel Aufregung, zumal sich auch der Philosoph Peter Sloterdijk mit dem Begriff der „Lethargokratie" zu den Nichtwählern bekannte. Statt intellektueller Impulse – „Learned Helplessness" auf hohem Niveau (https://taz.de/Verdammt-noch-mal-koennen-wir-mal-ueber-andere-Fragen-diskutieren/!454289).

Pöllath schlussfolgert, dass durch alle Debatten ein Vertrauensdefizit hindurchschimmere – verstärkt durch Corona- und andere Krisen – und sich zu einem „fundamentalen Misstrauensvotum gegen Demokratie und Rechtsstaat" ausgewachsen habe. Man könnte diese Umfrage unter Freunden und Bekannten so interpretieren, dass eine Frustration dadurch entstanden ist, dass Demokratie für ein System zur Befriedigung persönlicher Bedürfnisse gehalten werde – sozusagen als eine „Convenience"-Staatsform, in der man sich individuell einrichten könne.

Eine vordergründige Soziologie scheitert also.

4.6 Medienschelte – ein sicheres Thema der Aufmerksamkeits-Ökonomie

Knapp zehn Jahre später weitete Welzer seine Kritik des Mainstreaming im politischen Spektrum der „repräsentativen" Institutionen zusammen mit Richard David Precht auf die Medien insgesamt aus. Sie veröffentlichen (medienwirksam) das Buch „Die vierte Gewalt. Wie Mehrheitsmeinung gemacht wird, auch wenn sie keine ist". Im Begleittext des S. Fischer-Verlags wurde die These hervorgehoben, die Massenmedien seien „Vollzugsorgane ihrer eigenen Meinungsmache: mit immer stärkerem Hang zum Einseitigen, Simplifizierenden, Moralisierenden, Empörenden und Diffamierenden. […] Und sie bilden die ganz eigenen Echokammern einer Szene ab, die stets darauf blickt, was der jeweils andere gerade sagt oder schreibt, ängstlich darauf bedacht, bloß davon nicht abzuweichen. Diese Angst ist der bestmögliche Dünger für den Zerfall der Gesellschaft. Denn Maßlosigkeit und Einseitigkeit des Urteils zerstören den wohlmeinenden Streit, das demokratische Ringen um gute Lösungen."

Zumindest könnte hier der Verdacht entstehen, eine solche Rezension in eigener Sache repräsentiere genau das Problem, das kritisiert werden soll. Auch die sozialpolitische Diagnose war eindeutig: „In ihrem ersten gemeinsamen Buch analysieren die Bestseller-Autoren Richard David Precht und Harald Welzer die Mechanismen, die in diese Sackgasse führen: Wie kann eine liberale Demokratie mit pluraler Medienlandschaft sich selbst so gefährden? Wie ist es in Deutschland, dem Land einer lange vorbildlichen Qualitätspresse und eines im internationalen Vergleich ebenso vorbildlichen öffentlich-rechtlichen Rundfunks dazu gekommen?" Kernthema der Medienschelte war die Berichterstattung zum Ukraine-Krieg, zu dem sich Precht ja sehr früh und sehr dezidiert und sehr falsch geäußert hatte (https://www.fischerverlage.de/buch/richard-david-precht-harald-welzer-die-vierte-gewalt-wie-mehrheitsmeinung-gemacht-wird-auch-wenn-sie-keine-ist-9783103975079).

Die Kritik war, wie der Verlag schreibt: „vielstimmig". Wenn man sie genau betrachtet, dominieren zwei Aspekte: der Widerspruch, dass zwei Public Intellectuals das Mediensystem diskreditieren, dem sie selbst ihre Prominenz verdanken, und die empirisch nachweisliche Einseitigkeit der Argumentation, die im Übrigen nichts Neues ist. Ohne hier zu sehr in

Einzelheiten zu gehen, kann die berühmte „Theorie der Schweigespirale" der Doyenne der bundesrepublikanischen Kommunikationswissenschaften, der Journalismus-Professorin und damaligen Chefin des Allensbacher Umfrage-Instituts, Elisabeth Noelle-Neumann, aus dem Regal gekramt werden. Wortgleich zusammengefasst mit einem sehr verständlichen Text aus Wikipedia dazu: „Die Massenmedien, vor allem das Fernsehen, können erheblichen Einfluss auf die Rezipienten und damit auf die öffentliche Meinung ausüben, indem sie dem Einzelnen gegenüber eine bestimmte Meinung als angebliche Mehrheitsmeinung präsentieren und ihn so unter Druck setzen, sich nicht andersartig zu äußern. Damit steht die Schweigespirale für eine erneute Hinwendung der Medienwirkungsforschung zur vierten Gewalt, einer Hypothese der ‚mächtigen Medien'". Die Studie basierte auf der Analyse der Meinungsäußerungen von gerade einmal einhundert Journalisten der Print-Medien und wurde von Helmut Kohl zur Erklärung seiner Wahlniederlage herangezogen.

Precht und Welzer wiesen ob der Kritik darauf hin, dass zum Beleg ihrer Thesen im Dezember des Erscheinungsjahres eine wissenschaftliche Studie nachgereicht würde. Das geschah. Der Mainzer Kommunikationswissenschaftler Marcus Maurer hatte zusammen mit Pablo Jost und Jörg Haßler (LMU München) rund 4300 Beiträge aus deutschen Leitmedien einer quantitativen Inhaltsanalyse unterzogen. Das Sample umfasste die Frankfurter Allgemeine Zeitung, die Süddeutsche Zeitung, Bild, Spiegel, Die Zeit sowie die Hauptnachrichtensendungen der Tagesschau um 20 Uhr, ZDF heute und RTL Aktuell. Es handelt sich also um ein umfassendes Bild der Berichterstattung über den Ukraine-Krieg, zwischen dem Kriegsbeginn am 24. Februar und dem 31. Mai 2022. Doch die Ergebnisse bestätigen Prechts und Welzers Thesen in zentralen Punkten nicht (https://uebermedien.de/79973/leitmedien-weder-durchgehend-einheitlich-noch-regierungsfreundlich).

Die Frage nach den Konsequenzen (oder den Ursachen?) der Medienschelte hat, weil sie offensichtlich auf ein breites Interesse der Öffentlichkeit rechnen kann, den Status eines eigenständigen Informationsfelds erreicht – zu dessen Bestellung auch einschlägige Untersuchungen zählen. Wie etwa die im Auftrag der Stiftervereinigung der Presse und des Bundesverbands Digitalpublisher und Zeitungsverleger (BDZV): „Medien zwischen Achtung und Ächtung – Eine Untersuchung zur Kluft zwischen Medienakzeptanz und Medienaversion in Ost- und Westdeutschland", durchgeführt von Jens Lönneker, Gründer und Geschäftsführer des Marktforschungs-Instituts Rheingold Salon. Der Studienautor schreibt über sich selbst: „Als Tiefenpsychologe mit dem Schwerpunkt Markt-, Medien und Kulturforschung forscht und berät er national wie international in den Bereichen Grundlagenforschung, Produkt- und Markenentwicklung und Kommunikationsstrategien. Er hat u. a. Beiträge zu den Themenfeldern Ernährung, Medien, öffentliche Meinungsbildung, Sponsoring und Verfassungsmarketing veröffentlicht."

Die Headline der Studie hätte lauten können: Drei Viertel der Deutschen sind nicht medienavers. Sie lautet aber: Jeder vierte Deutsche sei „medienavers". Der überwiegende Teil dieser Menschen glaube im Grunde nicht mehr an dieses System, fühle sich von der Politik allein gelassen. Und dann sei der logische nächste Schritt der, die Demokratie in Frage zu stellen. „Diese Studie hat das in einer großen Klarheit herausarbeiten können. In den Einzelinterviews, die wir geführt haben, bekam all das eine große Wucht." Die Zahlen? Sechzig sogenannte tiefenpsychologische Gespräche und zum Hintergrund eine Befragung von 2000 Mediennutzern, genaue Informationen dazu liegen nicht vor. Was genau kann man sich unter einem solchen tiefenpsychologischen Interview eigentlich vorstellen?

Gemeint sei, dass jemand, der eine psychologische Ausbildung hat, mit Explorationstechniken agiert. Man sei darauf trainiert, heißt es weiter, Reizthemen zu verstehen, sie auch aufzugreifen, aber sich dabei nicht selbst emotional bewegen zu lassen. Das Gegenüber weitererzählen zu lassen, nach dem Danach zu fragen, um weiter in die Vertiefung zu kommen. Um zu ergründen: Was motiviert die Position meines Gegenübers? Was genau sind die Hintergründe?

4.7 Die ewige Mär von den linken Medien

Sind Medien nur die Ausdrucksformen des Unbehagens und der Frustration? Verstärker? Oder ist es umgekehrt? Ist vielleicht mehr „konstruktiver Journalismus" ein Mittel gegen die wachsende Medienskepsis in Deutschland? Das waren die der Fragen an den Studienleiter.

Was heißt das nun? Ob damit nun Hahne, Tichy oder Gruber gemeint sind, mag bezweifelt werden. Einiges hört sich ähnlich an: „Vielen Menschen, die wir befragt haben, fehlt eine positive Perspektive. Durch all diese neuen Medientendenzen, sich Aufmerksamkeit zu verschaffen, durch Suchmaschinenoptimierung und prägnante Überschriften, gibt es umso mehr Beiträge, die tendenziell negativ ausfallen, die alarmieren und die dadurch die Aufmerksamkeit catchen, dass sie etwas skandalisieren, etwas Negatives nach vorne stellen. Dieser Ansatz mag auf kurze Sicht bessere Klickzahlen für Artikel bringen. Auf lange Sicht aber verliert der Journalismus dadurch die Leute insgesamt wieder stärker. Der konstruktive Journalismus dagegen stellt die Frage: Gibt es in diesem ganzen Kontext auch irgendetwas, das eine Lösung aufweist? Irgendetwas, das eine Perspektive bietet?" (https://www.rheingold-salon.de/jeder-vierte-glaubt-im-grunde-nicht-mehr-an-dieses-system).

Bestätigungen dieser Medienaversion, die auf die unzulängliche Arbeit des Journalismus zurückgeführt wird, sind mittlerweile fester Bestandteil der einschlägigen kritischen Auseinandersetzungen mit den Medien – die vor allem in Medien geführt werden. Zum Beispiel von Jost Joffe, dem zeitweiligen Herausgeber der Zeit, der in der Neuen Zürcher Zeitung 2023 das Framing in den US-Medien ins Visier nimmt und schreibt: „Ob jemand ‚Terrorist' oder ‚Militanter', ‚Abtreibung' oder ‚Schwangerschaftsabbruch' schreibt, lenkt die Leser, ohne dass sie es merken. Was im Interview gefragt oder ausgelassen oder als Antwort unkritisch hingenommen wird, kanalisiert die Gedanken. Klingenkreuzen ist Pflicht, um Widersprüche und geschönte Fakten aufzuzeigen. Fragerei ist nicht Kumpanei. Derlei läuft je nach Kolorierung der Medien allerdings links wie rechts ab, wiewohl mit großem quantitativem Unterschied. Die nach links tendierenden Organe sind in der Mehrheit, zumal im gehobenen Segment. In Deutschland gibt es neben ARD und ZDF kein Fox wie in Amerika, eine Anstalt mit hoher Reichweite, die rechtslastige Propaganda verbreitet. […] Die Ausnahme sind die rechtsnationalen staatshörigen Medien in Ungarn und in Polen. Zumindest bis zum jüngsten Regierungswechsel in Warschau. Im Westen lebt die liberal-konservative Presse auflagenmässig in einem Reservat" (https://www.msn.com/de-de/finanzen/top-stories/die-leitmedien-hissen-die-regenbogenfahne-die-linkslastigkeit-verprellt-viele-leser/ar-AA1lPq54?ocid=msedgdhp&pc=U531&cvid=754bce5d0811410a819e333591a801cd&ei=62).

4.8 Kritik an den Öffentlich-Rechtlichen

Lange Zeit wurden derartige Vorwürfe (unter anderem wie gesagt von Elisabeth Noelle-Neuman und Hans Matthias Kepplinger) mit aufwändiger Empirie, aber kleinem Sample gegen die öffentlich-rechtlichen Rundfunk- und Fernsehanstalten formuliert. Diese Kritik zumindest ist durch eine andere ersetzt worden – die der Dominanz seichter Unterhaltung.

Das lässt sich belegen, oder besser: mit anekdotischen Belegen illustrieren. Als Beispiel eine kleine Homestory über die Schauspielerin Andrea Sawatzki in der Wochenendausgabe der Süddeutschen Zeitung vom 19. und 20. Dezember 2020. Sie wurde so zitiert: „In meinen Bundschuh-Büchern ist die durchgeknallte Gundula mein Alter Ego. Meine Nachbarin Regina Ziegler hat sie fürs ZDF verfilmt. Bevor ein Manuskript einen Verlag erreicht hat, wollte sie es lesen und rief mir über den Zaun zu: ‚Das machen wir!'"

Sie haben es gemacht, und mittlerweile sind es neun Filme, in denen Sawatzki die Hauptrolle spielt und von denen sieben auf ihren Romanen beruhen. Das Prinzip, mit dem sich das zusehends verengende Spektrum von Inhalten bei den Social Media erklären lässt, wird hier sozusagen als analoge Entsprechung illustrativ wiederholt. Familie Bundschuh wird durch die gängigen Klischees der Lebenswelten nach dem Muster der TV-Vorabendserien dekliniert: „Tief durchatmen, die Familie kommt"; „Von Erholung war nie die Rede"; „Ihr seid natürlich eingeladen"; „Wir machen Abitur"; „Familie Bundschuh im Weihnachtschaos"; „Woanders ist es auch nicht ruhiger"; „Unter Verschluss"; „Bundschuh vs. Bundschuh" ... Fortsetzung folgt mutmaßlich.

Offensichtlich werden derartige Prozesse kaum kritisch hinterfragt, und es wäre eine Diskussion wert, ob man nicht zumindest die Frage hätte andeuten können, ob über die Verwendung von Gebühren für öffentlich-rechtliche Produktionen einfach über den Gartenzaun hinweg entschieden werden kann. So war es wohl auch nicht gemeint, aber die Frage ist nicht abwegig. Und sie lässt sich sicher auch mit vielen anderen Beispielen anreichern. Wie auch immer: Was die Produktion derartiger Unterhaltungsstücke betrifft, ist im Prinzip nichts zu sagen. Obwohl in ihnen nur ein Teil massenkompatibler Literatur repräsentiert wird, während gleichzeitig Literatursendungen abgesetzt werden. Dies treibt verständlicherweise die Repräsentantinnen und Repräsentanten der Verlage um.

Wichtiger aber ist, dass genau diese Perspektive auch öffentlich ist. Erneut ein Beispiel aus der Süddeutschen Zeitung vom Wochenende des 30. Und 31. Januar 2021, das sich etwas differenzierter gestaltet als die Bundschuh-Anekdote: „Elf deutsche Verlegerinnen und Verleger fordern, dass der öffentlich-rechtliche Rundfunk seinem Kulturauftrag gerecht wird". Der Artikel bietet fern jeglicher Nörgelei einen Einblick in die kritische Auseinandersetzung, die sich in den letzten Jahren (ja eigentlich seit dem Beginn der Kabelpilotprojekte für privatrechtliches, das heißt, kommerzielles Fernsehen, in Ludwigshafen 1984) intensiviert hat. Eine Collage von Meinungen aus den kurzen Interviews enthält alle Argumente der Kritik. Zum Beispiel von Susanne Schüssler vom Verlag Wagenbach: „Heute sind Schule, Printmedien und die Öffentlich-Rechtlichen getrieben vom Wunsch, niederschwellig zu sein. Jeder soll alles verstehen, alles muss ‚heruntergebrochen' werden. Sie erziehen zu Konsumenten, die sich abschotten gegen Komplexität". Und vielleicht sei es „diese Popularisierung, die den größten Grund zur Sorge gibt. Denn sie bedeutet auch, dass man Leserinnen und Leser unterschätzt", sagt Lina Muzur vom Verlag Hanser. „Kürze und Zugänglichkeit scheinen die einzige Option zu sein, um das Publikum nicht zu verlieren", ergänzt Jonathan Landgrebe vom Suhrkamp Verlag. „Die Literaturkritik wird in den dahinfließenden Brei aus wahlweise verschmunzeltem oder überdrehtem Debattenthemenjournalismus eingespielt", so Tom Kraushaar von Klett Cotta.

Aber andererseits sind da die „Wissenssendungen". Aktuell zum Beispiel: eine achtteilige Dokumentationsreihe über Albert Einsteins physikalische Theorien, präsentiert vom Physiker Harald Lesch, arte-Dokumentationen, Konzerte auf 3Sat und die politischen Sendungen auf Phönix sowie jede Menge unterhaltsame Dokumentation auf ARD alpha. Es ist alles da. Man braucht nur eine Fernbedienung. Die Auswahl steht offen, Wacken und Barenboim, Regionales und Welterkundung, Porträts von Schriftstellern und Archive uralter Sendungen mit längst verblichenen Geistesgrößen und so weiter – ein unglaubliches Archiv an Kultur, Wissensbeständen und interessanten Inhalten. Es ist alles da, man kann es nur immer wieder wiederholen. Und die jüngeren Zielgruppen hätten die größte technische Kompetenz für die Nutzung all dieser Angebote.

Aber tun sie es auch? Und wenn nein, warum nicht? Oder wenn ja, wer ist das? Sind es verschrobene Liebhaber seltener Genres? Oder denkbare Multiplikatoren? Potenzielle Science-Influencer? Eigenartigerweise und trotz eines gigantischen Forschungsaufwandes wissen wir darüber wenig.

4.9 Zivilisationsverluste durch Social Media?

Nun lassen sich verschiedene Erklärungen anführen: Zum Beispiel der Einfluss der Social Media In einer groß angelegten Studie untersuchte der Psychologe Sacha Altay von der Universität Zürich den Zusammenhang zwischen der Nutzung sozialer Medien, Desinformation und Vertrauensverlusten. Das Team um Altay wertete Daten aus dem Digital News Report aus. Zwischen 2015 und 2022 gaben 577.859 Teilnehmer aus 46 Ländern Auskunft über ihren Nachrichtenkonsum und ihr damit verknüpftes Verhalten. In den meisten Ländern sank das Engagement der Leser und Leserinnen. In zehn Staaten blieb dieses im Schnitt weitgehend unverändert – darunter auch in Deutschland (https://journals.sagepub.com/doi/full/10.1177/14614448241247822).

Das Teilen von Nachrichten in sozialen Medien ging um 29 % zurück ... der persönliche Austausch mit Freunden, Bekannten oder Kollegen über Nachrichteninhalte wurde um 24 % seltener. Insgesamt fanden sich im engagierten Nachrichtenpublikum unter anderem besonders viele junge Menschen, solche mit mindestens einem Bachelor-Abschluss und Personen, die sich ohnehin stark für das Weltgeschehen interessieren. Besonders ausgeprägt war der Rückgang des beschriebenen Engagements unter Probanden, die ohnehin kein Vertrauen in Nachrichtenangebote haben.

Gründe?

Social-Media-Unternehmen wie Facebook haben ihren Algorithmus derart angepasst, dass Nachrichten weniger prominent in den Timelines der Nutzer auftauchen und andere Inhalte mehr Aufmerksamkeit bekommen. Zugleich haben klassische Nachrichtenanbieter oft die Kommentarfunktionen auf ihren Seiten eingeschränkt oder abgeschafft und Inhalte hinter Bezahlschranken gestellt.

Wichtigstes Ergebnis ist, dass sich weltweit eine wachsende Zahl von Menschen ganz aus den Nachrichten und dem Weltgeschehen ausklinkt. Vermutlich liege das auch daran, so die Forscher, dass viele dem steten Strom negativer Nachrichten entgehen wollen. Dazu passt eine Beobachtung der Wissenschaftler um Altay, wonach das Engagement des Publikums in den Ländern besonders stark gesunken ist, die während des Untersuchungszeitraums eine starke politische Polarisierung erlebt haben. Der Digital Report, auf den sich diese Befunde und ihre Interpretation beziehen, ist von Nic Newman, einem Journalisten der BBC, veröffentlicht worden. John Blake, Autor bei CNN, hat in diesem Zusammenhang auf ein weiteres bildungspolitisch interessantes Phänomen aufmerksam gemacht, eine mitunter geradezu orwell'sche Verdrehung ursprünglicher Wortbedeutungen: „verbales Jiu Jitsu", wie er schreibt. Worte werden zu Kampfmaßnahmen. „Liberal" als irregeleitetes Linkssein, „Klimawandel" als programmatisches Täuschungsmanöver der Adepten einer Ökodiktatur.

Dazu gehört, dass üble Schimpfworte einer Fäkalsprache zu alltagskulturell akzeptierten Grundbegriffen avancieren. Zum Beispiel das A-Wort. Johanna Adjorán nutzt es in „Gute Frage" im Süddeutsche Zeitung Magazin vom 8. Februar 2019: „Was ich damit sagen will: Ist schon richtig, sich als Mann gerade viele Fragen zu stellen und selbst zu prüfen, aber wenn man kein hoffnungsloses Arschloch ist, wird man schon wissen, was wann geht und was nicht." „Keine Zeit für Arschlöcher" ist hingegen der Titel einer Autobiografie des TV-Kochs und Trödelshow-Moderators Horst Lichter. Weitere Buchtitel: „Am Arsch vorbei geht auch ein Weg: Wie sich dein Leben verbessert, wenn du dich endlich locker machst" von Alexandra Reinwarth oder „Ein Arschloch kommt selten allein: So werden Sie mit schwierigen Zeitgenossen fertig" von Claudia Hochbrunn.

Und das ist nur eine kleine Auswahl.

Weit bedenklicher aber als derartige, lustvoll inszenierte, trendige Stilbrüche sind zunehmende vandalistische Auswüchse.

Touristischer Vandalismus zum Beispiel, wobei vor allem der Klick den Kick bringt: Fotos auf Instagram und Inszenierungen auf TikTok. So steuerte ein Amerikaner mit einem Auto über den Ponte Vecchio in Florenz. Ein weiterer Vorfall dieser Art wurde von der weltberühmten Piazza della Signoria berichtet, die ein anderer Amerikaner mit einem roten Ferrari durchfuhr. In Venedig wird in Kanälen gebadet oder geschwommen, einer der Touristen sprang von einem dreistöckigen Palazzo ins Wasser. In die Steine des römischen Collosseums wurden Namen eingeritzt und in der Fontana di Trevi wurde gebadet. Andere Touristen füllen Wasser aus dem Brunnen als Souvenir in Flaschen. Und schließlich nimmt offensichtlich auch die politische Verwahrlosung zu, wie das Gegröle rechtsextremer Gesänge nicht nur in sogenannten „sozial schwachen" Schichten. So rief ein Vorfall überproportionale Bestürzung hervor. Beteiligt war eine Clique von Rich Kids in einer angesagten Bar in Kampen auf Sylt. Nebenbei bemerkt: Ein Ort, der Jahrzehnte die erste oder zweite Heimat von Künstlern, Intellektuellen, Journalisten, Verlegern und Schriftstellern war. Eine Weile sogar Zufluchtsort vor der Verfolgung durch die Nazi-Schergen.

Gegröle, Gepöbel, extremistische Mutproben, Diskreditierungen im Internet, in den sogenannten „sozialen" Medien. Eben eine zeitgenössische Form von Stammtischparolen. Stammtische – lange Zeit übrigens das Wort für die analogen Echokammern. Sicher, es werden in geistiger Provinzialität noch immer (oder schon wieder) wüste Extremismen ausgetauscht. Der geniale Karikaturist Kurt Halbritter hat diese dumpfe Atmosphäre, die stark an heutige Mentalitätsumschwünge erinnert, bereits 1968 bildhaft inszeniert (Halbritter 1968 und div. Neuauflagen).

4.10 Der Stammtisch, oder: Verlust der gastronomischen Kultur

Das Szenario für die karikaturistischen Erinnerungen an die Nazizeit, an verbreiteten Selbstbetrug und Opportunismus, alltäglichen Antisemitismus, aber auch die Hilflosigkeit, wurde durch Sprüche eines Stammtischgesprächs von provinzlerischen Honoratioren der Wirtschaftswunderzeit eingeleitet: „Jugendsünden, Schwamm drüber!" „Die machen doch heute auch mit einem, was sie wollen!" oder „Was uns fehlt, ist die positive Einstellung zu echtem Nationalismus!" Und dergleichen mehr.

Sprüche, die man heute wieder hört. Nun auch von jungen Leuten. So schmerzlich diese Erfahrungen in einer jungen Demokratie auch waren, und so sehr sie tatsächlich an Stammtischen reproduziert wurden – die gängige Konnotation verdeckt etwas Wichtiges, dass sich nämlich auch jenseits dieser dumpfen geistigen Provinz an Stammtischen entwickelte, und das schon immer.

Es geht hier nicht um eine elegische Romantik, die früheren Literaten-Cafés oder Künstler-Treffs nachtrauert. Es geht um das Prinzip der Kommunikation, das Gescheiterwerden durch Bildung und das Wissen anderer – von denen man für die Anderen ja selbst einer ist. Das, was den Alltag der Szenen ausmachte, war die Vielfalt ihres Publikums. Dieses Modell ist auch den literarischen Vorbildern abgeschaut, dem romanischen Café, wo eine kreative und oft selbstbezogene Avantgarde sich traf. Den Bars in Berlin, wo sich wichtigtuerische Prominenz in eitlen Selbstbetrachtungen ergeht und intellektuelle Habitués dies schmunzelnd betrachten. Oder den Dichtertreffs wie der Brasileira am Chiado in Lissabon, den Versammlungsstätten für Politiker und ihrer Entourage.

Der Begriff des Stammtisches findet sich denn auch in vielen Erinnerungen an die urbanen Kulturen. José Cardoso Pires zum Beispiel, der Literat und zeitweilige Direktor der Tageszeitung Diario de Lisboa beschreibt sie in seinen elegischen Erinnerungen: „Bis zum Tod des Salazarismus war der Rossio […] der Ort der literarischen und politischen Stammtische" (Pires 1997, S. 15).

Nun ist ein regressiver Strukturwandel der Öffentlichkeit zu beobachten – und dies auch im demokratischen Portugal und in Spanien, die bis in die 1970er-Jahre noch diktatorische Regime ertragen mussten. Ebenso wie in anderen Nationen, darunter Italien und Deutschland, wo immer noch der Nachhall der faschistischen Regime der 30er- und 40er-Jahren des letzten Jahrhunderts hörbar ist. Regressiv im politischen wie psychologischen Sinne, sich aus der Öffentlichkeit zurückziehend in Echokammern und Info-Blasen.

Denn es fehlt der Ort für den Meinungsaustausch, für öffnende Diskurse, kontroverse Diskussionen und hitzige Debatten. Der Journalist und Autor Milan Dubrović erinnert 1985 in seinen anekdotischen Erinnerungen an die „Wiener Salons und Literatencafés" des Cafés „Herrenhof" oder des „Café Museum", daran, dass „es neutrale Zonen gab, […]

ein Milieu der fließenden Übergänge, der existenziellen Mischformen und relativierenden Individualitäten, demnach ein besonders geeignetes Forum für das freie Gespräch, die impulsive Auseinandersetzung, die systematische Pflege von Querverbindungen zwischen politisch divergierenden Gruppen und Clans" (Dubrović 1985, hier zitiert nach der Taschenbuchausgabe 2001, S. 30).

Aber wie in der immer noch fasziniert gelesenen Abhandlung von Jürgen Habermas über den „Strukturwandel der Öffentlichkeit" (1961) fehlt auch dem zeitgenössischen Nachtrauern über den Verlust dieses intellektuellen Pluralismus etwas: der Blick auf die alltäglichen Stätten öffentlicher Kommunikation, auf die Eckkneipen im Hamburger Eimsbüttel, im Berliner Pankow, oder im Beisln in der Wattgasse des Wiener Vororts Hernals. Auch da wurde und wird politisiert, soziologisiert und Karten gespielt. Und das keineswegs in dumpfer Polit-Verdummung. Insofern ist auch die gelegentliche Verachtung für den Stammtisch unangebracht. Denn er beschreibt auch jene Bereiche, in denen sich in wechselnden Konstellationen immer ein paar Leute aus größeren Gruppen von Habitués trafen: Nachbarn und Gelegenheitsgäste, Kartenspieler und Politisierer, in eben jener geistig höchst inspirierenden Mischung, die das Gespräch aus allen erdenklichen und unerwarteten Denkwinkeln befeuert. Wenn es diese Stammtische nicht gegeben hätte, wäre manche politische Reform ausgeblieben. Und da es sie nun nicht mehr oder kaum noch gibt, fehlt die Kultur der öffentlichen Einrichtungen, an denen sich die – zum Beispiel in den Vorlesungen – erlebten Gedanken noch einmal in jede erdenkliche Richtung interpretieren lassen, um die Wissenschaft zu erden.

Durch den Verlust vieler öffentlicher Plätze für die Pflege geistiger Diversität verliert auch die differenzierte Kultur an Kraft und Einfluss. Ganz einfach, weil die räumlichen Voraussetzungen zu vielfältigen Betrachtungsweisen immer weniger werden und die für die Vermeidung „kognitiver Dissonanzen" immer mehr. So wird Wissenschaft immer weniger zum Ausgangspunkt von Diskursen, Diskussionen und Debatten, sondern in zunehmendem Maße zum Gegenstand von Diffamierungen und Diskreditierungen einerseits oder zur wohlfeilen Ware andererseits. Content und Convenience-Artikel werden vermittelt durch vermeintliche Expertinnen und Experten.

5
Geschäftsfeld Simplifizierung

Zusammenfassung Die im ersten und im zweiten Kapitel diagnostizierte dreifache Überforderung durch Probleme, wissenschaftliche Lösungsansätze und die Erfordernis steter Bildung führt zur Suche nach Vereinfachung. Die Unvorhersehbarkeit der Zukunft weckt ein Bedürfnis nach Beschwörung. Daraus resultieren lukrative Geschäftsfelder, deren Protagonisten in Abgrenzung zur „Komplexität" der Wissenschaften sich selber wissenschaftliche Legitimation aneignen.

Dieses Kapitel bietet eine Übersicht über die Strategien und Inhalte des Genres „lebenslanges Lernen", getragen von Experten, Ratgebern, Business-Gurus und Erfolgstrainern, New Public Intellectuals (wie sie hier genannt werden sollen), TV-Philosophen und anderen Wettbewerbern um diesen Markt der kompensatorischen „Simplifizierung". Und das seit Jahrzehnten, auch und insbesondere „für Führungskräfte". Wobei die Frage unbeantwortet bleibt, warum dieses Konzept bislang keine Wirkungen zeigt, obwohl es bereits seit vielen Jahren praktiziert wird. Das gilt auch für die unüberschaubare Szene der heftig miteinander konkurrierenden selbst ernannten „Trend"- und „Zukunftsforscher" und ihre wiederum ungezählten „Zukünfte".

5.1 Handreichungen für das lebenslange Lernen

Nicht nur die Korrekturmaßnahmen mangelnder Bildungserfolge durch nachschulische Weiterbildung mit dem Ziel eines Abschlusses, sondern auch das Prinzip der berufsbegleitenden Weiterbildung prägt die Bildungslandschaft. Der Begriff dafür ist (wie in Kap. 3 dokumentiert) mittlerweile alltagssprachlich verbreitet: lebenslanges Lernen.

Ein Grund ist die Dynamik der sich wechselseitig beeinflussenden Transformationen, durch deren Einflüsse die in der Ausbildung erlernten Kompetenzen mit rasch wachsender Geschwindigkeit veralten oder hinfällig werden. Die wissenschaftliche Forschung zu Fragen der beruflichen Tätigkeiten bietet kontinuierlich Ansätze zu Modifikationen und Optimierungen oder Modernisierungen von Prozessen. Auch auf diesem Gebiet gilt die in Kap. 3 gestellte Diagnose: Das Angebot ist reichhaltig und steht im Prinzip jedem zur Verfügung. Es wäre wieder weit mehr als ein Buch notwendig, um die Beschreibung der entsprechenden zahlreichen universitären, außeruniversitären und durch Wirtschaftsverbände oder andere privatrechtliche Angebote aufzulisten. Wichtiges Thema dieser auf die Zukunft gerichteten Orientierungen ist der Wandel der Arbeit. Viele der aus den großen Forschungsinstituten gelieferten Szenarien sind aus Sicht der im klassischen System geschulten Arbeitnehmer beunruhigend. Die Mahnung ist klar formuliert: Weiterbildung.

Auf dieser Grundlage bauen – neben den allgemeinen Angeboten von Volkshochschulen und sonstigen Einrichtungen der Erwachsenenbildung – wichtige intellektuelle Dienstleistungen auf. So zum Beispiel berufsbegleitende Zertifikatsprogramme und Masterstudiengänge für Fach- und Führungskräfte aller Berufsfelder an verschiedenen Universitäten mit Schwerpunkten wie Change-Management, Datenschutz, Gesundheitsmanagement, Human Resource Management, IT-Sicherheit oder Arbeitsorganisation der Zukunft. Das alles auf der Grundlage, wie es in der entsprechenden Initiative der Universität Hamburg heißt, „neuester Forschungsergebnisse und praxisorientierter Wissensvermittlung durch exzellente Lehrende der Universität […] und erfahrene Expertinnen und Experten aus der Praxis".

Ähnliche Angebote bieten zahlreiche weitere Universitäten an, wie etwa die Professional School der Leuphana Universität Lüneburg für Führungskräfte zu Themen wie Innovations- und Change-Management, Geschäftsmodellentwicklung oder Selbstmanagement. Zudem Kontaktstudien und offene Bildungsprogramme für die unterschiedlichsten Tätigkeitsfelder wirtschaftlicher Natur wie Diversity Management, IT-Sicherheit, Integration künstlicher Intelligenz und Personalfragen.

Oder die Hochschule der Bayerischen Wirtschaft (HDBW), eine private, staatlich anerkannte Hochschule für angewandte Wissenschaften auf dem Campus in München-Riem. In einem dreistufigen, berufsbegleitenden Zertifikatsprogramm erwerben Teilnehmende theoretisches Fachwissen und praktische Kompetenzen. Jedes einzelne Modul wird mit einem HDBW-Hochschulzertifikat abgeschlossen. Alles, was notwendig ist, um eine lebendige Innovationskultur der bundesrepublikanischen Wirtschaft zu sichern.

Und nicht nur das: Auch was soziale Berufe angeht – Pflege, Kinderbetreuung und dergleichen – bieten professionelle Institutionen Weiterbildungen und Umschulungsmöglichkeiten an. Nahezu an jedem Ort und mit der Möglichkeit flexibler Zeiteinteilungen. In der Regel sind auch Fernstudiengänge möglich. Ähnliche Angebote gibt es von Privat-Universitäten, Unternehmensberatungen oder sachkundigen und akkreditierten Institutionen. Dazu gehören berufsständische Akademien wie nur zum Beispiel die Deutsche Hotel-Akademie und das Institut für Berufliche Bildung, das nach eigenen Worten „einer der größten und erfolgreichsten privaten Bildungsanbieter Deutschlands" ist.

Der Bedarf ist offensichtlich groß.

Und wo es einen großen Bedarf gibt, etabliert sich ein Markt. Und wo ein Markt sich etabliert – ein Geschäftsfeld im wahren Sinn des Wortes – finden sich auch „fliegende Händler" ein. Vor allem das Thema der Selbstoptimierung treibt vielfältige und mitunter seltsame Blüten. Das heißt nun nicht unbedingt, dass Scharlatane ihr Wesen treiben, wenngleich der Vorwurf von Kritikern oft benutzt wird. Um dieses ebenfalls mehr als reichhaltige Angebot von wissenschaftlich fundierten Vortragsaktivitäten zu unterscheiden, sollte der Begriff der Scharlatanerie allerdings klar definiert sein.

Dazu ein sehr kurzer Exkurs.

5.2 Scharlatanerie – analytischer Begriff oder Schimpfwort?

Da dieser Terminus oft und eigentlich zu Unrecht als Schimpfwort gilt, soll an dieser Stelle nur noch einmal an die kluge Analyse der Autorin Grete de Francesco aus dem Jahr 1936 erinnert werden. Dabei handelt es sich um eine Abhandlung, die unter dem Titel „Die Macht des Scharlatans" Praktiken analysiert, die sich in den hier skizzenhaft nachvollzogenen Prozessen beharrlich zu erhalten scheinen. Eine aussagekräftige Kurzfassung findet man in der Ciba-Zeitschrift vom September 1937, einem frühen Corporate Magazine (http://www.amuseum.de/medizin/CibaZeitung/sep36.htm; letzter Abruf dieser und aller weiteren Online-Quellen in diesem Kapitel:14.12.2024).

Eine „Diskussion konnte gar nicht aufkommen", schreibt de Francesco über die Praxis der Scharlatane, „da die tangierte Basis des Wissens und Handelns eines Scharlatans sich fachlicher Auseinandersetzung von vornherein entzieht. […] Und da die Praxis sich der Umhüllung mit Zauberschleiern, der Begleitung mit betörenden Akkorden eher gefügig zeigte, lenkten diese Vernebler des Bewußtseins von jeder Theorie ab, ja sie verhöhnten unter dem Beifall der Menge die theoretisch fundierte Wissenschaft."

Der Scharlatan eifere, so zitiert sie einen Zeitgenossen jener Jahre, „gegen die Professoren, die sich in uferlosen Disputen verlieren, anstatt zuzugreifen und zu helfen und in ihren Hörsälen wie in Festungen verschanzen, um mit der Realität, die sie über ihre Irrtümer belehren könnte, gar nicht zusammenzutreffen. Hier wendet sich ein menschlicher Typus gegen den andern: die Professoren, denen ihre Bequemlichkeit zu viel gilt und die die Mühen der Reisen scheuen, die weder Klima- noch Luftwechsel an sich selbst erlebt haben und nicht ahnen, wie verschieden auf der Welt die Sitten sind, wie traurige Begegnungen tun und wie einem zumute ist an jenen erfolglosen Tagen, an denen die Menge mit Fingern nach einem zeigt".

Alles das wurde begeistert aufgenommen. So zitiert de Francesco weiter einen Beitrag aus dem Oktober 1789. Da habe der prominente Weimarer Arzt und Publizist Hufeland im „Journal des Luxus und der

Moden", gegründet 1786 vom Weimarer Verleger Bertuch, geschrieben: „Wir leben in den Zeiten der Popularität, und selbst die ernsthaftesten Wissenschaften haben jetzt so gut ihre pedantische Mine ablegen und sich in ein gefälliges Modegewand kleiden gelernt. […] Sie haben sich wirklich unentbehrlich gemacht und wo ist noch ein Zirkel von gutem Ton, in dem man nicht von Elementar-Feuer, Magnetismus, Elektrizität, den Ursachen der Dinge, ja von den abstraktesten Gegenständen der Metaphysik, mit einer Leichtigkeit und einem Interesse sprechen hört, die in Erstaunen setzen. Die Medizin war eine der ersten, die die Ehre hatte in Cours zu kommen."

Grete de Francescos Analyse kann als dauerhafte Referenz genutzt werden, weil sie das oft als Schimpfwort benutzte Wort der Sozialpsychologie als Zugang zu analytischer Unterscheidung eröffnet hat und das nicht nur für „zauberhafte medizinische Mittelchen". Dieser Rückgriff auf eine Analyse der späten 1930er-Jahre zeigt, dass es sich um eine keineswegs neue Form der Vermarktung von vorgeblichen Bildungsgütern handelt. Darüber hinaus wird in ihrer Analyse auch klar, dass Scharlatanerie ihren Adepten nichts aufzwingt.

Es gilt gerade das Gegenteil: Der Erfolg beruht auf der Freiwilligkeit der Akzeptanz.

Zum Bespiel durch den Kauf von Büchern, den Besuch von Vorträgen, die unrecherchierte Verbreitung von dubiosen Thesen in vielen Medien – und einer sprachlich oft mitunter entgleisenden Auseinandersetzung. Dies wird in den nächsten beiden Kapiteln noch eingehender dargelegt. Nicht nur Kritiker nutzen den Begriff der Scharlatanerie, mitunter dient er auch innerhalb der Szene als Distinktionsmerkmal der eigenen Angebote gegenüber denen der Konkurrenz.

Deshalb ist es wichtig, derartige Begriffe sorgsam zu definieren, weil die Diskussion über das Experten- und Ratgeber-Genre gelegentlich auch bei der Kritik in einen unangemessenen Sprachgebrauch abdriftet. Dies ist deshalb nicht angemessen, weil *Polemik* an die Stelle von *Analyse* gesetzt wird. Auch dann, wenn diese Polemik in einer meinungsführenden Zeitung erscheint, wie in diesem Fall im Schweizerischen Tagesanzeiger. Da schreibt Andreas Tobler am 11.November 2018: „Im Schlafzimmer auf den Nachttischchen, im Pendelverkehr, unterm Weihnachtsbaum – sie sind überall, niemand entkommt ihnen. Die Rede ist von Bestsellern, die uns den Durchblick versprechen, aber fast immer klüger tun als sie sind, letztlich also nur unsere Zeit verschwenden. Es sind sogenannte Klugscheißer-Bücher. Geschrieben werden sie im Akkord von Autoren wie dem hiesigen Unternehmer Rolf Dobelli, dem gebürtigen Schweizer Alain de Botton oder dem deutschen Philosophen Richard David Precht. Unter die Besserwisser eingereiht hat sich auch der israelische Historiker Yuval Noah Harari, der nach seiner ‚Kurzen Geschichte der Menschheit' die falsche Abzweigung nahm" (https://www.tagesanzeiger.ch/die-klugsc heisser-864226835835).

Ob der Brandenburgische CDU-Fraktionschef Redmann Richard David Precht zu Recht als „Klugscheißer" bezeichnete, nachdem der den Vorschlag gemacht hatte, aus seinem Bundesland einen großen Nationalpark nach Vorbild der Serengeti zu machen, und Franz Joseph Wagner in seiner Kolumne in der Bildzeitung diesen Begriff aufnahm, als Precht ein soziales Pflichtjahr für Rentner vorschlug, ist eine Frage des Stils und des zivilisatorischen Umgangs auch in Kontroversen (https://www.maz-online.de/brandenburg/kritik-an-brandenburg-spott-von-philosoph-richard-david-precht-J5MCUZZJFWZGRDDGKOIYL7SXQA.html und https://www.bild.de/news/standards/franz-josef-wagner/post-von-wagner-21461634.bild.html).

Wo Fakten-Checks und analytische Überprüfungen von Behauptungen notwendig wären, verliert man sich also auch auf der anderen Seite gelegentlich in Polemik. Angemessener wäre es, eine wissenschaftlich begründete Antwort auf die Frage zu finden, warum diese Art von Literatur, begleitet von einem regen Vortragswesen, von Workshops, Seminaren und Webinaren, von Podcasts und Videos, so erfolgreich ist, und ob der Begriff der Scharlatanerie, so wie de Francesco ihn definiert, eine passende Qualifizierung bietet.

5.3 Experten (und Expertinnen) für eh alles

Diese Analyse ist deshalb angebracht, weil seit Dale Carnegies 1948 veröffentlichtem Weltbestseller „Sorge Dich nicht, lebe", die Kette gleichartiger Titel nicht mehr abreißt. Die Frage ist, warum man sie, wenn sie denn alle Erfolge durch Befolgung nahelegen, überhaupt noch braucht und warum es nun, nach fast einem Dreivierteljahrhundert einschlägiger

Traktate, nicht endlich mal allen, denen Besserung versprochen wurde, tatsächlich besser geht. Es muss wohl an ihnen selbst liegen, wenn sie die Ratschläge nicht befolgen? Interessanterweise dominiert hier plötzlich ein Motiv, das in der oft heftigen Kritik am akkreditierten Bildungs-System selten bis nie formuliert wird: die individuelle Verantwortung. Dieser weitere Widerspruch ist der Grund für die nun folgenden, doch etwas ausführlicher in den Blick genommenen Initiativen der Selbst-Optimierung. Ein Geschäftsfeld, in dem der Begriff des „Lernens" zentral ist vor allem „Lernen von …"

Nun also sind es „Experten". Zweifellos erfordert das Chaos (oder besser: die Komplexität) als Folge der sich wechselseitig aufschaukelnden Transformationen Erklärungen, Lösungsmöglichkeiten, kurz-, mittel- und langfristige Perspektiven und entsprechende Expertisen. Allerding ist das Feld derartiger intellektueller Hilfestellungen ebenfalls so unübersichtlich geworden, dass sich aus dem entsprechenden „Expertentum" schon fast ein kabarettistisches Libretto entwickeln ließe. Das Problem entsteht aus der Schwierigkeit der Unterscheidung von Fachkompetenz und Anmaßung. Wie auch immer: Offensichtlich wird dem Experten oder der Expertin publizistisch breiter Raum gewährt. Zum Beispiel tauchen bei jeder politischen Krise und bei jedem öffentlichen Ereignis einschlägige Expertinnen und Experten auf. Der politischen Situation angemessen, wurden in den letzten beiden Jahren zahllose Putin-Experten, Kreml-Experten und ähnliche Spezialisten bemüht, nachdem anfangs gehäuft Militär-Experten mit vielfältigen Mutmaßungen auftraten.

Angefangen hat es schon viel früher: So zum Beispiel mit Hundertschaften von Corona-Experten oder mit Experten bei sportlichen Großereignissen, denen oft statt einschlägiger Kompetenzen „Expertise" bescheinigt wurde. Dann heißt es einführend: „Experte erklärt …". Schließlich erklären Finanz-Experten, wie man Schulden vermeidet (weniger ausgeben als man einnimmt!). Und Börsen-Experten zeigen unzählige Wege auf, wie man die Seriosität von selbst ernannten Finfluencern in den sozialen Medien erkennt – also im Grunde ein Experten-Experte. Es finden sich Lawinen-Experten, Baumpflege-Experten und Lieferketten-Experten, die die weltwirtschaftliche Gesamtlage erörtern. Und zwar nachdem dies zuvor bereits von Globalisierungs- und China-Experten beschrieben wurde. Und nach dem Hinscheiden der britischen

Queen und der folgenden Inthronisation ihres Sohnes setzten Royal-Experten die Allgemeinheit über die Familie der Windsors ins Bild, mit Material für mindestens zwölf Staffeln einer Serie.

Weiter geht es mit vielen anderen Experten für Gesundheit, Fitness, Feng-Shui und sonstige asiatische Praktiken, ebenso für Karrieren, Resilienz und Schönheit, Aging und Anti-Aging. Aber auch Klima und Weltpolitik, IT und Zukunft der Arbeit. Gescheiterte leiten ihre (wie es ebenso anspruchsvoll wie falsch heißt) „Expertise" aus dem Scheitern ab, und je häufiger sie gescheitert sind, desto glaubwürdiger vermitteln sie die Botschaft des Erfolgs danach.

5.4 Desorientierte Führungskräfte?

Eine Berufsgruppe ist besonders im Blickfeld dieser Art von Bildungsangeboten: (zahlungskräftige) Führungskräfte. Ihnen unterbreitet eine Unzahl von Expertinnen und Experten mit „Expertise" auf diesem Gebiet das Versprechen, man könne von ihrer in der Regel wirtschaftsfremden Erfahrung lernen. Das Motiv „Lernen von …" resultiert aus der wechselseitigen Anreicherung von Kompetenzen. Allerdings ist dieser Enthusiasmus für herausragende Leistungen artfremder Tätigkeiten einseitig elitär: Spitzenmanager lauschen z. B. Spitzensportlern, die für ein Honorar in der Höhe des dreifachen Monatseinkommens eines Facharbeiters eine Dreiviertelstunde lang Tipps zum Überleben im Dschungel der Wirtschaft geben oder exklusive Exkursionen in unzugängliche Regionen anbieten.

Immer wieder überbieten sich dieselben Personen gegenseitig mit Workshops für zahlungskräftige Kunden. In einem so lukrativen Geschäftsfeld bieten inzwischen sogar Medien wie die Süddeutsche Zeitung sogenannte „Wissensforen" an. Darin präsentieren sich neben Fachleuten zu diversen Themen auch eine Wettermoderatorin und Inhaberin einer Beratungsagentur, von der Manager charismatische Auftritte lernen sollen. Die „Dauerberaterin" Sabine Asgodom empfiehlt, „die königlichen Karten (des Pokerspiels, H.R.) fürs Leben zu ziehen." Eines ihrer Seminarthemen lautet dementsprechend: Vom Pokern lernen: „Royal Flush – so bekommen Sie das selbstbestimmte Leben, das zu Ihnen passt."

5 Geschäftsfeld Simplifizierung

Bei vielen Kompetenznachweisen erscheint es zwingend, sie durch akademische Aktivitäten zu ergänzen. Genannt werden Lehraufträge, die oft mit dem Begriff der „Dozentur" beschrieben werden und wissenschaftliche Qualifikationen konnotieren. Andere nennen Ehrungen und Auszeichnungen wie Top-Speaker, Fünf Sterne-Speaker oder Speaker Excellence-Mitglied. Andere sind sogar mit einem Preis ausgezeichnet, etwa dem Conga-Award, der von der Branche selbst erfunden wurde. „Erstmals wurde der Preis Anfang Februar 2007 in Hamburg verliehen. In zehn Kategorien wurden die jeweils zehn Besten aus der Tagungs- und Kongress-Szene geehrt. Darunter waren ebenso Tagungshotels und Kongresszentren wie auch Veranstaltungsagenturen, Moderatoren und Referenten. Unter Letzteren finden sich viele der üblichen Prominenten: Referenten wie Melanie von Graeve, Jörg Löhr, Dr. Marco von Münchhausen und Klaus Kobjoll sowie Top-Moderatoren wie Sabine Asgodom und Dr. Eckart von Hirschhausen. Initiatoren der Preisverleihung sind die Vereinigung Deutscher Veranstaltungsorganisatoren e. V., die Seminar- und Tagungsbörse STB, die Referentenagentur Speakers' Excellence sowie die Projektagentur e-factor."

Auch das hat eine lange, oft verwunderliche Geschichte. Verwunderlich deshalb, weil der Subtext dieses Bildungsweges letztlich nichts anderes sagt, als dass die Teilnehmenden der Seminare und Exkursionen, der Übungen und Vorträge, der Workshops und Personal Trainings, der Kurzzeit-Coachings und Eintages-Seminare, Zehntausender von Traktaten und Ratgebern nicht in der Lage sind, ihren Beruf optimal auszuüben oder mit den Herausforderungen des Alltags fertig zu werden. Diese Geschichte ist zum Beispiel in meinem Buch „Zurück zur Vernunft" bereits vor mehr als 20 Jahren (Rust 2002) ausgiebig beschrieben. Bei genauer Betrachtung der Historie dieses Gewerbes erhärtet sich die Diagnose, dass mitunter ein – wie es amerikanische Kritiker nannten – „Humbug" nur durch einen anderen ersetzt wird – durch ins Businessfach übersetzte Kalendersprüche und Bauernregeln oder Beschwörungsrituale, „Tschacka"-Rufe, Selbstbewusstseinsübungen und „Klassiker" der gesamten Philosophiegeschichte wie Erfolg durch Zen; Erfolg durch Tao; Sokrates für Manager; Mit Goethe zum Gewinn oder Mit Platon zum Profit. Groß in Mode waren auch Shakespeare sowie Jesus als Manager. Letzterer gleich drei Mal in Buchform. Man stößt auf Seneca, den Heiligen Benedict und unzählige Größen der Philosophiegeschichte, was eigentlich logisch dann zur Entdeckung des Richard David Precht „für Führungskräfte" endet. Empfohlen wird er durch Patrick Fritz, nach eigener Aussage „der führende Spezialist für Führungskräfte-Austausch und herzlicher Gastgeber der Führungskreise". Er ist zudem „Brückenbauer, Visionär, Ideengeber, Zuhörer und Motivator" und – „Dozent an diversen Hochschulen." Seine Leidenschaft seien die Bedürfnisse von Führungskräften. Er sei durch Empfehlung auf Richard David Precht und seinen Bestseller „Wer bin ich und wenn ja, wie viele?" gestoßen. „Ein gutes Buch erkenne ich im Nachhinein durch eine Vielzahl an Eselsohren. Die wichtigsten Richard David Precht Zitate für Führungskräfte fasse ich in diesem FRITZ Tipp zusammen" (https://www.fritz.tips/david-richard-precht-zitate-fuer-fuehrungskraefte).

Die Startseiten der Computer sind ebenfalls voll von Experten, die mit unvollendeten Halbsätzen und oft bedrohlich schlecht gelaunter Mimik den Betreibern der Websites Click-Zahlen generieren sollen. Mittlerweile gibt es gar eigene Lehrgänge – mit Zertifikaten, weil auch auf diesem Gebiet Wettbewerb herrscht. Der USP resultiert aus der Politur des Titels, z. B. als Top-Experte. Die wiederum werden in einschlägigen Medien gerankt, woraus dann das Qualitätsmerkmal „prämierter Top-Experte" resultiert. Oder sogar „Spitzen-Experte".

Das war allerdings ein Fehltreffer.

Der war nämlich tatsächlich ein Fachmann für Klöppelware und erklärte, „was bei Wäschespitze Trend ist".

5.5 Das Rundum-Programm für jede Herausforderung

Damit zurück zur Analyse des Konzepts, denn das Feld erweitert sich stetig. Offensichtlich bietet es genug, um eine unglaubliche Schar von – wie soll man sie zivilisiert nennen? Besserwisser? – zur Idee zu verleiten, Führungskräften zu helfen, ihren Job besser zu machen. Und so fluten weiterhin (vorgebliche) Bestseller im besten Marketing-Jargon die Führungsetagen von Konzernen mit Angeboten, die man in einem fingierten Klappentext (aus originalen Texten dieser Art kompiliert) so zusammenfassen könnte: „Sie werden sich selbst nicht wiedererkennen. Der wirklich ultimativste Top-Ratgeber für absoluten Spitzenerfolg. Und nicht nur das, sondern auch Glück, Charisma, Schlagfertigkeit und Sieg auf allen Linien". Was versprechen sie konkret? Hier ein paar Auszüge aus diversen Klappentexten: Enorme Selbstdisziplin entwickeln, neue Gewohnheiten aufbauen. Speed-Reading lernen und mit Biohacking Körper und Geist optimieren. Das 4-in-1-Komplettpaket für Ihr neues, besseres Ich – erreichen Sie alles, was Sie sich vornehmen! Erfolg ist, seine Ziele zu erreichen. Körpersprache und Wirkungskompetenz. Persönlichkeit begeistert. Das neue Leistungsglück. Souveränes Auftreten. Der Königsweg zum Energie-Millionär. Fit statt fertig – mit wenig viel erreichen. Mit Ideen zum Erfolg. Lebenslange Höchstleistung Einfach exzellent mit Einstellungsänderung. Entscheide selbst, wie alt du bist. Mit Persönlichkeit zum Lebenserfolg.

Fortsetzung unvermeidlich.

Die Zahl nimmt mit jedem Tag zu, an dem Führungskräfte an ihrer Aufgabe offensichtlich verzweifeln, in diesem komplizierten Geflecht aus kumulativen Transformationen und ihrer unerwarteten Wirkungen. Von Wissenschaftlerinnen und Wissenschaftlern unterschiedlicher Disziplinen auf mathematischer, systemtheoretischer und soziologischer Grundlage wird dies auch „Emergenzeffekt" genannt. Dabei handelt es sich um oft gleichzeitig destruktive, modifizierende und konstruktive Konsequenzen als Folge ein und derselben Entscheidung. Das ist mehr als kompliziert. Es ist, wieder wissenschaftlich ausgedrückt: komplex. Und so werden laut eines weiteren Versprechens dieser Beratungsindustrie, „komplexe Sachverhalte einfach dargestellt". Da es nun zu kompliziert ist, darzulegen, was eigentlich ein „komplexer Sachverhalt" ist, wird die Erläuterung entweder durch den Kontrast zur Fachsprache (arrogant, elitär, soziologenchinesisch, akademisches Kauderwelsch, Elfenbeinturm, Ausdruck verkrusteter Strukturen) definiert, oder es wird fürsorglich, fast kindertagesstättenpädagogisch versprochen, dass man „uns mit auf eine Reise durch" undurchschaubare Fachgebiete nehmen wird. Dies können wahlweise akademische Rätselwelten der Psychologie und der Philosophie sein, der Hirnforschung oder Spezialgebiete undurchschaubarer Expertentümer. Formuliert in einer ganz eigenen Sprache, die in einer dekonstruktivistischen Analyse sicher ihre Bezugsgruppen-Logik offenbaren würde, in einem Jargon, der in kritischen Bestsellern (und auch dafür gibt es einen Markt) schon als „Business-Bullshit" entlarvt wurde (Duden-Sachbuch aus dem Jahr 2021) und zuvor (2019) von Łukasz Sułkowski, einem polnischen Wirtschaftsprofessor. Sie alle basieren letztlich auf dem Buch von Harry Frankfurt: „On Bullshit", 2005 in der Princeton University Press erschienen.

5.6 Endlose Laufzeit des Theaterstücks: „Lernen von ..."

„The term bullshit is a profane word and first entered the language of social sciences thanks to Princeton philosopher Harry Frankfurt" schreibt Sułkowski einleitend in einem Essay. „Frankfurt wrote papers on the subject, and also a book entitled On Bullshit, analysing the meaning and growing social impact of this type of rhetoric and social action. According to Frankfurt, ‚bullshit' is a stronger expression of ‚humbug', which he describes in his book as ‚deceptive misrepresentation', short of lying especially by pretentious word or deed, of somebody's own thoughts, feelings, or attitudes. [...] Rapidly spreading ‚infective narratives' colonise the communications space, based on crowdsourcing. These social activities frequently lack the characteristics of the ‚wisdom of the crowd', instead having those of the ‚stupidity of the crowd'" (https://www.researchgate.net/publication/332388650_On_bullshit_management_-_the_critical_management_studies_perspective).

Warum das verfängt? Dahinter findet sich eine lange Geschichte der Suche nach Optimierung durch eine Klientel, die mehrheitlich in der formalistischen Tradition neoklassischer Wirtschaftswissenschaften ausgebildet worden ist und die sich nun einer für sie fremden Herausforderung durch die unleugbaren Einflüsse nichtwirtschaftlicher Kontexte ausgesetzt sehen. Mehr als hundert Jahre übrigens, nachdem Alois Schumpeter diese Diagnose zog: „Niemals ist eine Tatsache bis in ihre letzten Gründe ausschließlich oder ‚rein' wirtschaftlich, stets gibt es noch andere – und oft wichtigere – Seiten daran." Diesen Lehrsatz zu finden ist ganz einfach, vorausgesetzt, das Studium bietet die Möglichkeit, sich mit den Klassikern auseinanderzusetzen. Er wird gleich zu Beginn von

Schumpeters Hauptwerk „Theorie der Wirtschaftlichen Entwicklung" formuliert, das 1911 bei Duncker & Humblot in Berlin erschien.

Eine gewisse Flexibilität wäre also erforderlich, dazu ganzheitliches Denken, das über die berechenbaren Routinen hinausgeht. Aber Ablaufdiagramme, Algorithmen, Scores und Systeme dominieren die Fantasie und die Praxis. Management ist für diese Art Exekutive die kennzahldominierte Manipulation der Wirklichkeit nach der Philosophie des neoklassischen „Modellplatonismus" (dazu Abschn. 8.7). Praxis, das ist Zukunft auf drei Stellen hinter dem Komma, das ist System, das sind Ablaufdiagramme, das ist Teufelsaustreibung, und der Teufel ist die Individualität des Kunden, den man den „sprunghaften" nennt. Dieser Exorzismus versucht dem Problem der wandelnden Marktbedingungen mit Regeln und Rezepten auf die Spur zu kommen. Wie auf einer Bühne werden Begriffe herumgereicht, wie in einem absurden Theaterstück. Hier eine sehr kleine Auswahl: Management by objectives, Reengineering Management by delegation, Downside risk, Upside Potential, Outsourcing, Insourcing, Diversification, Core Competence, Human Resource Management, ChangeManagement, Lean Management und so weiter. Wie auf einer Bühne.

5.7 Immanente Widersprüche der Guru-Weisheiten

Wie auf einer Bühne? In der Tat, das Ganze ist ja längst in Bühnenstücken verarbeitet worden. Zum Beispiel genial in „Top Dogs" von Urs Widmer. „Manager denken wie Manager, Feuerwehrleute wie Feuerwehrleute und Dichter wie Dichter. Bekanntlich prägt, nach einem oft zitierten Wort dessen, den heute keiner mehr zitiert, das gesellschaftliche sein das Bewusstsein. Und so waren viele unserer Gesprächspartner und Gesprächspartnerinnen zwar sensibel und differenziert, schlichtweg sympathisch: aber kaum einer und kaum eine taten jenen Schritt aus dem Denken der freien Marktwirtschaft hinaus, der sie instandgesetzt hätte, diese mit einem radikalen Blick von außen zu sehen" (zitiert nach Hesse, Müller 1997, S. 48/49).

Das interessanteste Phänomen an dieser ganzen Geschichte ist aber die geradezu groteske Verweigerung aus dem eigenen, im Grunde karikaturistischen Verhalten die einzig mögliche, gleichzeitig logische Konsequenz zu ziehen: Wo Hunderte, ja Tausende von Konzepten Erfolg versprechen, wo Hunderte von Fallstudien unterschiedlichster Art Erfolg dokumentierten, wo also ungezählte Prinzipien herrschen, die von Erfolg gekrönt waren, kann es nur die Schlussfolgerung geben, dass Erfolg das Resultat individuellen und unvergleichlichen Handelns war (und ist).

Erfolg war und ist immer die Fähigkeit, unspezifische Situationen auszuhalten und mit wacher Intelligenz die Chancen zu erkennen, die sich für die ganz individuelle Situation des jeweiligen Unternehmens zeigten. Das jedenfalls kommt heraus, wenn man die verfügbaren wissenschaftlichen Studien einer Sekundäranalyse unterzieht, um Gemeinsamkeiten und Unterschiede in den Befunden zu identifizieren. Dazu später inhaltlich noch mehr. Dies nur als generelles Ergebnis: Jeder Erfolg ist individuell, aber gereift durch Diskurse, Diskussionen und Debatten mit Personen, die ein wenig anders denken, die ein differenzierteres Blickfeld eröffnen, an Stammtischen der oben beschriebenen Art mit fließenden Übergangen der betriebs- oder brancheninternen Milieus. So ist es nach Vortragsabenden oft der Brauch, beim informellen Treffen an der Bar des Tagungshotels, wo strenge Regeln des Business-Alltags oft außer Kraft gesetzt werden.

Dort würde vielleicht dann doch die eben schon angedeutete Frage aufgeworfen: Wenn das Angebot all dieser Expertinnen und Experten, Trainer, Coaches und Ratgeber, Gurus, Business-Schamanen (ja auch die gibt es) und Berater halbwegs ernst genommen werden könnte, warum hat es dann im Laufe der Jahre und Jahrzehnte keine nachhaltigen Wirkungen erzeugt?

Und noch etwas irritiert.

Was bedeutet es zum Beispiel, wenn Orchester-Chefs (Dirigenten) Managern ihr Metier als Lernbeispiele andienen? Doch nicht etwa, dass alle Musiker ihre Individualität aufgeben und ihre Virtuosität in den Dienst der durch den Dirigenten vermittelten Werkinterpretation stellen? Oder umgekehrt, wenn ein berühmter Solist auftritt?

Nichts ist zu sagen gegen Austausch.

Aber dies ist kein Austausch, sondern ein eng auf instrumentelle Abläufe abgestimmtes Optimierungsprogramm, in denen Kreativität und

Einfallsreichtum routinisiert werden sollen und damit ihre von Zwecken und Ertragskalkülen freie Kraft behindert wird. Das ist ein weiterer dieser knirschenden Widersprüche, die sich allmählich zu einer seltsamen Pyramide aus unerklärlichen Modulen auftürmen. Zum Beispiel, warum Manager von Künstlern oder Sportlern lernen müssen oder wollen, nachdem der Sport und die Kunst ja in den letzten Jahren und Jahrzehnten vom Management gelernt hat – und zwar, sich zu verkaufen. So entstand auch ein Markt künstlerischer Aktivitäten nach den Regeln der neoklassischen Wirtschaftswissenschaften. Nun wird der Prozess umgekehrt: Protagonisten eines marktrationalen Kunstbetriebs reichen die Erfahrungen denen zurück, nach deren Vorbild sie sie gemacht haben.

Noch weniger erstaunlich ist es, dass die Gelehrten der pauschal sogenannten „Hirnforschung" sich in dieses Geschäftsfeld einreihen. Immerhin: Hier wäre das marktrationale Versprechen unmittelbarer Zugänge zum Kunden, vordergründig betrachtet, am ehesten einzulösen. Keine aufwändige Marktforschung mehr. Stattdessen der direkte Blick in die neurophysiologischen Abläufe im Inneren des Homo oeconomicus.

5.8 Homo oeconomicus mit Hirn

Popularisierte und auf schnelle Erfolge programmierte Hirnforschung wurde schnell ein Dauerbrenner. Der kurzen Abhandlung an dieser Stelle (Näheres zur wissenschaftlichen Einschätzung dann in Abschn 9.2) muss ein Hinweis vorangestellt werden: Elf renommierte deutsche Neurowissenschaftler warnten, als der Hype mit der Hirnforschung vor allem in der Form der „Neuro-Ökonomie" einsetzte, ineinem Manifest eindringlich vor der weiteren kommerziellen Ausbeutung ihrer Wissenschaft. Man wisse noch so gut wie nichts über das komplexe Zusammenspiel der Hirnregionen und der Milliarden Vernetzungen, der Big-Data-Organisation in den Köpfen der Kunden, wobei zusätzlich auf die soziokulturellen Einflüsse und Kontexte hingewiesen wurde. „Insbesondere wird eine vollständige Beschreibung des individuellen Gehirns und damit eine Vorhersage über das Verhalten einer bestimmten Person nur höchst eingeschränkt gelingen. Denn einzelne Gehirne organisieren sich aufgrund genetischer Unterschiede und nicht reproduzierbarer Prägungsvorgänge durch

Umwelteinflüsse selbst – und zwar auf sehr unterschiedliche Weise, individuellen Bedürfnissen und einem individuellen Wertesystem folgend" (Elger et al. 2004, S. 36). Damit haben Kritiker die öffentliche Aufgabe wahrgenommen, die Vorstellung der vorgeblich von der Hirnforschung inspirierten neuroökonomischen Gesetze zurechtzurücken.

Nun kann nicht jeder Vordenker wirkliche Fachkompetenzen besitzen. Schon deshalb nicht, weil man Vordenker ja nicht zwangsläufig durch Kompetenz wird, sondern mitunter auch dadurch, dass man in Talkshows oder durch Bestseller komplexe Sachverhalte so weit simplifiziert, dass sie mit den Vorstellungen des Alltagsverstandes übereinstimmen. Der Begriff Simplifizierung wurde übrigens in Form eines Anglizismus, der im Management gerade in Mode ist, durch einen deutschen Pfarrer und Karikaturist in die Ratgeberszene eingebracht. Es handelt sich um Werner Tiki Küstenmacher, der einen Beratungsdienst namens „Simplify Your Life" gründete. Eine Comic-Figur repräsentiert dabei das Hirn: ein lächelndes Science-Alien namens „Limbi". Das solle „uns ganz konkret zu einem limbifreundlichen Leben im Fluss mit uns selbst" führen. Aber auch die Medien ließen sich begeistern.

Die Frankfurter Allgemeine Sonntagszeitung berichtete schon 2007 auf einer ganzen Seite der Finanz-Sektion „Geld & mehr" über allerlei Tricks, die der Kopf anwende, um seinen Menschen beim Geldausgeben vor Depressionen zu bewahren. Die Wirtschaftszeitschrift impulse widmete der neuen Disziplin einen optimistischen Beitrag, in dem der Berater und Buchautor Hans-Georg Häusel erläuterte, wie „Chefs von der Neuroökonomie profitieren" könnten, und zu dem Schluss kommt, dass die Neuroökonomie „hochnützliche Erkenntnisse für Unternehmer zu Tage" fördere. Die Ergebnisse bewegen sich auf dem üblichen Niveau der Ratgeberliteratur. So solle man beispielsweise keine zu hohe Komplexität in der Werbung aufbauen, positiv kommunizieren und fair bleiben. Eine weitere Stufe führt dann endgültig in die instrumentalistische Pragmatik der Consulting-Literatur, die die jeweils „neuesten wissenschaftlichen" Moden zur Überarbeitung ihrer Geschäftsmodelle nutzt. Zu deren Vertretern zählt als einer der prominentesten und umtriebigsten Repräsentanten Clotaire Rapaille. „Wir haben", verspricht der Psychologe, der, so die Eigenwerbung, seit 30 Jahren Konzerne wie Nestlé oder GM bei der Vermarktung von Produkten berät, „einen Reptilienschalter entdeckt, auf den jede Frau in der Welt reagiert" (dazu: Rapaille 2006). Damit schließt sich der Kreis der wissenschaftstheoretischen Komplexitätsreduktion, um am Ende wieder beim Anfang, nämlich in spekulativen Mutmaßungen zu stranden. Dabei bleibt das Grundmodell immer gleich: die Auffassung von der strukturell identischen, biologisch fundierten Handlungslogik in hochkomplexen Entscheidungsprozessen, komplettiert mit dem bereits skizzierten und als im engen Bezugsrahmen der Rational-Choice-Theorie revolutionären Befund, dass der Homo oeconomicus tatsächlich auch Gefühle habe. Deren Intransparenz sei nun endlich offengelegt – zur werblichen Nutzung bereit.

Das geht nun schon mehr als 15 Jahre so und löste eine Welle von Beratungs-Dienstleistungen auf der Grundlage der „Chaosforschung" ab, die vor allem damals die seltsame Metapher ins Zentrum ihrer Beratungen stellte, dass der Flügelschlag eines Schmetterlings Finanzkrisen auslösen könne, oder so ähnlich. Bislang hat die Hirnforschung als Beratungsthema überlebt, wenngleich die künstliche Intelligenz merklich an Gewicht zunimmt.

Eine nächste Generation rückt nun nach und erhebt ihrerseits Kompetenzansprüche auf beide Felder: Hirnforschung und künstliche Intelligenz. Doch was ist der Unterschied, was die Gemeinsamkeit von menschlichem Gehirn und künstlicher Intelligenz? „Dr. Henning Beck beantwortet diese Frage in seinem Interview und wirft einen Blick hinter die Kulissen des wohl komplexesten Organs unseres Körpers", so die Werbung.

Beck, so liest man, publiziere regelmäßig in der Wirtschaftswoche und im GEO-Magazin. Mit seinen populären Büchern ermögliche er einen verständlichen Zugang zur Welt der Hirnforschung; seine Vorträge machten ihn 2012 zum Deutschen Meister im Science Slam. Oder Leon Windscheid, Gewinner bei „Wer wird Millionär", Doktor der Psychologie, sowie (nach eigener Aussage) Buchautor, Partyboot-Besitzer, Eventplaner und neuerdings Comedian. Als Speaker in Unternehmen, Universitäten oder auf Events mache er Psychologie erlebbar und verbinde dabei die „neusten Erkenntnisse aus Psychologie und Hirnforschung mit dem Alltag".

So gelinge ein Spagat zwischen Unterhaltung, Wissenschaft und Aha-Momenten. Spannend und mitreißend verbinde er die neuesten Einsichten aus dem Hirnscanner mit Arbeitspsychologie, Personalauswahl und digitaler Führung. Themen? So ziemlich alles: Frauen in Führungspositionen, autonomes Fahren, Ötzi, bedingungsloses Grundeinkommen, Deep Learning und mehr. In seiner Keynote „Zurück im Hirn" zeige Windscheid einen überraschenden Weg aus dem Hamsterrad im Kopf.

Die enzyklopädische Universalität verwirrt erneut. Denn kaum jemand überschaut auch nur eines dieser wissenschaftlichen Fachgebiete – was vor allem für die sich weltweit dynamisch verändernden „Life Sciences" gilt, auf die diese Branche besonders abhebt und damit einem anderen Geschäftsfeld heftige Konkurrenz bereitet, deren Benennung allmählich ein wenig altbacken wirkt: Trend- und Zukunftsforschung.

5.9 Und die Zukunft – wieder einmal

Eigentlich ist diese Sparte nur ein zeitweilig wiederbelebtes Tätigkeitsgebiet internationaler intellektueller und industrieller Forschungsbemühungen und Politikberatung der 1950er- bis 1970er-Jahre. Die hat allerdings zu keinem nachhaltigen Erfolg geführt. Es ist eine Geschichte der Desillusionierung. Dazu nur kurz einige Bemerkungen (ausführlicher wird der Prozess in einem Open Access-Essay des Autors abgehandelt: Rust 2020). Der durch seine Theorie vom Wandel der industriellen zur nachindustriellen Gesellschaft (1973 veröffentlicht) weltbekannte Soziologe Daniel Bell hatte bereits 1963 im einflussreichen Essay „Douze modes de prévision en science sociale. Enumeration préliminaire" die Idee einer solchen Zukunftsforschung umrissen, als Fortschreibung des 1954 vom Wohlfahrtsökonomen Bertrand de Jouvenel entworfenen „Projet futuribles". Diese Initiative war eine Kooperation der Ford Foundation und der Fondation pour l'étude des relations internationales en Suisse (F.E.R.I.S.), eine Art Konföderation internationaler Geistesgrößen.

Es war der Versuch, durch die pluralistische Nutzung der unterschiedlichsten Disziplinen jene 1959 in einem weltberühmten Vortrag des Physikers und Romanciers Charles Percy Snow angemahnte „Third Culture" zu realisieren – was nichts anderes hieß, als die Grenzen der disziplinären Arroganz zu überwinden, die eine technokratisch-ingenieursgetriebene Wissenschaftskultur und die eher hermeneutisch-geisteswissenschaftlichen Weltdeutungen (bzw. ihre Protagonisten) voneinander trennten. Snow führte diese Gedanken erstmals in einem Vortrag aus, den die britische Financial Times 50 Jahre später, im Mai

2009, zu einem der wichtigsten Vorträge des vergangenen Jahrhunderts zählte: „The Two Cultures and the Scientific Revolution" (https://sciencepolicy.colorado.edu/students/envs_5110/snow_1959.pdf).

Mit einer solchen Grenzüberschreitung sollten die sichtlichen Defizite der bisherigen Zukunftsforschung kompensiert werden. So zum Beispiel das Scheitern der mathematisch minutiösen Berechnungen des Instituts von Hermann Kahn in den 1950er-Jahren oder die zwar luziden aber praktisch kaum umsetzbaren Ideen einer Futurologie Flechtheims in den 1970ern.

Mit dem Ende dieser Siebziger Jahre verflog der Optimismus, was die Initiativen prognostischer Wissenschaften angeht. Der Desillusionierung folgte eine Phase der zugespitzten Fachorientierung wie etwa der betriebswirtschaftlich inspirierte Ansatz der „Weak Signal Research" von Igor Ansoff (1976) zeigt.

Die Zeit der großen ganzheitlichen Entwürfe war vorbei.

1978 erschien ein von den Politikberatern Alain Minc und Simon Nora im Auftrag des französischen Staates formuliertes umfangreiches Gutachten, das sich mit der „Informatisierung der Gesellschaft" befasste (Nora und Minc 1978). Es ist ein sperriges, komplexes Werk mit einem ungeheuren Anhang, das interessanterweise dennoch großen öffentlichen Anklang fand und zum Bestseller avancierte. Seine Komplexität rührte vor allem daher, dass sich die Autoren mit allen denkbaren Konsequenzen der, wie sie es damals noch nannten, „Telematik" beschäftigten – den wirtschafts- und beschäftigungspolitischen, kulturellen und gesellschaftlichen Verflechtungen dieser technologischen Basis-Innovation. Die Diagnose: Trotz oder gerade wegen der Vielfalt an Informationen und sich wechselseitig beeinflussenden Faktoren seien konkrete Voraussagen des sich in seiner Komplexität unvorhersehbar entwickelnden Ganzen unmöglich.

5.10 Verkaufte Zukünfte

In diese Austastlücken stießen nun eine Reihe von eher feuilletonistischen Autorinnen und Autoren vor, allen voran, der Ende der Siebzigerjahre mit seinem Trendforschungsinstitut „Urban Research" gescheiterte Futurist John Naisbitt. In seinem Weltbestseller „Megatrends" definierte er 1982 das seitdem geltende Leitmotiv der Branche. Zehn grundlegende Entwicklungen wurden darin diskutiert, darunter auch Daniel Bells Prognose von der aufkommenden Dienstleistungsgesellschaft – allerdings ohne auf die jeweiligen Quellen zu verweisen. Diese Kompilation eigentlich längst bekannter gesellschaftlicher, kultureller und wirtschaftlicher Entwicklungen war, so Naisbitt und seine Co-Autorin Patricia Aburdene, definitiv darauf gerichtet, der Leserschaft ein Erlebnis der Wiedererkennung zu vermitteln. Es folgten, den marktrationalen Gesetzen folgend, weitere Bücher mit ähnlichen Inhalten. Sie alle waren weltweit extrem erfolgreich, wurden aber von Kritikern der Szene, zum Beispiel im Nachrichtenmagazin Time, als „Mega-Babble" charakterisiert (z. B. https://time.com/archive/6713887/books-millennial-megababble). Die Betreiberin einer New Yorker Werbeagentur, Faith Plotkin, übersetzte das alles in ein Beratungs-Tool für Marketing-Strategien und erfand ihrerseits eine Reihe von medienattraktiven Trends wie beispielsweise dem Cocooning. Sie legte sich das Pseudonym „Popcorn" zu, unter dem ihr jährlicher „Popcorn Report" erschien. Dieser „Content" wurde global jubelnd begrüßt und – wie man später sagte – Futter für die Medien, denen der Eindruck vermittelt wurde, dass diese Kopfgeburten das Ergebnis der Arbeit mit wissenschaftlichen Methoden seien.

Der kommerzielle Erfolg dieser Trend-Produktionen inspirierte nun eine Reihe von Nachahmern. In Deutschland waren dies allen voran der als Zeitgeist-Journalist erfolgreiche und kurzzeitige Chef des bald eingestellten Frankfurter Magazins „Pflasterstrand", Matthias Horx, sowie der Zeitschriften-Designer und spätere Professor für Editorial Design im Studiengang Kommunikationsdesign an der Folkwang Universität Essen, Peter Wippermann. Sie gründeten Mitte der 1990er-Jahre das Trend-Büro.

Heute, 30 Jahre später, ist der einschlägige Markt kaum noch zu übersehen. Eine Supermarktkette von Trendprodukten ist entstanden, voller Discount-Wissen. Trendbüro. Zukunftsinstitut. Zukunftsbüro. Trend-Institut. Futuremanagement Group. Future Matters. 2beahead. Trend One. Gerd Leonhard, der nach eigenen Worten weit über die konventionelle Zukunftsforschung hinausgeht und „Futurismus mit Humanismus, Algorithmen mit Androrithmen [sic], Wissenschaft mit Fantasie und Geschäfte mit Kunst" verbinde. Nick Sohnemann „… einer der führenden Experten Europas, im Bereich Zukunfts- und

Innovationsforschung". Erik Händeler, der sich „wissenschaftlich mit der Theorie der langen Konjunkturwellen nach Kondratieff" beschäftigt. Oder GIM Foresight, „wissenschaftlich fundiert, [...] in der Schnittfläche verschiedener Disziplinen (z. B. Marktforschung, Zukunftsforschung, Innovationsberatung), ohne Silo-Perspektive" agierend. Pero Micic, „der" Zukunftsmanager. Sven Gábor Jánszky, „Europas innovativster Zukunftsforscher und Gründer und Leiter des 2b ahead Thinktanks, dem größten unabhängigen europäischen Trendforschungsinstitut". Schließlich Eike Wenzels Institut namens ITZ (leicht zu verwechseln mit dem Institut von Rolf Kreibich IZT) an der Hochschule Heilbronn. Aus dieser Kooperation wird der Anspruch abgeleitet, eine völlig neue Art von „Studien" zu lancieren, als „erste akademische Institution", die sich mit dieser Art von Forschung beschäftige.

Man sieht: das Motiv des Anspruchs auf Wissenschaftlichkeit ist auch in diesem Geschäftsfeld verbreitet. Und das ist es, mehr nicht: ein Geschäftsfeld. Louis Bosshart, Leiter des Schweizer Gottlieb Duttweiler Instituts, betonte schon 1998 unverhohlen die kommerzielle Ausrichtung des Content-Providing. Etwas lerne man von den Amerikanern „auf harte Weise: Informationen haben einen Cash Value. Geht man unvorsichtig damit um, begibt man sich auf eine Ebene, wo man von jedermann kopiert werden kann. ... In den USA geht es einzig darum, ob man aus der Trendforschung ein Produkt machen kann, mit dem man Geld verdient. ... Das Entscheidende ist doch, Informationen aufzubereiten, so dass sie einen Käufer finden, der Nutzen daraus ziehen kann" (https://www.persoenlich.com/interview/bosshart-david-gottlieb-duttweiler-institut-dezember-1998).

Die beschriebene heftige Konkurrenzsituation zwingt nun alle, die sich auf diesem Gebiet profilieren, unablässig zu allem eine vorauseilende Meinung zu haben. Das ist ein wesentlicher Unterschied zu akademisch akkreditierten Soziologen und Philosophen, Wirtschaftswissenschaftlern und Forscherinnen und Forschern. Die können – meist als bestallte Akademiker oder wissenschaftliche Expertinnen und Experten in den Forschungseinrichtungen renommierter Verbände und anderer außeruniversitärer Einrichtungen – in relativer Ruhe und mithin von der Konkurrenz um öffentliche Aufmerksamkeit befreit, ein Spezialgebiet bearbeiten. Erst auf dieser Grundlage nachvollziehbarer Methoden und begründeter Interpretationen werden dann mögliche Entwicklungen zur Diskussion gestellt. Sogenannte Trendforscher und andere Medienintellektuelle sind hingegen dazu gezwungen, ständig irgendetwas zu prognostizieren, um die heftige Konkurrenz untereinander um Aufmerksamkeit, Begriffe, Aufträge, Vorträge, Artikel, und Slogans oder sonstige Vermarktungen zu bestehen. Die Ergebnisse sind meist triviale Beschreibungen der ohnehin bekannten Entwicklungen und Rezepte zur Erfolgsvorsorge in Unternehmen. Was zu einer Kernfrage führt: Wozu braucht man das alles, in einer Forschungs- und Wissenschaftslandschaft von der Differenziertheit, wie sie in Kap. 2 und (was die Bildungsforschung angeht) 3 skizziert wurde? Es fehlt nur die generelle Legitimation und der sogenannte USP in diesem erbitterten Konkurrenzkampf. Und die wird aus der Kritik jener eben angesprochenen herkömmlichen Wissenschaften konstruiert. Sie seien zu komplex, alarmistisch, negativ und praxisfern. Der Anspruch, diese Mängel zu beheben, verbindet sich mit einer impliziten, mitunter auch offensiven Diskreditierung der Wissenschaft.

6

Simplifizierung exemplifiziert: Horx

Zusammenfassung Offensive Zweifel an an der Wissenschaft durch selbstakkreditierte Trendforscher und ihre gleichzeitigen enzyklopädischn Ansprüche, selber Wissenschaft zu betreiben, werden am Beispiel des nach eigenen Worten führenden Vertreters dieser Branche, Matthias Horx, analysiert. Schon bei der Gründung des ersten Institus Mitte der 90er-Jahre wurde dieser Anspruch formuliert und seitdem unzählige Male wiederholt. Das Kapitel zeichnet noch einmal diese Entwicklung nach, auch die anfänglich mediale Kritik an Trendforschung als einer eher kabarettistischen Beigabe der Bildungsszene. Mit Beginn der 2010er-Jahre verebbte diese Kritik und Trendforscher, insbesondere wiederum Horx und sein Zukunftsinstitut, avancierten zu beliebten Content-Providern. Was kommt nun dabei raus, wenn man die Geschichte der Zukünfte durchgeht? Beispiele wie längst überholte Klima-Skepsis und soziologisch anfechtbare Gesellschaftsverträge mit einer seltsamen beruflichen Resteverwertung für Modernisierungverlierer, die Lösung aller Energiefragen und Weissagungen einer Friedensära, also die stete Beschwörung: Alles wird gut, vor allem, wenn es schlecht geht. Doch schließlich, 2024, auf einmal: „Omni"-Krise.

6.1 Diskreditierung von und Anspruch auf Wissenschaft

Die größeren Zusammenhänge sind bereits in meinem Buch „Zukunftsillusionen" und in verschiedenen anderen Publikationen in Fach- und Wirtschaftsmagazinen differenziert dargestellt. Um mühevolles Nachschlagen in früheren Werken zu vermeiden und die aktuellen Zuspitzungen der Ansprüche unter dem besonderen Aspekt der bildungsrepublikanisch verfassten Wissensgesellschaft zu dokumentieren, werden nun die wichtigsten Aspekte noch einmal zusammengefasst – insbesondere jene Strategie der Diskreditierung „herkömmlicher" Wissenschaft, verbunden mit dem Anspruch, eine epochale Alternative entwickelt zu haben. Sie begleitet diese Art von Forschung seit ihren ersten Anläufen in der Bundesrepublik. Vor allem ein Protagonist der Trend- und Zukunftsforschung setzt auf dieses Motiv: Matthias Horx. Das hindert den Kritiker, der nach einigen Semestern an der Universität Frankfurt ein Soziologiestudium abbrach, aber nicht daran, die statusfördernden Elemente dieses Systems selbst zu beanspruchen, sich als „studierter Soziologe" bezeichnen zu lassen und gar als Universalwissenschaftler zu gerieren (dazu u. a. https://www.horx.com/archive/2020-01-12-Kronen-Zeitung%2D %2DWas-bringt-die-Zukunft.pdf; letzter Abruf dieser und aller weiteren Online-Quellen in diesem Kapitel:14.12.2024).

Schon 1995 fragten die Gründer des „Trend-Büros", Horx und Wippermann, im programmatischen Pamphlet „Was ist Trendforschung?" Da wurden auf sieben Seiten die klassischen Disziplinen im besten Falle als Hilfsinstrumente einer vorgeblich neuen integrativen Königsdisziplin namens Trendforschung charakterisiert oder gleich als gescheiterte Versuche der Welterklärung diskreditiert. Allen voran oder präziser ausgedrückt: die Soziologie. Sie leide „unter dem ‚Komplexitätsschock'" und sei nur noch zur Beschreibung und nicht mehr zur Analyse des Wandels in der Lage.

Die nahe liegende Annahme, dies sei im Überschwang der Gründung einer nach amerikanischem Schnittmuster (insbesondere der amerikanischen Trend-Agentur von Faith („Popcorn") Plotkin) auf deutsche Verhältnisse transferierten Geschäftsidee formuliert, erweist sich als falsch.

Im Laufe der Jahre bekräftigt vor allem und wieder am lautesten nach seiner Trennung von Wippermann und der Gründung des „Zukunftsinstituts", Horx seinen Anspruch auf die Etablierung einer völlig neuen Wissenschaft.

Diese Legitimationsstrategie führt so weit, dass der nach eigenen Worten „renommierteste" Repräsentant der Szene 2014 und 2015 eine Kurzausbildung mit einem eigenen, akademisch klingenden und einem Zertifikat bestätigten Titel anbot: „Master of Future Administration". Der sei, so die damals ausführende Agentur Euroforum, ein Titel der ganz besonderen Art. „Er lässt aufhorchen, gerade weil er so ungewöhnlich ist, und gibt Ihnen einen entscheidenden Vorteil, immer wenn es in Ihrem Berufsleben um das Thema ‚Zukunft' geht. Wer würde sich nicht gerne Zukunftsexperte nennen?"

So wie die Trendforschung insgesamt ahmte dieses Angebot wieder amerikanische Praktiken nach – die der sogenannten „Degree Mills". Als Titel-Mühlen werden Einrichtungen bezeichnet, die gegen die Zahlung von Gebühren Urkunden verleihen, die wie anerkannte akademische Grade anmuten, aber nicht mit einer wissenschaftlichen Ausbildung fundiert sind (https://www.YouTube.com/watch?v=YyJ5wvG42oo).

Nach wenigen Durchgängen wurde das Format aufgelöst. Es gibt keinen MFA mehr. Die einschlägigen Websites des Euroforums sind nicht mehr online (http://www.euroforum.de/future/zurueck-in-die-zukunft-das-war-der-master-of-future-administration-2015). Der Erfinder selbst relativierte auf YouTube: Der MFA sei kein Titel, sondern eine humorvolle Auseinandersetzung mit der klassischen Wissenschaft. Auch dieser Link ist nur noch angemeldeten Usern zugänglich.

Dennoch finden sich im Internet auch zahlreiche Personen, meist aus der Szene der Optimierungs-Coaches, Trainerinnen, Strategieberater und Trendforscher, die ihre Kompetenz mit der Bezeichnung „Master of Future Administration" anreichern.

Diese Legitimation erfordert eine ihrerseits kritische Überprüfung – sowohl objektiv, also an den Normen wissenschaftlicher Arbeit gemessen, als auch subjektiv an den verlautbarten Zielen der Protagonisten selber ausgerichtet. Leider ist bislang keine empirische Studie durchgeführt worden, die sich mit vermuteten oder tatsächlichen Wirkungen beschäftigt hat. Vielleicht ist das am Ende, um es mit einem Buchtitel von Mario Llosa-Vargas zu beschreiben, nur „alles Boulevard" (Vargas Llosa 2013).

6.2 Persönliche Angriffe

Dieser These steht allerdings die vehemente Kritik am Establishment entgegen, die in meinungsführenden Medien geteilt wurde. ZDF online zitierte Horx 1997: „Als ich neulich in einer der unzähligen Diskussionen über die Zukunft Deutschlands (Klagen, Jammern und Beweinen als Staatsbürgerkunde) das Konzept einer *aufwärtsmobilen Bildungsgesellschaft* verteidigte, stand erst in der Ecke hinten links ein Herr mit Bart auf und stellte sich als Pädagoge vor". Derartige Figuren entstammten einer „toten Kultur aus Subventionen und verbeamtetem Rebellentum, Innovationsunfähigkeit und berufsständischem Gejammer" (Horx 1997, S. 127; kursiv H.R.). Veranstaltungen, auf denen derartige Personen auftauchen, „versacken blitzschnell in jenem ideologischen Debattieren, das alle zur Genüge kennen, die in studentischen Hörsaalveranstaltungen groß geworden sind". So „knurrte ein öffentlich-rechtlicher Rundfunkreporter" beim „Vertilgen" der Lachshäppchen nach der Pressekonferenz über Faith Popcorn, die wolle doch nur Geld machen (Horx 1997, S. 69). Wer die Globalisierung kritisiere, „wie die wackeren linken Globalisierungsalarmisten, schickt uns weiter in eine tiefe Krise hinein und zurück in eine politische Gemengelage, in der in Deutschland und anderswo immer schon der Terror wohnte" (Horx 1997, S. 247).

Diese Diskreditierung erweiterte nun konsequenterweise ihre Horizonte und erfasste die wissenschaftlichen Repräsentanten der angegriffenen Soziologie, vor allem die Kritiker der von den Trendforschern bejubelten Flexibilität wie etwa Richard Sennett. „Wenn wir an Richard Sennett denken, dann haben wir den Soziologen schlechthin vor Augen: sanfte Stimme, goldene Brille, das Timbre eines amerikanisch-europäischen Intellektuellen, der einem gewaltigen Entlastungsbedürfnis von uns selbstwert-gebeutelten Europäern entspricht" (https://www.welt.de/print-welt/article672800/Sehnsucht-nach-dem-Feudalismus.html). Dass Sennett sich über die gesellschaftlichen Konsequenzen spätkapitalistischer Wirtschaftsweise Gedanken macht und damit die Idee eines „Smart Capitalism" verwirft, resultiere, so der deutsche Trendforscher, aus traumatischen Kindheitserlebnissen.

Da keine empirischen Belege für eine derartige Diagnose einer Fern- und zudem noch Laien-Psychoanalyse vorgewiesen werden können, wird die Vermutung in eine Frage gekleidet: „Spiegelt sich darin womöglich Sennetts eigene Familiengeschichte, der Aufstieg vom Kind einer Sozialhilfeempfängerfamilie ins Mittelstandsmilieu, die damit verbunden Gefährdungen und Verletzungen?" Die Schlussfolgerung richtet sich wieder gegen die Soziologie generell, als deren revolutionärer Erneuerer sich Horx deklariert: „Als ich jung war, herrschte an den soziologischen Fakultäten der eherne Ton der ideologischen Zurichtung. Dann kam die wunderbare Zeit, in der die Identität einer ganzen Generation allein durch Dagegensein gesichert war. Heute könnte Soziologie, so träume ich, wieder echte Fragen stellen. Sie könnte die Neugier auf Zukunft zurückholen in unsere von ideologischen Regressionen geprägte Diskurswelt. Die gelungene Anstrengung der Emanzipation des Menschen weiterzeichnen … Gesellschaftliche Prozesse ausloten, Aufbrüche kartographieren … Ach, was sage ich. Könnte. Wenn sie nur wollte". Sennetts Arbeit erscheint als rührendes Sozialfeuilleton, „genauso schön und sonor geschrieben wie Ulrich Becks Sonaten zur Individualisierung".

Dieses Motiv bleibt durchgängig und wird ständig reproduziert. 2008 zum Beispiel, als man im Nachrichten-Magazin Focus eine Cover-Story mit einem Vorabdruck aus einem Buch vom „Zukunftsforscher" Matthias Horx über „Zukunftsoptimismus" eröffnete. Ergänzt wurde dies durch ein Interview mit Matthias Horx. Schließlich fügte man dann noch einen zwei Seiten umfassenden Essay hinzu, in dem Horx zu sich selber Stellung nahm. Das Konvolut wurde abgerundet durch ein paar anekdotische Belege über die von Horx auch an anderen Stellen sogenannten Panik-Propheten und apokalyptischen Spießer oder den „Meister Melancholiker Karl Otto Hondrich" (Professor für Soziologie an der Johann Wolfgang Goethe-Universität in Frankfurt am Main), über 1968er-Fundamentalisten, „schwarze" Pädagogik, perfide Egoisten, „Verwalter des Schreckens und ihren fanatischen Adepten", „sogenannten intellektuellen Zeitgenossen" und anderen Avataren aus dem Reich der vorgeblichen Nutznießer des medial inszenierten Alarmismus. Das alles stammte ebenfalls von Horx (http://www.focus.de/magazin/archiv/jahrgang_2008/ausgabe_289).

Die ganze Palette der schillernden Megatrend-Optimismen und der Absage an „linke" Bizarrerie setzte sich kontinuierlich fort, unter anderem mit dem Hinweis darauf, dass ja durch die Rodung des Regenwaldes Plantagen entstünden, die auch Biomasse seien und dergleichen mehr, in einem Interview mit dem Focus am 14.11.2013. Und wieder mit einem heftigen Seitenhieb auf die Wissenschaftler. „Wir geraten sofort in Detaildiskussionen mit Experten, die immer am längeren Hebel sitzen, weil sie einen bestimmten Alarm professionell verwalten. Dagegen muss man sich wehren. Mit dem Mut zu skeptischem Laientum. Die Komplexität der Welt lässt sich nicht auf ein Schwarz-Weiß-Muster reduzieren, was die Probleme niemals lösen wird" (https://www.focus.de/kultur/leben/bizarr-alarmistisch-modernes-leben_id_2093236.html).

6.3 Enzyklopädischer Anspruch

Fazit hier: Wissenschaft wird in Zweifel gezogen, um dann Wissenschaftlichkeit als Basis eigener Interessen in Anspruch zu nehmen und die wirksamste Konkurrenz zu neutralisieren, nämlich eine kritisch-rationale, hinterfragende Wissenschaft, die im Prinzip einen großen Wettbewerbsvorteil besitzt: Glaubwürdigkeit und das daraus potenziell resultierende Vertrauen. Dieser intellektuelle Wettbewerbsvorteil wird nun nicht nur durch Diskreditierung in Frage gestellt, sondern in zunehmendem Maße durch den Anspruch, eine neue Wissenschaft etabliert zu haben, die als interdisziplinäre Synthese verkauft wird und die Vertrauenskrise gegenüber einer komplexen Wissenschaft nutzt. „Matthias Horx' Lebensprojekt gilt der Weiterentwicklung der ‚Futurologie' der 60er- und 70er-Jahre zu einer Consulting-Disziplin für Unternehmen, Gesellschaft und Politik. Seine methodische Arbeit kreist um die Entwicklung einer neuen Synthese-Prognostik – einer Verbindung von System-, Sozial-, Kognitions- und Evolutionswissenschaften" (https://www.bvdak-kooperationsgipfel.de/rueckblick-2024/referenten-2024/matthias-horx/#:~:text=Matthias%20Horx%27%20Lebensprojekt%20 gilt%20der,%2D%2C%20Kognitions%2D%20und%20Evolutionswissenschaften).

Und wieder stellt sich die Frage, warum Medien und Institutionen derartige enzyklopädische Ansprüche in den biografischen Informationen zu Vorträgen des Trend-Erfinders kommentarlos abdrucken. So etwa im Bundesverband Deutscher Apothekenkooperationen 2004, wo Horx „Visionen eines neuen Gesundheitssystems" entwickelte. Oder als er sich über die Quantentheorie ausließ und eine „neue kopernikanische Wende" ausrief (Horx 2008). Oder in der Ankündigung eines Vortrags an der School of Business der Technischen Hochschule Augsburg, um nur ein weiteres der vielen Beispiele für die Reproduktion zu zitieren – das allerdings in diesem Hochschulkontext eher befremdlich wirkt (https://www.tha.de/Wirtschaft/Gastvortrag-Matthias-Horx.html). Ebenso wie ein Interview der Goethe-Universität Frankfurt, das schon in Abschn. 1.6 zitiert wurde, mit der Frage, was Horx „persönlich heutigen Schulabgängern empfehlen" würde: „Ein ‚Studium Generale' wäre immer das Beste. Ich habe nie so intensiv studiert wie heute; ich versuche Evolutionstheorie, Spieltheorie, Systemtheorie, Kulturanthropologie und noch *dreizehn andere Disziplinen* gleichzeitig zu verstehen und in Beziehung zu setzen. Es geht ja letzten Endes um das tiefere Verständnis von Wandel. Die Disziplin, die der Zukunftsforschung am nächsten kommt, ist die Philosophie. Ein Philosophiestudium kann nie schaden, auch wenn man dann Computerprogrammierer werden will" (https://aktuelles.uni-frankfurt.de/studium/goethe-uni-ein-gigantischer-ort-des-aufbruchs).

Und erneut im Nachrichtenmagazin Focus, wo noch zwei Disziplinen mehr geboten wurden: „Ich begreife Zukunftsforschung als universalistische Wissenschaft, in der sich Wirtschaftswissenschaft, Systemtheorie, Soziologie, Evolutionsbiologie und noch *15 andere Disziplinen* vereinen. All das hat seinen Platz und seine Berechtigung, denn die Zukunft hat viele Facetten" (https://www.focus.de/wissen/mensch/campus/der-klimawandel-wird-uebertrieben-zukunftsforschung_id_2263794.html).

Weitere Beispiele waren nachzulesen im Handelsblatt (http://www.handelsblatt.com/jahreswechsel/jahreswechsel-so-wird-2012/wir-kommen-in-ein-asiatisches-zeitalter/5994592.html) oder im Deutschlandfunk (http://www.dw-world.de/dw/article/0,,15554916,00.html).

In diesem Sinne formuliert sind auch die zahllosen Selbstbeschreibungen in kaum zählbaren Kolumnen, Interviews und Verlautbarungen auf mehreren persönlichen Internetportalen. Zum Beispiel diese: „In meiner Profession folge ich dem Geist des Konstruktivismus. Ich habe mich dem systemischen Denken verschrieben. Ich möchte im Möglichkeitsraum Zukunft das gestalterische Momentum nutzen." Und: „Seit über 25 Jahren entwickelt Matthias Horx […] mit seinem Unternehmen und seiner Familie das, was er den ganzheitlichen oder humanistischen Futurismus nennt. Inspiriert von den universalistischen Denkern kombiniert er Evolutionstheorie, Systemwissenschaften, kognitive Psychologie und Komplexitätstheorie für ein breiteres Verständnis der menschlichen Zukunft. Ziel ist es, den Futurismus aus der Enge des linearen Denkens zu befreien: Nicht Technik und Daten allein verändern die Welt, sondern auch menschliche Emotionen, soziale Verbindung und die Kraft der Empathie. Um ein besseres Morgen zu schaffen, müssen wir besser verstehen, wer wir sind – Zukunft ist eine Frage der ‚Mindsets' und der Selbsterkenntnis."

6.4 Was kommt nun dabei raus?

Um diese Frage zu beantworten, ist zunächst einmal ein Blick auf die Methode des Trendforscher angebracht, die in der neuesten Variation der multidisziplinären Annäherung an die Zukunft das Etikett „Regnose" trägt und von Horx selber als „neues Kultwort" geadelt wird. Was das sein soll? „In der Re-Gnose überprüfen wir unser Wissen über die Welt, unseren Frame, unser Fenster in die Zukunft. Wir erweitern es durch eine Technik, die man Mindwandering nennt. Eine Re-Gnose entsteht, wenn wir aus der Position des Zukunfts-Wanderers auf uns selbst reflexiv zurückblicken" (https://www.horx.com/die-klima-regnose).

Abgesehen davon, dass niemand weiß, wer dieses unablässig strapazierte *wir* eigentlich ist und dass Mindwandering etwas völlig anderes bedeutet – nämlich das Abschweifen von Gedanken ohne konkrete Absicht: Was sieht ein Seher denn so, wenn er in der Regnose mindwandert? Horx zum Beispiel sah (wie bereits erwähnt) im März 2020, als eine von keinem Trend- und Zukunftsforscher vorhergesagte Pandemie die Welt erschütterte, in einem eingangs bereits zitierten Vorausblick auf den fiktiven Rückblick aus dem September dies: Wir säßen in einem Straßencafé, es wäre warm und wir würden uns wundern, dass „die sozialen Verzichte, die wir leisten mussten, selten zu Vereinsamung führten. Im Gegenteil. Nach einer ersten Schockstarre fühlten viele sich sogar erleichtert, dass das viele Rennen, Reden, Kommunizieren auf Multikanälen plötzlich zu einem Halt kam." Dann folgte noch irgendwas mit „neuen Möglichkeitsräumen" und dergleichen Abstrakta.

Von dem, was wirklich geschah – Verschwörungstheorien, Diskreditierung von Wissenschaft, sogenanntes Querdenker- und Impfgegnertum, gesellschaftliche Spaltung in kulturellen und materiellen Bereichen, Long Covid-Symptome und Übersterblichkeit – nichts. Und die wirt-schaftlichen Schwierigkeiten? Pleiten? Insolvenzen? Nun ja, ganz normal: Denn „alle generell schwachen Konzepte, die sowieso Schwierigkeiten hatten sich zu finanzieren, werden jetzt in dieser Krise sterben". So gesehen, könne man zum Beispiel die Krise der Gastronomie als „ökonomische Evolutionsbeschleunigung" sehen (https://www.presseportal.de/pm/58964/4596494). Ähnlich euphemistische Kommentare las man schon 2008 in einer Horx'schen Einordnung der Finanz- und Schuldenkrise, abgedruckt in meinungsführenden Medien. Ebenso wie drei Jahre später, 2011, in einem Interview mit der Deutschen Welle – in der Beschwörung der Globalisierung und des mit ihr vorgeblich einhergehenden weltweiten Wohlstandsgewinns als einer „riesigen Erfolgsgeschichte". Dazu vertiefend Kapitel 6.8.

Wieder drei Jahre später, 2014, präsentierten (als „mentale Fingerübung") die Autoren des Horx'schen Zukunfts-Instituts einen „Trendreport 2014 – die positiven Überraschungen unserer Zukunft" als Rückblick aus dem Jahre 2030. In diesem Jahrzehnt sei Europa („Neuropa"), stärker und gesünder denn je. „Die Wirtschaften der europäischen Südländer haben sich erholt – durch Reformen, Innovationen und Engagement der Bevölkerung. Zusätzlicher Motor für die Südländer war das Entstehen des ‚Mittelmeerbundes' der rund um das Binnenmeer gewaltige neue Märkte erschloss. Europa liegt am nördlichen Rand der nun ‹heißesten› Wirtschaftszone der Welt: Afrika. Das starke Wirtschaftswachstum in Ländern wie Libyen, Tunesien und Ägypten verschob die Dynamik der Märkte nach Süden."

Und sonst noch was?
Einiges.
Die Bevölkerungsexplosion bleibe aus, die Klimakatastrophe sei abgesagt, der weltweite Hunger besiegt, es herrsche grüner Überfluss. Energiesparen war gestern; goldene Jahre weltweiten Wirtschaftswachstums stünden bevor. Und last, not least: „Peace Age: Eine globale Friedensära wird eingeläutet". Vor allem der von Horx 2003 in der Aprilausgabe der Schweizer Weltwoche so genannte „gute Krieg" (gemeint war der Irak-Krieg) führe zu einer friedlicheren Welt: „Denn der Sturz von Saddam Hussein beinhaltet eine segensreiche Botschaft: In Zukunft leben Tyrannen gefährlich."
Quod erat demonstrandum.
Ähnlich war dann auch die Botschaft zum Ukraine-Krieg, dass man den Krieg „neu denken" müsse. Ganz im Sinne der Regnose – also aus der Sicht, was da am Ende Gutes rauskomme. Und nicht nur da. „Selbst eingefrorene Kriege können zu vitalen und florierenden Gesellschaften führen. [...] Das Beispiel Israel zeigt (so wie nun auch die Ukraine), dass und wie Bedrohungszustände Wohlstand und Demokratie sogar befördern können, obwohl ein Land sich mitten in einem andauernden militärischen Konflikt befindet. Es entsteht ein Resilienzüberschuss. Manchmal lösen sich die Schnittlinien von Frieden und Krieg also auch in eine selbststabilisierende Friedensevolution auf." Der Link des Zukunftsinstituts, auf dem dies zu lesen war, ist nicht mehr geschaltet: Ähnliches findet sich aber leicht in den zahlreichen Beiträgen der Instituts-Websites wie z. B. unter https://www.horx.com/99-einhalb-der-krieg-und-die-weisheit.

6.5 Klima-Skepsis und Gourmet-Sex

Was an weiteren ebenso wackeren wie wackligen Prognosen im Laufe der Jahre vermeldet wurde, sprengt nicht nur den Rahmen dieses Buches. Dennoch ein paar Beispiele von geringerer weltpolitischer Brisanz: Im März 2001 hatte Horx zum Beispiel in der Tageszeitung Die Welt das Ende des „digitalen Rausches" verkündet. Die tägliche Nutzungsdauer des Internets werde abnehmen, besonders die Jugendlichen würden sich

6 Simplifizierung exemplifiziert: Horx

wieder vom Bildschirm verabschieden. Denn „das Internet wird kein Massenmedium – weil es in seiner Seele keines ist".

Im Januar 2007 wurde er im Nachrichtenmagazin Spiegel nach der Veröffentlichung einer „Anleitung zum Zukunftsoptimismus" (Horx 2007) interviewt – und zwar zur Gesellschaft 2067. Die Headline: „Warum die westlichen Werte siegen werden". Das Intro: „Zukunftsforscher Matthias Horx entwirft im Spiegel online-Interview die Gesellschaft 2067. Die Prognose: „Die westliche Kultur wird den Fundamentalismus besiegen."

Der Journalist Wolf Lotter, Autor im Wirtschafts-Magazin Brand 1, bejubelte am 27. März 2007 „dieses wunderbare Pamphlet gegen Alarmismus und Angst-Gewinnler. Ein Buch, das gegen die Borniertheit unserer Zeit bleiben wird, eines, das künftigen Generationen lehren wird, in welchen Zeiten wir leben. Dafür ist Horx nicht nur von Herzen zu danken und Erfolg zu wünschen. Wer wirklich was für diese Welt tun will, macht sie besser – indem er so viele Exemplare dieses großartigen Buches kauft und in Verkehr bringt. Ein Meisterwerk ist eine Sache, die vielen lange nützt. Dies ist das Meisterwerk des Matthias Horx."

Dass Lotter gemeinsam mit Horx und anderen dem Netzwerk der selbst ernannten „Klimaskeptiker" angehörte, von denen einige in der Frankfurter Allgemeinen Zeitung gegen Stefan Rahmstorf und das Potsdam-Institut für Klimaforschung mit unangemessener Polemik zu Felde zogen (FAZ-net, 17. Mai 2008), charakterisiert die Aktivität des Netzwerkes ebenso wie die Tatsache, dass Lotter auf dem 12. Zukunftskongress 2008 des Horx'schen Zukunftsinstituts als hochgelobter „namhafter Experte" einen Vortrag hielt. Und Horx selbst ließ sich in der Tageszeitung Die Welt aus, um seine Zweifel an der menschgemachten Klimakatastrophe zu verbreiten. Dies geschah unter dem Titel „Epidemien der Angst" und „als Systemanalytiker, der sich intensiv mit prognostischen Techniken auseinandersetzt." Als solcher sei er „zur Überzeugung gelangt, dass sich das Klima nicht wirklich voraussagen lässt. Alle ‚brute force' unserer Megacomputer reicht nicht einmal aus, Regen und Sonnenschein für Kleindettelhausen in sieben Tagen vorherzusagen. Unser Planet dreht sich exzentrisch um die Sonne. Die Erdachse unterliegt Unwuchten, die Aktivitäten der Sonne selbst können massive klimatische Auswirkungen haben, auch die Magnetfelder erzeugen Klimaeffekte, Sonnenwinde, kosmische Strahlungen. Ebenso verändern die auf der Erde lebenden Organismen ständig Wetter und Klima. Beim turbulenten Prozess, den wir ‚Leben' nennen, werden unentwegt Substanzen freigesetzt, entstehen Atmungs- und Verdauungsprodukte, die wiederum Rohstoffe für neues, anderes Leben sind. [...] Die Klimaveränderung setzt unsere Technologien einem starken Evolutionsdruck aus" (https://www.welt.de/welt_print/article760402/Epidemien-der-Angst.html).

Im selben Jahr wurde vom Zukunftsinstitut auch eine Studie im Sinne der kommerziellen Bedeutung der Trendforschung, wie Bosshart sie beschrieb, publiziert (zur Erinnerung: „Das Entscheidende ist doch, Informationen aufzubereiten, so dass sie einen Käufer finden, der Nutzen daraus ziehen kann"). In dieser Studie ging es um die „strategische Ausrichtung" des Sexartikelherstellers Beate Uhse (erinnert sich noch jemand?). Das Zukunftsinstitut entdeckte unglaubliche Zielgruppen, unter anderem die „Sex Gourmets", „Cool Cats" oder „Pleasure Parents". Doch trotz der bereits im Januar 2007 hoffnungsfrohen Verkündigung der Kooperation des Konzerns mit dem Zukunftsinstitut entwickelten die Anleger völlig andere Zukunftsvisionen. Beate Uhse dümpelte eine Zeit lang in den Penny Stocks und stellte im Juli 2019 beim Amtsgericht Flensburg einen Insolvenzantrag.

Oder die Solarfirma Conergy: „Nikolaus Krane, Vorstand der Conergy, nahm", so eine Pressemitteilung, „die Auszeichnung für die herausragende unternehmerische Leistung am 26.10.2005 von dem Trend- und Zukunftsforscher Professor [sic] Matthias Horx in Berlin entgegen" (https://www.solarserver.de/2005/10/27/conergy-unter-den-vier-wachstumsstaerksten-technologieunternehmen-deutschlands).

Nach einer Reihe von Turbulenzen stellte die Conergy AG am 5. Juli 2013 einen Insolvenzantrag beim Amtsgericht Hamburg. Mit drei Übernahmen wickelte der Insolvenzverwalter im Dezember 2013 den Solarkonzern ab.

6.6 Der trendige Gesellschaftsvertrag

Da sich nun trotz aller multidisziplinären Selbstbeschreibungen Horx in den Interviews als „studierter Soziologe" darstellt und diese (ungeschützte) Berufsbezeichnung zusehends nutzt, zum Schluss also das Soziologische.

Dass diese Zunft noch 2009, wie oben zitiert, als „Biedermeier-Bolschewismus" diskreditiert wurde, ist angesichts der Attraktivität, den die akademische Soziologie sich mittlerweile erarbeitet hat, vergessen. Abgesehen davon: Die Begriffsschöpfung selbst erinnert – ebenso wie der Trend, den sie bezeichnen sollte – an den neun Jahre zuvor (am 23.Juni 2000) in der Jubiläumsausgabe von Harper's Bazaar publizierten Essay von Tom Wolfe: „In the land of the rococo Marxists" (deutsch in Hooking up: „Im Land der Rokoko-Marxisten"). Und das Soziologische erschöpft sich im klassischen Motiv der Selbstertüchtigung und -optimierung der „Ich-AG", deren Erfindung auch der ehemalige Compagnon im Trendbüro, Peter Wippermann, und eine Reihe anderer Trendforscher für sich reklamieren. Um es mit der Wirtschaftstheorie des schon 2007 von Horx ausgerufenen „Smart Capitalism" zu konkretisieren: Das neue Sozialsystem, das auf diese Weise legitimiert wird und die Ich-AGs, oder auch Flexisten, die Freeployees und Portfolio-Workers für ihre eilfertige Anpassungsfähigkeit belohne, werde, so ergänzt er unter anderem im ZDF, nicht mehr daran gemessen, wie viele Klienten es durchfüttern könne. Sondern wie vielen Menschen es dazu verhelfe, sich aus dem Sumpf des sozialen Abseits zu befreien (Horx 2005). Eine solche Sozialpolitik dürfe sich nicht durch „die alte Betroffenheits-Rhetorik" von Ihrer Aufgabe abbringen lassen. Und die heiße: *Empowerment.* „Im 21. Jahrhundert gibt es keine ‚Stelle' mehr, sondern immer nur neue Herausforderungen" (Die Presse 08.04.2006). Wichtig sei die „Selfness", also die Fähigkeit, sich selbst realistisch einzuschätzen. Ob ein Mensch über solche ‚Soft Skills' verfügt, finde man aber nicht durch einen Bewerbungsbogen heraus, sondern nur durch alltägliche Praxis. Bewährung im evolutionären Ausleseprozess des Erfolgs sei die Grundlage dieser Version einer Bildungsrepublik.

Die gesellschaftliche Dynamik werde sich grundlegend ändern – durch einen neuen Gesellschaftsvertrag, geprägt von einer „kreativen Klasse", die sich in den angesagten Szenen der Innenstädte niederlasse und der Gesellschaft eine ungeheure Innovation beschere. Die „Future Work" der „kreativen Klasse" werde repräsentiert durch die neuen „Knowledge Workers", die ihre Kompetenz auf dem freien Markt der Wissensökonomie meistbietend verkauften. Auch dieser Begriff ist wie Vieles bei den Trendforschern nicht neu, nicht originär. Er stammt von dem kanadischen

Soziologen Richard Florida und ist 2000 als Leitbegriff für die Gentrifizierung interessanter Städte und Stadtteile als strukturpolitisches und hoch umstrittenes, mittlerweile auch durch die Wirklichkeit nachhaltig falsifiziertes Manifest formuliert worden.

6.7 Berufliche Resteverwertung

Mitunter geht es auch ein wenig durcheinander, wie in einem Interview mit dem FOCUS-Campus, also der an Studierende gerichteten Special Interest-Version des Nachrichtenmagazins, in dem Matthias Horx einmal als „Soziologe" vorgestellt wurde (http://www.focus.de/finanzen/news/tid-16329/trendforscher-horx-krisen-erzwingen-neue-wege_aid:456713.html).

„Die Prognosen der Ökonomen" so die Feststellung des Focus, „lauten: Die deutsche Mitte wird die Folgen der Krise ausbaden müssen". Horx dazu: „Aber was bezeichnen wir als ‚Mitte'? Wir haben einen kleinen Anteil von Bildungs- und Modernisierungsverlierern in der Gesellschaft, der eher nicht größer, sondern kleiner geworden ist. Die Propaganda der Medien und Politiker ist natürlich eine andere. Aber wir können diese Angst-These von der Erosion der Mitte nicht bestätigen."

Wenige Absätze später in verwirrender Wendung: „Die ‚Deutsche Mitte' ist ein Auslaufmodell. Künftig wird die Gesellschaft noch individueller sein als heute und die ‚Mitte' immer schwerer zu bestimmen". Der Grund wurde schon in Abschn. 1.7 zitiert: „Eine Hochbildungsgesellschaft, die nicht mehr von der produzierenden Industrie, sondern wesentlich von der Innovation und von Dienstleistungen getragen wird, verhält sich sozial anders als eine ‚gemittelte' Gesellschaft. Wir werden in unserem Leben nicht nur einen, sondern mehrere Berufe haben, werden vielleicht mal Angestellter, mal Selbstständiger sein. Und nicht länger in Schichten oder Klassen denken."

Zusammengefasst: Bildung sei Anpassung, ihr Ziel „Future Fitness". Die kreative Elite werde für Beschäftigung sorgen. Und so stünden durch die Förderung der Creative Class die Chancen rosig, prognostizierte Horx 2008, auch für den Angestellten oder Arbeiter halte die Zukunft gigantische Chancen bereit – gerade in der Krise.

Bis zum Jahr 2015 werde eine Fülle von derartigen Berufen entstehen, so hatte Horx schon vorher prophezeit, und führte zur Illustration seiner optimistischen Zukunftsmodelle Positionen wie Lebenscoach, Duftgestalter, Kulturvermittler, Trauerritualist oder Waldkindergärtnerin an. Am Ende stehe eine ökonomische Welt, in der sich die Wertschöpfungen immer mehr um das Individuum ranken „Schon heute gibt es Dienstleister, die uns dabei helfen, gut auszusehen, unsere Wohnungen einzurichten, komfortabel von Platz A nach Platz B zu kommen oder souverän in eine Kamera zu schauen. Es gibt Menschen, die Duft-Design anbieten. Uns vorsingen. Gegen Bezahlung Ordnung auf dem Schreibtisch machen. Etwas vorlesen. Und in neuen Ritualformen begraben oder plastinieren …" Fazit: Alles werde zu „Me-Märkten" (https://oe1.orf.at/artikel/205011/Zukunft-der-Arbeit).

Wer es nicht aus eigener Kraft schaffe, werde sich in einer neuen Unterschicht wiederfinden: Unsere Gesellschaft werde sich, so Horx, „den Luxus von 20 % Ausrangierten leisten, die ihr Leben vor 35 Fernsehprogrammen fristen, sich auskömmlich bei Aldi, Hofer und Penny versorgen können. Bei haushälterischem Sinn reicht es sogar gelegentlich zu Billigflügen nach Mallorca" (Horx 1997, S. 168). Diese Underdogs stecken „wir" dann in eine Konkurrenz um Billig-Jobs (so wie sie schon bei Faith Popcorn im Optimismus-Bestseller „Clicking" befeuert wurden), lassen also Newcomer in unsere Gesellschaft („ins Boot"), die „zu niedrigen Löhnen Arbeiten ausführen, die unsere Gesellschaft nicht mehr bereit oder in der Lage ist, auszuführen. Wir bevorzugen dabei die Mobilen, die Leistungsfähigen und die Spezialisierten" (1997, S. 243). Die Sieger in diesem Spiel erhalten, so Horx weiter, ein Minimum an rechtlichen Garantien (nicht weiter ausgeführt), aber keinerlei Unterhalt. Nun sehen wir, wie sie sich entwickeln, wir behindern sie nämlich nicht in ihrem Wunsch, nach oben zu kommen. Die Konsequenz: Supermarkteinkäufe werden nach Hause geliefert, es gibt billige Babysitter, Landwirte können ihre Ernte organisieren, sodass alle anderen Zeit haben, sich um die komplexen Aufgaben zu kümmern. Die Newcomer leiden keine Not mehr, die anderen brauchen keine Schmutzarbeiten mehr zu machen und entwickeln die „Wissensökonomie". So entstehe allmählich der gesellschaftliche „Konsens der partiellen Ungleichheit" ein neuer „gesellschaftlicher Kontrakt". Und die Grundbedürfnisse, Wohnen zum Beispiel? Überholt. Das Zukunftsinstitut von Matthias Horx hat die Lösung. Die Forscher beobachten, dass Wohnungssuchende immer noch in Räumen und nicht in Funktionen (Schlafen, Arbeiten) denken. In einer aktuellen Studie prophezeien sie einen radikalen Wandel, berichtet Ulla Gruenbacher, Journalistin in der österreichischen Tageszeitung Kurier, am 4. Mai 2013.

Die Forscher gehen davon aus, dass unsere Wohnsituation – jeder verfügt über dasselbe Inventar (Küche, Waschmaschine) – bis 2025 gemeinschaftlichem Leben weichen wird. Collaborative Living meint, dass die eigene Wohnung nur mehr über das Nötigste verfügt, während das Wohnumfeld an Bedeutung gewinnt. Kommt Besuch, wird ein Gästezimmer genutzt, das in der Wohnanlage zur Verfügung steht.

Es gibt gemeinschaftliche Büroeinheiten und Kleinwohnungen für pflegebedürftige Angehörige. Wäsche wird im Waschsalon gewaschen, wer mit Freunden kocht, mietet eine Küche. Das Beisl dient als Wohnzimmer, der Park als Garten. Es geht nicht mehr um Besitz, sondern um die Verfügbarkeit. Grundlage der Vision: Gemeinschaftssinn. Bis zum Trend des „McLiving", identifiziert von Horx' Ehefrau (im Home-Report des Zukunftsinstituts 2020), sei es aber noch ein weiter Weg.

6.8 Alles wird gut, vor allem, wenn es schlecht geht

Einer der „Quell Codes" der Publizistik der Branche in der Aufmerksamkeits-Ökonomie ist als Gegenmodell zum Alarmismus des (die Bücher der Hahnes, Grubers etc. mal ausgeblendet) „Biedermeier-Bolschewismus", ein aufgeblähter Optimismus. Der wird durch Rückgriffe auf die Geschichte begründet. Denn Trendforscher denken in Äonen. Zum Beispiel Lars Thomsen: „Wir Menschen haben unsere Kreativität und Innovationskraft in der Vergangenheit in der Regel dazu genutzt, das Leben einfacher zu gestalten und einzelne Aspekte Schritt für Schritt zu verbessern. Natürlich gibt es auch immer die, die sagen: ‚Früher war alles besser' – was so allerdings einfach falsch ist. Gehen wir einmal 5000 Jahre zurück. Da haben wir in Höhlen gelebt und hatten jeden Tag sehr grundlegende Existenzängste" (zitiert nach diversen Internet-Quellen).

6 Simplifizierung exemplifiziert: Horx

Dieser Optimismus-Megatrend dominiert auch die Ideologie des Horx'schen Zukunftsinstituts, zum Beispiel im Gespräch mit dem VDI über die Finanzkrise 2008. Klar, ein paar globale Kollateralschäden gab's. „Aber direkt hinter dem kollektiven Schwindelgefühl blüht eine verblüffende, seltsam entspannte Heiterkeit, eine Leichtigkeit, die wir schon lange nicht erlebt, vielleicht sogar vermisst haben." Oder in der Frankfurter Allgemeinen Zeitung: „Mitten in der Krise, als die Börsenkurse in den Abgrund rasten und alle Zeichen auf Sturm standen, entwickelte sich plötzlich eine seltsam entspannte Heiterkeit. Freunde, die heftig Geld an den Börsen verloren hatten, entspannten sich auf selten erlebte Weise" (https://www.faz.net/aktuell/gesellschaft/krisen-setzten-kraefte-frei-ganz-entspannt-am-abgrund-1729844.html).

2011 (pro- oder re-)gnostizierte Horx in einem Interview mit dem Sender Deutsche Welle dies: „Die meisten Menschen wissen nicht, dass die Globalisierung eine riesige Erfolgsgeschichte ist und dass heute sehr viel mehr Menschen im Wohlstand leben als noch vor zehn, zwanzig, dreißig, fünfzig Jahren oder dass die Gewalt abgenommen hat im großen Maßstab auf der Welt."

Auch Horx denkt in Äonen, um die bereits zitierte Mär vom lauschigen September im Wien des Corona-Jahres 2020 zu unterfüttern. Zur Erinnerung: „Nach einer ersten Schockstarre fühlten viele von sich sogar erleichtert, dass das viele Rennen, Reden, Kommunizieren auf Multikanälen plötzlich zu einem Halt kam." Nun, um zu relativieren, falls da doch irgendetwas nicht so rund liefe, wird Tröstliches über eine ferne Zukunft verlautbart: „Im Mittelalter wütete die Pest in Europa. Historiker sind sich darüber einig, dass die Katastrophe zur Entwicklung der Moderne beitrug, weil neue Hygieneverhaltensweisen, Kooperationsformen und Rechtssysteme entstanden. Die ‚Zivilisationskrankheit' Aids hat mehr zur Verbreitung von Toleranz beigetragen als alle Appelle" (https://www.berliner-zeitung.de/archiv/kolumne-zukunft-dank-katastrophen-li.980002). Und: „In meiner europäischen Identität blicke ich auf die Zukunft und sehe Entscheidungen und die vor uns liegenden Übergänge. Als würden wir aufwachen …".

Er sortierte diese Katastrophe in die Fallbeispiele der Belege einer „Evolutionsbeschleunigung" ein. „Vielleicht war das Virus nur ein Sendbote aus der Zukunft. Seine drastische Botschaft lautet: Die menschliche

Zivilisation ist zu dicht, zu schnell, zu überhitzt geworden. Sie rast zu sehr in eine bestimmte Richtung, in der es keine Zukunft gibt. Aber sie kann sich neu erfinden. […] Die neue Welt nach Corona – oder besser mit Corona – entsteht aus der Disruption des Megatrends Konnektivität. Die Unterbrechung der Konnektivität – durch Grenzschließungen, Separationen, Abschottungen, Quarantänen – führt aber nicht zu einem Abschaffen der Verbindungen. Sondern zu einer Neuorganisation der Konnektome, die unsere Welt zusammenhalten und in die Zukunft tragen. Es kommt zu einem Phasensprung der sozio-ökonomischen Systeme" (https://rotary.de/gesellschaft/im-rausch-des-positiven-a-15893.html). Was immer das auch heißen mag – es klingt wie das Geraune eines Schamanen, das sich beliebig übersetzen lässt.

6.9 Blaue Energie, Chorsingen, Brutto-Inlands-Glück und Omni-Krise

Was können wir also konkret tun, um nicht in unseren Sorgen zu versinken? fragt denn auch die Redaktion des MDR Sachsenradio. Die Antwort sei „eher paradox. Man muss erst einmal durch diese Weltuntergangsstimmung durchgehen. Dazu muss man wissen, der Mensch hat zwei Hirne. Das eine ist das Großhirn. Damit kann er nachdenken und auch vernünftig nachdenken. Und das Stammhirn ist quasi das Angsthirn. Angst ist etwas, was uns die Evolution mitgegeben hat. Angst will uns wachrütteln, will uns auf etwas hinweisen, das gefährlich werden könnte. Ich habe den Ratschlag, sich nicht verrückt machen zu lassen. Wie schafft man es auch in Zeiten der Krise stark und positiv zu bleiben? Früher war es der religiöse Glaube: Wenn Menschen verzweifelt waren, haben sie sich in die Transzendenz, in das Göttliche, geflüchtet oder eben Kirchenchoräle gesungen. Das wirkt immer noch. Chorsingen zum Beispiel hat eine unfassbare Wirkung auf die Seele, eine beruhigende Wirkung. Natürlich gibt es jetzt inzwischen ganz viele gute Techniken, die aus anderen Kulturen und Nationen zu uns kommen, wie Meditation und Yoga" (https://www.mdr.de/ratgeber/familie/krisen-sorgen-energiekrieg-corona-psychologie-102.html).

Und wie tiefgreifend religiös diese Vorstellung der Energiekrisen gewesen sei, „dämmert uns nur allmählich. Die Erzählung vom ‚Sünder Mensch', die seit der Veröffentlichung der ‚Grenzen des Wachstums' durch den Club of Rome unser humanes Selbstbild prägt, ist ein zäher Mythos. […] Die stofflichen Ressourcen sind, wenn wir sie als molekulare Transformationen begreifen, tendenziell unendlich". Die Lösung? Blaue Energie – z. B. in einem schon zitierten umfänglichen Interview in der österreichischen Kronenzeitung (https://www.horx.com/archive/2020-01-12-Kronen-Zeitung%2D%2DWas-bringt-die-Zukunft.pdf).

Blaue Energie, auch so ein Forschungsgebiet, das in der Energiewissenschaft geprüft, aber noch keineswegs validiert ist. Das aber ist hier zweitrangig. Hier lässt sich an diesem Thema erneut dokumentieren, wie Wissenschaft zum Steinbruch für die Module des Geschäfts mit der Zukunft werden. Dasselbe gilt für die Forschung zur Frage des Wohlergehens als Parameter zur Messung des Bruttoinlandprodukts. „Zukunftsforscher Matthias Horx definiert den Wohlstand neu" liest man in einer Reihe von Medien. Auf Einladung der Westerwald Bank sprach er in Ransbach-Baumbach. Seine Überzeugung: Mehr Wohlstand brauche nicht immer mehr Material, Gütervermehrung und mehr Verbrauch. „Wohlstand 2.0" setzt er daher mit Lebensglück gleich (http://www.akkurier.de/akkurier/www/artikel/29426-eine-neue-idee-vom-wohlstand). Nun ist auch das wiederum nicht originell, nicht einmal original, wie vieles andere auch, was in Kap. 9 noch belegt wird. Nur für dieses Thema zur Erinnerung: Die US-Nobelpreisträger William D. Nordhaus und James Tobin schlugen schon in den 1970er-Jahren vor, das BIP um unentgeltliche Aktivitäten wie die Hausarbeit zu erweitern (vgl. Nordhaus und Tobin 1973).

Diese Strategie der Zweitvermarktungen und ihre Verstärkung durch einen affirmativen Zirkel in den Medien (aufgrund mangelnder Recherche) ist nun schließlich auch in einer spektakulären Trendwende der Horx'schen Zukunfts-Euphorie sichtbar. Denn nun, da offensichtlich alles Gesundbeten nichts bringt, da selbst die Verballhornung der Evolutionstheorie zur Erklärung des Restaurantsterbens als Signal einer Aufbruchstimmung nur schwach wirkt (https://www.presseportal.de/

pm/58964/4596494), da weder Chorsingen weiterhilft noch langes Duschen, wie es der Marktforscher Stephan Grünwaldt (Autor von „Deutschland auf der Couch") in einem Interview mit der Illustrierten Stern 7, 2013 einmal vorschlug, wechselt der Zukunftsforscher selbst ins Fach des Alarmismus und ruft eine fundamentale Krise aus. Der russische Angriffskrieg auf die Ukraine habe die Gesellschaft nach Einschätzung von Horx „aus einer jahrzehntelangen Illusion aufgeweckt: dass die Welt immer friedlicher und integrierter wird". Er spricht vom „Schock der Zeitenwende". „Wir sehen, dass die Globalisierung nicht so funktioniert, wie wir glaubten." „Die Autokratien scheinen überall zu übernehmen", sagte Horx. Man erinnere sich an die weitreichenden demokratiepolitischen Megatrends, die – der Definition des Zukunftsforschers selbst zufolge – den Zeitraum eines halben Jahrhunderts prägen würden, an das Peace der 2030er-Jahre und andere Euphemismen. In der Wochenzeitung Die Zeit (wie in einer Reihe anderer Medien) wird der Leserschaft dann auch der passende Begriff dazu geliefert: Matthias Horx habe die „ineinander verzahnten Krisen der Gegenwart" als „Omni-Krise" bezeichnet (https://www.zeit.de/gesellschaft/2023-12/zukunftsforschung-mathias-horx-omnikrise-trump). Sämtliche früheren Prognosen (die sich bis 2030, 2040, ja sogar bis ins Jahr 2064 erstreckten) werden also einkassiert. Nun ist „Omni-Krise" – die könne gut zwanzig Jahre dauern, wäre somit also jener Megatrend, der alle bisher prognostizierten Megatrends neutralisiert.

Was die Wochenzeitung nicht schreibt, ist die Tatsache, dass das Wort ungefähr so alt ist, wie eine derartige Krise nach Horx dauern kann: mehr als zwanzig Jahre, geprägt vom amerikanischen Literaturwissenschaftler Michael Hardt und dem italienischen Philosophen Antonio Negri im Weltbestseller „Empire: Die neue Weltordnung", verfasst im Jahr 2000 (und auf Deutsch zwei Jahre später erschienen). Die Autoren schrieben: „Today it is increasingly difficult […] to name a single, unified enemy; rather, there seem to be minor and elusive enemies everywhere. The end of the crisis of modernity has given rise to a proliferation of minor and indefinite crises, or, as we prefer, to an omni-crisis" (Hardt, Negri 2000, S. 189).

Ein wenig (wissenschaftlich inspirierte) Recherche hätte den Medien, die diese Mitteilung der Deutschen Presse-Agentur verbreiteten, berufs-

und bildungsmäßig gut angestanden. Auch ein Redakteur der Westdeutschen Allgemeinen Zeitung übernimmt den Begriff am 18. April 2024 in einem Horx-Interview mit dem Titel „Wie wir mit einer Welt im Krisenmodus leben lernen" und stellt die Frage: „Herr Horx, der Begriff ‚Omnikrise' ist ja eine Neuschöpfung. Inwieweit unterscheidet sie sich von den Krisen, die wir noch vor einigen Jahren zu bewältigen hatten?" (https://www.waz.de/region/rhein-und-ruhr/article242125604/Wie-wir-mit-einer-Welt-im-Krisenmodus-leben-lernen.html)

Desgleichen liest man in einer Verlautbarung des Zukunftsforschers Daniel Dettling (nach eigener Aussage Politik- und Kommunikationsberater sowie Leiter des Berliner Büros des Zukunftsinstituts) über den Beginn einer „Ära der Resilienz", nämlich, dass Omni-Krise ein Begriff, sei „den der Trend- und Zukunftsforscher Matthias Horx geprägt hat" (https://archiv.gg-digital.de/2023/01/einwurf/index.html).

Aber auch ohne die Lektüre des Buches „Empire" von Hardt und Negri hätte man relativ leicht auf den Begriff stoßen können, zum Beispiel in einer politikwissenschaftlichen Masterarbeit von Julia Werthmann, die 2023 in Wien vorgelegt wurde. Sie ist im Internet verfügbar. Der Titel: „Im Netz verfangen. Emanzipationsmöglichkeiten aus dem Netzwerkkapitalismus aus postfundamentalistischer Perspektive.". Auf den Seiten 14 und 41 wird das Konzept diskutiert.

6.10 Wo sind die Kritiker geblieben?

Hätte man dies vor 20 oder 30 Jahren gelesen, als die Maschinerie der Trendforschung angelassen wurde und sich durchaus unterhaltsam in Hunderten von Typologien erging, hätte die Kritik sich diese Strategie, alte Einsichten als Markierungen von Zukünften zu verkaufen, lustvoll vorgenommen. Denn zu Beginn dieser Geschäftigkeit verortete man die Trendforschung, insbesondere wiederum Horx mit seinen allgegenwärtigen, umfassenden Deutungsansprüchen eher ins kabarettistische Fach. Der sah sich zu Beginn der Karriere oft Kommentaren in den Medien ausgesetzt, die das gesamte Kontinuum von fundierter Kritik bis zum nicht immer sachlichen Spott umfassten. Später dann veränderte sich die Haltung der Publizistik, die mehr und mehr den Trendforscher nur noch zitierte oder interviewte. Zunächst zur kritischen Auseinandersetzung in der Frühphase der Trendforschung – eine kleine aber repräsentative Auswahl aus der einschlägigen Recherche. Dies deshalb, um zwei Fragen aufzuwerfen. Erstens: Warum gab und gibt es nur in wenigen Fällen Kritik aus der Wissenschaft, die sich ja zum einen dauerhafter und zum Teil diskreditierender Kritik ausgesetzt sieht? Und zweitens: Warum greifen Medien heute trotz der plausiblen Kritiken, die sie vor Jahren selbst publiziert haben, vermehrt auf die Hervorbringungen dieser boulevardesken Forschung zurück?

Die erste Frage beinhaltet die Antwort für die zweite: Wissenschaftler haben ihre Aufgabe zu wenig wahrgenommen und einen Artikel ihres Grundgesetzes nicht beachtet: die Prüfung von Behauptungen, die als Wissenschaft deklariert sind. Die Kritik in den Medien hat dieses Defizit nicht behoben und ergeht sich in allgemeinen Einschätzungen statt einer dokumentarisch gestützten Recherche von Behauptungen. Sie ist zudem oft schmissig formuliert, aber was die Sache betrifft, im Großen und Ganzen ineffektiv, weil die dokumentarische Gegenrecherche fehlt. So wirft diese Art der Kritik auch ein Licht auf publizistische Defizite in einer Wissensgesellschaft. Denn immerhin hätte sie einen Impuls auslösen können, die Zukunftsdeuterei einer analytischen Prüfung zu unterziehen. Leider bleibt das weitergehend aus.

Gerhard Henschel schrieb 1993 zum ersten Trendbuch von Horx und Wippermann: „Rasendes Blabla suggeriert analytische Tiefenschärfe. … Das Layout des Buches ist so quirlig beschaffen, dass man Kopfweh davon bekommt. Der Trend zum Aspirin wird ungebrochen bleiben." Christian Kracht machte sich schon in seinem Roman „Faserland" über Horx lustig (Kracht 1995, S. 79 ff.). Thea Herold schrieb 1999 (Süddeutsche Zeitung) „Der Zukunfts- und Trendforscher schrieb bis dato 14 Bücher zum Thema. Das ist einer, der die acht Sphären der Zukunft kennt, den Wortschatz der Trends und einen guten Friseur." Der Spiegel kommentierte am 20.03.1995: „Diese Pseudo-Experten versuchen die mentalen Schwächen bestimmter Milieus zu Geld zu machen. Ihnen kommt also im Mentalitätskampf um die Zukunft trotz ihrer vorgeblich zukunftsgerichteten Visionen eine ausgesprochen bremsende, wenn nicht wirtschaftspolitisch gefährliche Rolle zu."

Der Leiter der Daimler-Zukunftswerkstatt „Gesellschaft und Technik" in Berlin und Palo Alto, Eckhard Minx, schrieb im Spiegel vom 3. April 2000: „Seit Ende der achtziger Jahre bevölkern zudem die so genannten Trendforscher das Feld der Zukunftsdeuter. Die haben sich selbst erfunden, weil sie eine lukrative Lücke im Informationsbedürfnis von Unternehmen und deren Management entdeckt haben."

Die Wochenzeitung Freitag wagte sich am 10.08.2001 weiter vor: „Dass Horx ein lächerlicher Ideologielieferant ist, wäre vielleicht nicht mal so tragisch, wenn er denn irgendwelche brauchbaren Beschreibungen liefern würde."

Ein Jahr später schrieb der Stern-Autor Michaels Jürgs seinen bissigen Essay über die Zukunftsforscher „Opa Schowski und seine trendigen Enkel" (Jürgs 2002).

Die Zeit resümierte zu Sylvester 2003: „Im Sammelsurium der öffentlichen Scheingestalten ist er eine der verlässlichsten Figuren: Matthias Horx, der so genannte Trendforscher. Wenn das Jahr zur Neige geht und die Medien Ausschau halten nach neuen Sensationen, wird pünktlich zu Silvester die große Murks-Maschine namens Horx angeworfen. Horx ist inzwischen so etwas wie der Hof-Astrologe der Medien." Im gleichen Tenor der Belustigung setzte sich in derselben Ausgabe der Zeit Harald Martenstein in seiner viel zitierten Kolumne „Prognosenpfand" mit dem Trendforscher auseinander: „Harald Martenstein kennt noch zwei Trends mehr als Herr Horx" (https://www.zeit.de/2004/02/Titel_2fMartenstein_02).

Und die TAZ schrieb „Matthias Horx, der sich in den Achtzigerjahren einen Namen als zuverlässiger Dünnbrettbohrer machte, nennt sich seit geraumer Zeit ‚Trend- und Zukunftsforscher'. In dieser Eigenschaft predigt er den esoterischen Optimismus, den seine Kundschaft so dringend hören will. Horx hat etwas verfasst, das er ‚Zukunftsmanifest' nennt: ‚Wider den Ungeist der Panikmache. Die Zukunft ist möglich.' Zukunft ist möglich – wer hätte es gedacht? Der Erlösungsbedarf im Land ist offenbar so gesteigert, dass schieres Geschwätz in den Rang einer Botschaft gerät" (https://taz.de/!787564).

In der Süddeutschen Zeitung vom 19. März 2004 (Online-Ausgabe) schrieb Chris Löwer in einem Beitrag zum Thema Trend-Scouts: „Die Trendforschung gilt als Tummelplatz für Schwätzer und Scharlatane, als fröhliche Pseudo-Wissenschaft, die kaum verlässliche Daten liefert."

Klaus Kreimeier notierte in der TAZ vom 19.01.2005: „Leute wie dieser Trendforscher sind nicht die Lösung, sondern Indikator eines in der Tat gravierenden Problems. Gerade mit ihren antiideologischen Ressentiments sind sie die perfekten Ideologen unserer Zeit." Und so versteige sich Horx „zu einem euphorischen Marktradikalismus, wie er nur einem gehirngewaschenen 68er ansteht" (http://www.holmfriebe.de/viele-smarties).

Ganz allmählich dann kurz vor den 2010er-Jahren verebbte die Kritik (oder trat in den Schatten der wachsenden Akzeptanz), und zusehends erschienen Interviews mit dem Trendforscher und Pressemitteilungen aus seiner Agentur, ohne weitere Recherche oder eine Einordnung der Bedeutung. Dies geschah insbesondere im Nachrichtenmagazin Focus (wie schon im vorangehenden Kapitel beschrieben), aber auch regelmäßig zum Jahreswechsel in vielen Tageszeitungen als Nachdruck der seit 2004 aus dem Zukunftsinstitut gelieferten „Trend Reports". Es war so etwas wie intellektuelles Bleigeißen. Aber auch in den Leitmedien wie der Süddeutschen Zeitung – zum Beispiel über die Rolle des Testosterons in der Finanzkrise – oder der Frankfurter Allgemeinen. In der Frankfurter Rundschau und der Berliner Zeitung engagierte man Horx als Kolumnisten und die Zeppelin-Universität in Friedrichshafen bot ihm, wie beschrieben, einen Lehrauftrag an. Den Höhepunkt erreicht diese Wende mit der Titelgeschichte des Focus vom 7. Juli 2008 (siehe oben).

Die (oder zumindest eine) plausible Erklärung ist schlicht: Marktrationalität.

Content wird zur Ware und ermöglicht Einsparungen entweder beim journalistischen Personal oder bei den Kosten zu aufwändigen Recherchen. Wichtig ist dabei, dass den Content-Providern einschlägige Kompetenzen unterstellt werden. Dies geschieht eben durch die Akzeptanz der behaupteten wissenschaftlichen Vorgehensweise oder des Nachweises wissenschaftsähnlicher Tätigkeiten und der nicht gegenrecherchierten Reproduktion von Biografien, die von den Lieferanten dieser Inhalte selbst formuliert werden. Ergänzt werden diese Absicherungen durch die aufmerksamkeitssteigernde Prominenz. Talkshows und Podcasts, YouTube etc. bieten Verstärkungen dieses affirmativen Zirkels. Gleichzeitig greifen die Content-Provider gesellschaftliche Reizthemen auf, die ihrerseits Aufmerksamkeit versprechen – zum Beispiel Klimawandel, individuelle Strategien gegen Arbeitslosigkeit, Zukunft der Arbeit, Testosteron und Finanzkrise 2008, Hirnforschung oder künstliche Intelligenz. Den Hintergrund bildet eine Art publizistische Variante des positiven Denkens mit dem Hinweis auf den zersetzenden Alarmismus (seltsamerweise) der Medien, vulgo „Vierte Gewalt", wie in einem vernichtenden Pamphlet von Precht und Welzer gegen das vorgebliche mediale Mainstreaming beschrieben.

Das heißt: Verkäuflicher Content wird von Medien bezogen und reproduziert. Teure und zum Teil langwierige Recherche wird minimiert, denn der Aufwand eines Fakten-Checks (der ja die Aufgabe der Dokumentations-Abteilungen in den Medien ist) der Kopfgeburten der sogenannten Trendforschung ist enorm. Die Konsequenzen werden in Kap. 9 noch eingehender diskutiert.

Aber die zweite Erklärung dieser Tendenzwende ist wichtiger: Die launigen bis grenzwertigen Kritiken folgten meist eher den Gesetzen des Feuilletons als denen der analytischen Prüfung (was sich im Prinzip nicht ausschließt). Es fehlte dann doch das Gewicht einer tiefergreifenden konstruktiven Kritik.

7

Simplifizierung exemplifiziert – von Horx zu Precht

Zusammenfassung Der im letzten Kapitel als ein Prototyp des neuen Medienintellektuellen porträtierte Trend-Forscher Horx hat mittlerweile seine Pro- und Re-Gnosen zu einem Familienunternehmen ausgebaut. In genealogischer Folge ist nun ein Sohn für weitere Zukünfte zuständig. Und die diskutierte er publikumswirksam mit einem zweiten Prototypen des neuen Medienintellektuellen: Richard David Precht. Das Kapitel analysiert das Phänomen diesen „neuen" Philosophentypus – als zyklisch auftretende Simplifizierung und Popularisierung von Wissenschaft, wie zuvor schon Jostein Gaarder, Luciano de Crescenzo oder Henri-Bernard-Lévy. Nun also: Precht. Sein erstes Buch entfachte einen unglaublichen Enthusiasmus, auch – oder vielleicht gerade wegen – einer kaum verhohlenen Skepsis gegenüber der herkömmlichen akademischen Wissenschaft und eines enormen Themenspektrums. Sogar zwei Honorarprofessuren wurden ihm verliehen. Allerdings führte die Praxis, in Podcasts und Talk Shows über alles Mögliche zu reden und in Büchern über noch mehr zu schreiben, zunehmend zu Irritationen und mitunter auch deftiger, nicht selten unsachlich formulierter Kritik. Dabei fällt – wie bei Horx – eines auf: Reaktionen aus der Wissenschaft selbst sind dabei kaum zu finden.

7.1 Die Trend-Familie

Und so ging es in diesem Stil weiter. Wieder einmal hatte Focus online einen Horx zu Gast, fragte wieder einmal, wie sich Krisen auf zwischenmenschliche Beziehungen auswirken und erhielt wieder mal diese Antwort: „Zunächst einmal sogar positiv. Die Menschen rücken zusammen, verhalten sich sehr kooperativ. Man denke an den ersten Corona-Lockdown, als plötzlich für Nachbarn eingekauft wurde. Da war sehr viel Mitmenschlichkeit zu spüren. Und auch als Putin den Krieg begonnen hat, gab es ein unglaubliches Solidaritätsgefühl mit den Ukrainern" (https://www.focus.de/finanzen/karriere/zukunftsforscher-die-generation-z-ist-entweder-sehr-woke-oder-will-einen-lamborghini_id_185066586.html; letzter Abruf dieser und aller weiteren Online-Quellen in diesem Kapitel: 14.12.2024).

Diese Antwort stammte allerdings nicht von Matthias Horx, sondern von einem seiner Söhne, an die das Talent für Trendforschung genealogisch weitergereicht worden war. Tristan, laut Focus „Digital Native, Millennial, Kurator von ‚Treffpunkt Zukunft', einem Podcast für kritischen Zukunftsoptimismus. Er studierte Sozial- und Kulturanthropologie und beschäftigt sich beim Zukunftsinstitut vor allem mit den Themen Generationen und Digitalisierung. […] Tristan Horx ist mit der Trendforschung aufgewachsen. Er betreibt Zukunftsforschung aus Sicht der Jugend und kombiniert dabei Sozial- und Kulturanthropologie mit seinen Erfahrungen in einer immer komplexer werdenden Welt." Der Speaker und Autor des Zukunftsinstituts beschäftige sich u. a. mit dem gesellschaftlichen Wandel und erforsche, was eigentlich nach der Gen X, Y und Z kommt. In seinen deutsch- und englischsprachigen Vorträgen beleuchtet er die Entwicklung von Mobilität sowie Digitalisierung und unterzieht die Schreckgespenster der Globalisierung einem Reality-Check."

Und wie forscht er? „Ich beobachte und analysiere, wie sich unsere Welt verändert. Es geht um die Analyse und längerfristige Prognose von Wandlungsprozessen. Die Bereiche sind vielfältig. Von Wirtschaft über Politik bis hin zur zwischenmenschlichen Kommunikation beobachten wir so ziemlich alles. Dazu lese ich viel und werte Daten aus. Gleichzeitig tausche ich mich mit ‚Vor-Denkern' aus unterschiedlichsten Fachgebieten aus. Ich bin viel auf Vorträgen und Workshops unterwegs. Da bekommt man viel mit." Die wissenschaftliche Legitimation wird auch hier gesucht – und gefunden. Zur Erinnerung: Matthias Horx hielt eine Zeitlang Trend-Seminare an der Zeppelin-Universität unter der Ägide des Präsidenten Stephan Jansen, bis 2014, als mit dessen Demission auch die Karriere von Horx endete. Tristan Horx ist oder war, laut eigener Mitteilung, an der SRH Hochschule Heidelberg und an der Fachhochschule Wieselburg tätig.

Warum ist nicht klar, denn die Weissagungen hören sich eher recycelt als revolutionär, eher mutmaßend als recherchiert an, was hier eine intensivere Analyse überflüssig macht. Ein paar Bruchstücke, die die Aufmerksamkeit der unterschiedlichsten Medien fesselten, seien dennoch als Illustration vermerkt: Seine Arbeit sehe der Kultur- und Sozialanthropologe mit einem „Faible für makroökonomische Fragestellungen" als „Schnittstelle zwischen Kreativität und Wirtschaft". Was die globale Entwicklung angehe, sei er optimistisch. „Unsere Wahrnehmung mag eine andere sein, weil die negative Berichterstattung einen Teil unseres Gehirns triggert, der für die Aufmerksamkeit auf Gefahr ausgelegt ist. Uns im Westen geht es gut, die anderen holen – mit ein paar Rückschritten – auf. Wir sollten unsere Wahrnehmung relativieren. [...] Bis 2040 werden wir weitaus ökologischer leben, unsere Energieversorgung wird großteils nachhaltig sein. Auch im Konsum werden wir sehen, dass regionale und Bio-Produkte vermehrt zur Norm geworden sind. [...] Es ist abzusehen, dass das Konsumverhalten diverser wird. Der Großteil der Bevölkerung sind Flexitarier, also ernähren sich in der Mitte – sie schränken ihren Konsum tierischer Produkte bewusst ein und stehen für einen nachhaltigen, qualitätsorientierten und ausbalancierten Verzehr von tierischen und pflanzlichen Lebensmitteln. Und gegen den Sonntagsbraten und damit bewussten Konsum sollten wir uns nicht wehren, aber dreimal am Tag, sieben Tage die Woche brauchen wir das nicht. [...] Wir wachsen qualitativ, statt endlos quantitativ. Auch die Digitalisierung wird bis dahin in Deutschland angekommen sein." Dies und mehr in einem ausführlichen Interview mit Horx sen. und Horx jun. im österreichischen Wirtschaftsmagazin Forbes (https://www.forbes.at/artikel/die-interpreten. html#:~:text=Unsere%20Wahrnehmung%20mag%20eine%20andere,Wir%20sollten%20unsere%20Wahrnehmung%20relativieren).

„Eines Tages werden wir beim Einkaufen nicht mehr zu einer Kasse müssen, sondern einfach unsere Produkte nehmen und sie werden automatisch beim Verlassen des Supermarktes abgebucht. […] Die Mitarbeiterinnen und Mitarbeiter können sich vor Ort um das Soziale, Emphatische kümmern, bei Einkaufsentscheidungen beraten oder bei der Suche gewisser Produkte helfen. […] Vor allem der Ressourcenverbrauch kann von künstlicher Intelligenz so gestaltet werden, dass er möglichst effizient und ökologisch verträglich ist. Vor allem mit Blick auf Wasser, das in Zukunft eine immer knappere Ressource werden wird, sind das gute Nachrichten. […] Das Melken übernimmt heute schon der Roboter. Dadurch erhält der Milchwirt Zeit, sich individueller um das weitere Wohlergehen seiner Kühe in direktem Kontakt zu kümmern." Dies und mehr in einem Interview des People-Magazins Gala (https://www.gala.de/lifestyle/food/zukunftsforscher-tristan-horx%2D%2Ddie-technologien-der-zukunft-23060672.html).

Was die Arbeitswelt angehe, sei er, wie wiederum im Focus-Interview nachzulesen „sehr viel beim Mittelstand unterwegs. Die merken natürlich extrem, dass sich die Boomer in den Ruhestand verabschieden und es erhebliche Probleme gibt, die Stellen adäquat nachzubesetzen. Weil einfach zu wenig [auf] Flexibilität und zu sehr auf pure Anwesenheit geachtet wird. Dadurch verspielt der Mittelstand seinen Vorteil der Agilität. So manch große Player sind da viel weiter, weil sie wissen, was sie ihren Mitarbeitenden bieten müssen."

Als Gastgeber des Podcast „Treffpunkt: Zukunft" entwickelt, so heißt es, Tristan Horx zudem gemeinsam mit seinen prominenten Gästen „Utopien unserer Welt", mitunter durch Gegeneinladungen, wie am 24.Juli 2019 in der Sendung „Auf einen Kaffee mit …". In diesem Falle Richard David Precht. „Autor und Philosoph Richard David Precht spricht mit Tristan Horx draußen bei einem Kaffee über aktuelle weltpolitische Themen" informierte die Pressemitteilung. „In einer Stunde beleuchten sie das A bis Z der Gegenwart und wie die Weichen für die Zukunft gestellt werden können."

In einer Stunde!

7.2 Enthusiasmus für den „neuen" Philosophentyp

Auch Precht versuchte sich immer wieder Mal mit der Zukunft, und so wie die Familie Horx als affirmative Interpreten der Politik der ÖVP unter dem Kanzler Wolfgang Schüssel, weissagte Precht dieser Partei eine gloriose Karriere. Das war am 3. Mai 2021 im TV-Talk mit der Infochefin des österreichischen Senders PULS 24, Corinna Milborn. Dort ließ er verlauten, dass Österreich eine bessere Ausgangssituation für den Wandel habe als Deutschland. Grund dafür sei die Stellung des Bundeskanzlers Sebastian Kurz. Der werde „Österreich länger regieren als Fidel Castro Kuba. [...] Er ist im Grunde so konkurrenzlos, dass er sehr viel mehr Möglichkeiten hat, langfristige Politik zu machen."

Dass er in dieser, wie in ungezählten anderen Sendungen in Deutschland und Österreich zu jedem auch nur erdenklichen Thema gefragt wurde – und zu jedem Thema auch Antworten hatte – ist der Genese seiner Prominenz zu verdanken. Diese verlief anders als bei dem hier als Prototypen der Trend-Forschung porträtierten Matthias Horx und seinen Erben.

Precht hatte seinen Shooting-Start mit dem schon im ersten Kapitel angesprochenen Philosophiebuch „Wer bin ich und wenn ja, wie viele", das in einer TV-Literatursendung von Elke Heidenreich als geradezu entrückende Erfahrung vorgestellt wurde. Wer dieses Buch lese, habe „den ersten Schritt auf dem Weg zum Glück schon getan" formulierte die Lese-Expertin in ihrer Sendung bei Spiegel online verzückt. Und Literaturkritiker Dennis Scheck stellte in seiner ARD-Sendung Druckfrisch fest: „Angetrieben von unbändiger Erkenntnislust und ansteckendem Wissensdurst unternimmt Richard David Precht eine Rundreise ins Reich [Rundreise ins? H.R.] der Philosophie und Hirnforschung, verzichtet dabei wohltuend auf Originalität um der Originalität willen und hat gerade deshalb etwas sehr seltenes geschaffen: einen kompetenten Ratgeber, der seine Leser nicht für dümmer verkauft als sie sind."

„Er war mir auf einer Diskussion aufgefallen", berichtete Heidenreich, kurz darauf. „Er war klug und ruhig, und dann war er auch noch schön. Aber jemand, der klug ist, ist immer schön." Sie las sein Buch über Tiere, das ihr auf empathische Weise zeigte, dass der Mensch jedes Tier nur danach anschaut, ob er es essen oder streicheln kann. Das habe sie sehr gerührt. Sie suchte für den Anfang ihrer Sendung immer nach Büchern, die wie eine Fangleine die Leute erst einmal hinein holten. Als sie dann seine Einführung in die Philosophie sah, in der sie etwa Platons Höhlengleichnis besser beschrieben fand als irgendwo sonst, dazu Verweise zu Filmen, Büchern, Situationen, die jeder kannte, lud sie ihn ein (zitiert nach https://www.faz.net/aktuell/feuilleton/medien/buergerphilosoph-unser-lehrer-dr-precht-11874747.html; dazu https://www.YouTube.com/watch?v=iFtOuXWyIvA).

Was die Philosophie betrifft – hier exemplifiziert am „Höhlengleichnis" – ist die Formulierung „besser als irgendwo sonst" wichtig. Sie suggeriert, dass die Rezensentin alle Quellen kennt und bewertet somit die Precht-Beschreibung der Philosophie in einem imaginären Ranking. Und dieses Ranking erfüllt offensichtlich das Bedürfnis nach verständlicher Übermittlung jenseits wissenschaftlicher Komplexität und der ihr angemessenen Rhetorik.

Nun ist auch das nicht neu.

Von Zeit zu Zeit nämlich, vielleicht sogar in berechenbaren Zyklen, tritt dieses Genre irgendwie geheimnisvoll auf den Plan. Es scheint, als seien bestimmte Drehbücher zu absolvieren, die wie einer Commedia Dell'Arte fest gelegte Rollenverteilungen vorsehen, unter diesen die nach leicht verdaulicher, intellektuell anmutender Lektüre lechzenden Leserinnen und Leser und die Autorin oder den Autor, die als volkstümliche Vermittler oder gar als Korrektoren der akademischen Arroganz auftreten. Das mag hier und da gelingen und tatsächlich die Motivation für eine Beschäftigung mit den Originalen wecken oder einen Zugang zu ihnen zu eröffnen.

7.3 Immer wieder neue neue Philosophen

Da ist zum Beispiel die Popularisierung der Philosophie durch den ehemaligen IBM Italia-Manager Luciano de Crescenzo in seinem ersten Werk „Also sprach Bellavista" aus dem Jahr 1988. De Crescenzo avancierte zum literarischen Star, nicht zuletzt auch, weil das Buch mit ihm selbst in der Hauptrolle bald verfilmt wurde. Es folgt dann der etwas anspruchsvollere Titel „Oi Dialogoi. Von der Kunst, miteinander zu reden", humoristisch angehauchte Erzählungen über die Schönen Künste, Feuerwerke und Silvester, über Automobil- und Heiligenkult, Eigentumswohnungen, Gespenster, Wunder und Atomschutzanlagen. Außerdem über die Schüchternheit, den Fußballstar Maradona und die grünen Männchen. Tatsächlich auch über die Kunst, miteinander zu reden. Dies alles aus neapolitanischer Sicht – was einen grenzüberschreitenden Erfolg aber nicht behinderte.

Es folgte 2011 das Werk „Socrate e compagnia bella", das für die jüngeren Generationen gedacht war, eine, wie die Verlagsmitteilung formuliert, Liebeserklärung an die Philosophie, die in seinen Augen unser Leben verschönern kann. Von Sokrates lernte de Crescenzo die Leidenschaft für das Erweitern des Wissens, von Plato die Kunst der Liebe, von Epikur das Wesen von Freundschaft und Glück, und vieles mehr vom Heiligen Augustinus, von Heraklit, Erasmus und Nietzsche. Schließlich dann noch ein Buch über die Frauen: „Le donne sono diverse". Ein recht breites Themenspektrum also, unterhaltsam und voll von Versatzstücken für Gespräche, die nicht allzu sehr in die Tiefe gehen. Genau danach wird gesucht – und zwar vor allem nach bestätigenden Informationen, wie der Sozialpsychologe Leon Festinger schon 50 Jahre zuvor in seiner Theorie von der Tendenz zur Vermeidung „kognitiver Dissonanzen" konstatiert hatte.

Der Psychologe Charles Atkin erweiterte diese Perspektive 1972 in seinem wissenschaftlichen Essay über das Phänomen der „Anticipated Communication", also der Erwartung bestimmter Themen, auf die man vorbereitet sein musste, wenn man in einem bestimmten Milieu akzeptiert sein wollte. Diesem Prinzip verdankt sich auch der Welterfolg des norwegischen Märchenerzählers Jostein Gaarder: „Sofies Welt. Roman über die Geschichte der Philosophie". Das 1991 entstandene Werk des Pädagogen und Schriftstellers war als philosophische Einführung für ältere Kinder gedacht. Bis 2017 wurde das Buch in 65 Sprachen übersetzt, wobei es sich weltweit über 40 Mio. Mal verkaufte. 1994 wurde es mit dem deutschen Jugendliteraturpreis ausgezeichnet. Es ist inzwischen in über 50 Sprachen übersetzt worden und wurde 1999 verfilmt. Gelesen wurde das Buch aber weniger von Kindern als von Erwachsenen.

Es sind Bücher wie „Checker Toby" auf philosophisch oder, wie eine Zeitschrift es trefflich in einem Porträt der aktuellen Bestseller-Autorin Alice Hasters ausdrückte: „Sie hat ein Händchen dafür, schwierige Zusammenhänge einfach darzustellen. Soziologie im ‚Sendung mit der Maus'-Stil." Was auch die TAZ in einem Interview aufnahm und sie schon in der Frage zu einer „großartigen Soziologin" ernannte. Doch Hasters reagierte etwas bescheidener: „Aber ich habe gar nicht Soziologie studiert. Ich beziehe mich viel auf Soziolog:innen und lerne viel, habe aber keine klassische akademische Laufbahn. Ich habe Sport und Journalismus studiert. In Deutschland wird der Lernhintergrund sehr ernst genommen, sodass ich mir schon fast selbst ein Hochstaplerinnen-Syndrom diagnostizieren wollte. Die Kritik hat ja Berechtigung, dachte ich, denn vielleicht sitzen da echte Soziolog:innen und denken: Jetzt kommt diese Alice Hasters um die Ecke und sagt Dinge, die wir schon vor 30 Jahren gedacht haben" (https://taz.de/Autorin-Alice-Hasters-ueber-Rassismus/!5966659).

Dennoch dominiert die Simplifizierung, befeuert durch instagrammatische Zurüstung des Öffentlichen und Privaten auf TikTok-Formate, in Deutschland im Übrigen mit erheblicher Verspätung. Denn dieses Phänomen hatte man schon einmal, auch ohne Social Media, in Frankreich, in der Mitte der Siebziger, mit dem „schönen" Philosophen Bernard-Henri Lévy. Dessen erstes Aufsehen erregendes Buch war: „La barbarie à visage humain" (Lévy 1978). Was dann eine Welle der „Nouvelle Philosophie" auslöste, wie zuvor im Kino schon nach dem Godard-Film „Außer Atem" eine „Nouvelle Vague" der Filmgestaltung sich überschlug. Auch in Frankreich spaltete sich die Kritikerszene: Enthusiasmus auf der einen Seite, Häme („die großen Windmaschinen") auf der anderen. Jedenfalls wurde er zu einem Prototypen des Medienintellektuellen, wie Die Zeit schon am 14. Juni 2012 diagnostizierte (https://www.zeit.de/kultur/literatur/2011-05/intellektuelle-essay-2).

7.4 Kumulativer Vorteil Medienpräsenz

An solchen kumulativen Vorteilen zu partizipieren, ist offensichtlich Teil der redaktionellen Strategie vieler Medien – das wurde schon in der Historie der Trendforschung deutlich. So werden seit dem kometenhaften Aufstieg von Precht Philosophen regelrecht gesucht. Am besten solche, die irgendwie so aussehen wie eine Mischung aus Precht und de Crescenzo mit einem Schuss Henri Bernard Lévy.

Es war ja schon eine geradezu kabarettistische Aktion, als das People-Magazin Grazia das Brüderpaar Philipp und Johannes Hübl entdeckte: „Der eine gilt als das zurzeit begehrteste Männermodel der Welt (und lebt mit der wunderschönen Olivia Palermo zusammen), der andere unterrichtet Philosophie an der Uni Stuttgart (in seinen Seminaren kriegen die Studentinnen nicht nur was fürs Hirn, sondern definitiv auch was fürs Auge) …" Die Zeitschrift attestiert dem jungen Hochschullehrer, dass er „bestimmt auch als Model arbeiten" könne. So auch Die Welt im August 2012, kurz nach dem Auftritt in der NDR Talkshow, wo einen Monat später auch Precht sich präsentierte: „Schöner Körper, schöner Geist: Johannes Hübl ist ein weltweit gefragtes Fotomodel, sein zwei Jahre älterer Bruder Philipp ein Philosoph. Ein Gespräch über ihre Kindheit, gutes Aussehen und Platon" (http://www.welt.de/lifestyle/article108809636/Wir-haben-nie-um-Frauen-konkurriert.html).

Auch Hübl hatte zu Precht eine Meinung: Der sei „erfolgreich, weil er eloquent ist und gut vorbereitet in Talkshows geht. Sein Aussehen hat ihm dabei sicher nicht geschadet." Und ergänzt diese Diagnose mit dem wirtschaftlichen Argument: „Verlage bieten zunehmend eine Gesamtinszenierung an: Buch, Autor und Auftritt." Immerhin ist das eine philosophische Erklärung, fast in der Art eines – falls sowas möglich ist – materialistischen Idealismus.

Denn auch die Bücher wurden sich immer ähnlicher, weil sie nicht mehr in die Tiefe gingen, sondern in die Breite, zudem wortgleich beworben, egal wer der Autor war – abgesehen von Sloterdijk. „Philipp Hübl führt intelligent und unterhaltsam in die moderne Philosophie ein und gibt klare Antworten auf die großen Fragen des Lebens", wirbt der Rowohlt-Verlag für das Hübl-Buch „Folge dem weißen Kaninchen – in die Welt der Philosophie". Und dies sind die großen Fragen: „Gibt es Gott? Kann man ohne Gefühle leben? Sind wir frei in unseren Entscheidungen? Haben Träume eine Funktion? Warum ist uns Schönheit so wichtig? Hat der Tod einen Sinn? Wer dem weißen Kaninchen folgt, sieht das *Wunderland der Wirklichkeit* mit neuen Augen. Es ist eine Jagd mit reicher Beute, hin und her, *querweltein*, durchs ganze Leben und zurück". Mit wenigen unmaßgeblichen Änderungen lässt sich mit diesem Text auch für „Sofies Welt" und all die anderen schönen Philosophie-Märchenbücher von märchenhaft schönen Philosophen werben.

Man ist sich nicht ganz sicher, ob es dann von der Frankfurter Allgemeine Zeitung ernst gemeint war, als sie am 28. August 2012 ihrerseits die Leser aufrief, über eine Abstimmung das Ranking der „schönsten Philosophen" zu erzeugen? Das Ergebnis war übrigens ebenso klar wie überraschend: Platz 1 wurde von 25 % der etwas über 4000 Votes dem Karlsruher Denker Sloterdijk zugeschrieben. Precht folgte mit 17 und Hübl mit 16 %. Die FAZ-Leserinnen und Leser haben offensichtlich noch ein ziemliches klassisches Bild davon, wie ein Philosoph auszusehen hat. Der schönste FAZ-Philosoph äußerte sich nun wieder zum schönen Medienphilosophen Precht in einem Interview mit der Zeit: „Seine Klientel gleicht eher der von André Rieu, den hören auch vor allem Damen über fünfzig in spätidealistischer Stimmung".

Nun gut. Das hilft auch nicht weiter. Denn die eigentliche Frage wird damit nicht beantwortet. Sieht so der zeitgeistige, allgemein verfügbare Diskurs über philosophische Intellektuelle aus? Und noch eine Frage steht im Raum, deren Beantwortung auf später verschoben wird: Warum nahmen nur wenige von den in der Bildungsrepublik Deutschland noch unangefochten führenden Philosophen, Soziologen und anderen Geisteswissenschaftlern Stellung zu dieser Trivialisierung?

7.5 Diskreditierung der akademischen Welt

Das Motiv, das bereits für die Optimierungs-Gurus und Zukunftsdeuter identifiziert wurden – direkte oder indirekte Diskreditierung der als herkömmlich, verkrustet, alarmistisch und realitätsfern charakterisierten Wissenschaft bei gleichzeitig vorgetragenen Geltungsansprüchen auf Positionen in diesem System – es wird auch bei Precht gespielt. Vor dem Studium der Philosophie in Köln, so liest man, habe sich der 1964 geborene Autor „Philosophen als spannende Persönlichkeiten vorgestellt, die so aufregend und konsequent lebten, wie sie dachten". Doch dann seien ihm die in Abschn. 1.9 schon zitierten „langweilige ältere Herren in braunen oder blauen Busfahreranzügen" begegnet, die ihre „innere geistige Freiheit nicht auf ihr Leben anwendeten" (https://www.fr.de/wissen/eins-folgt-anderen-11563680.html). Als dann die Universität Lüneburg Precht zum Honorarprofessor ernannte, begründete der Präsident der

Uni das so: „Die Bestellung von Richard David Precht zum Honorarprofessor ist für Uni-Präsident Sascha Spoun ein wichtiger Schritt im Zuge des Ausbaus der Philosophie als Teil der Kulturwissenschaften an der Leuphana und ein großer Erfolg im Wettbewerb um kluge Köpfe. [...] Mit dem Kollegen Precht haben wir eine Koryphäe der Wissenschaftsvermittlung für uns gewinnen können. Die Studierenden können sich auf einen neuen akademischen Lehrer freuen, der in ganz besonderer Weise qualifiziert ist, ihnen den Umgang mit philosophischen Fragestellungen nahe zu bringen" (https://www.leuphana.de/news/meldungen/titelstories/honorarprofessur-precht.html). Stellt sich die Frage, ob nicht damit den amtierenden Personen des Lehrkörpers eine wichtige hochschuldidaktische Qualifikation aberkannt wurde?

Der so Geehrte jedenfalls dankte mit den Worten: „Die Leuphana ist eine der innovativsten Universitäten in Deutschland." Und lobt im Spiegel vom 3. November 2008 indirekt seine Universitätspräsenz mit den Worten: „Erstaunlich, dass überhaupt hin und wieder ein interessanter Denker an den Universitäten durchkommt." Und fährt dann in einer vernichtenden Philippika gegen die Geisteswissenschaften fort: „Noch nie hat sich ein Land in der Geschichte so etwas gleistet – eine blühende Universitätslandschaft mit Hunderten von Lehrstühlen zur Kultur-Medien-Geisteswissenschaft und zur Philosophie, ohne je ernsthaft die Frage zu stellen: Was haben wir davon?"

Das ganze System sei ausgerichtet auf „Selbstgenügsamkeit und Unverständlichkeit. Wie Platons Höhle schützt das schlechte Deutsch [...] die Fakultäten vor dem Tageslicht der Gesellschaft." Und – nach dieser irritierenden Verknüpfung – zurück zu sich selbst: „Mit jedem leicht verkäuflichen Buch bringt sich der deutsche Geisteswissenschaftler um Schlips und Kragen. [...] Wer sich ziert und die Massenmedien scheut, der überlässt den Grass' und Walsers der Welt die Bühne." Noch einmal der Hinweis: Es war der Spiegel, der diese zweiseitige Polemik publizierte. Als Antwort auf einen Beitrag von Thea Dorn drei Ausgaben zuvor, der Precht „eine schulmädchenhafte Apotheose der Herren Walser, Fest und Enzensberger" vorwirft.

Was hatte sie geschrieben? Ganz einfach: „In diesem Land gibt es keinen öffentlichkeitsrelevanten Intellektuellen unter sechzig mehr." Und: „Der [...] vermutlich mächtigste Feind des Intellektuellen in Zeiten der

Medienkratie ist der ‚Prominente', der sich – aus welchen Gründen auch immer – plötzlich zum Intellektuellen berufen fühlt und seine Prominenz als Trägerrakete einsetzt, um die breite Öffentlichkeit mit seinen Thesen zu bombardieren. Diesen bildschirmerprobten Simplifizierern von Peter Hahne bis Eva Herman mangelt es nicht an jener Passion im Auftritt, die den Dichtern und Denkern der jüngeren Generation so häufig abgeht. Das Problem mit ihnen ist, dass sie allenfalls imstande sind, den Problemen auf Bauchnabelhöhe zu begegnen."

Es ist schwer vorstellbar, dass Precht diese Diagnose auf sich bezog, oder?

Wie auch immer: Erneut wird das Motiv der indirekten Diskreditierung von Wissenschaft und intellektueller Szene in diesem Artikel bemüht – und ihre mangelnde Originalität. Dieser Vorwurf aber ist, wenn man den Titel seines ersten Buches heranzieht (siehe dazu Kap. 2), zumindest was die Originalität angeht, sonderbar.

Precht ist also Kompilator, und das setzt sich in seinen Werken fort, die – wie sich gleich zeigen wird – jede Konjunktur aufnehmen, die sich als mediengeeignet erweist und den gesamten Kanon abarbeitet, der schon bei vielen anderen aufgegriffen wurde. Das wäre im Prinzip für einen nachdenklichen Wissenschaftler (wie man die Berufsbezeichnung Philosoph auch übersetzen könnte), angebracht. Nur gehört dazu, was Philosophie eigentlich ausmacht: ein originaler Leitgedanke, an dem sich die klassischen oder auch alltagskulturellen und politischen Themen und Philosophien noch einmal aus der Perspektive eines durchdachten Theoriegebäudes darstellen lassen. So wie die im zweiten Kapitel erwähnten Philosophen, die in dieser Abrechnung gar nicht vorkommen: Böhm, Pfaller, Gabriel, Butler, Habermas – um nur einige Namen zu nennen.

Was soll man mitnehmen als Grundgedanken von Precht? Von seiner enzyklopädischen „Rundreise", die nicht nur die Wissenschaft in ihrer Vielfalt, sondern auch noch jede erdenkliche Talkshow-Thematik umfasst und erfasst. Egal ob Tierwohl, soziales Jahr für Rentner, Bildungswesen, Ukrainekrieg oder jüdische Berufsethik, künstliche Intelligenz, desinformierende Medien und Elektroautos – eine philosophische Linie lässt sich nicht erkennen.

Einen Leitgedanken gibt es nicht bei Precht. Ganz einfach.

Und die Laudatio des Präsidenten der Universität Lüneburg ignoriert die Rolle dieser Art von komplexer Philosophie und ihrer komplexen

Sprache: Die Wirkung der gedanklichen Arbeit entfaltet sich allmählich in der fachlichen Rezeption und Diskussion, in der Ausbildung von Studierenden als Mitgift für ihre späteren beruflichen Tätigkeiten, aber auch über vermittelnden Journalismus. In diesem Prozess haben die in Kap. 2 erwähnten publizistischen Angebote eine wichtige informative Rolle. Auch die populären Bücher über die Geschichte der Philosophie und mit Philosophiegeschichten sorgen für Öffentlichkeit. Das bleibt unbestritten. Allerdings liegen bislang keine empirischen Studien – etwa aus der Wirkungsforschung der Kommunikationswissenschaften – vor, die dieses durchaus wichtige Thema behandeln.

7.6 Wendepunkte, kurz skizziert

Nachzuvollziehen ist allerdings, dass die Anmaßung, sich zu jedem Thema zu äußern und sich nicht mit der schriftstellerischen Transformation von Wissenschaft in leicht verdauliche Kompilationen zufriedenzugeben, vom anfänglichen Enthusiasmus zunächst zum Erstaunen und von dort zur Kritik führte. Zum Beispiel 2021, als Prechts Kommentare zur Impfung von Kindern gegen Corona den Spiegel-Journalisten Marco Evers zu dem Beitrag inspirierten: „Wer ist Dr. Wirrkopf und wenn ja, wie viele wirklich? Der Talkshow-Dauergast und Bestsellerautor Precht ist intellektuell abgestürzt und schwadroniert nun beim Coronathema auf ‚Querdenker'-Niveau. Weil viele Menschen ihn für klug halten, ist das eine Gefahr." Der Beitrag rief im Internet einen echten Shitstorm hervor, nicht gegen Precht, sondern gegen Evers, wegen Prechteslästerung.

Doch das war nicht die einzige Kritik. Im Wissenschafts-Blog Scilogs. spectrum.de hieß es: „Ein populistischer Schreiber und Kritiker – Wie uns der intellektuelle Scheinanführer Richard D. Precht wieder einmal mit unsinnigen Argumenten irreführt, dieses Mal zu Corona" (https://scilogs.spektrum.de/beobachtungen-der-wissenschaft/ein-populistischer-schreiber-und-kritiker-wie-uns-der-intellektuelle-scheinanfuehrer-richard-d-precht-wieder-einmal-mit-unsinnigen-argumenten-irrefuehrt-dieses-mal-zu-corona).

Begründet wurde dies mit einer ausführlichen Frage nach wissenschaftlicher Vorgehensweise und fachlicher Kompetenz. Zum Beispiel stelle „Precht [...] die wissenschaftliche Forschung von Corona-Impfstoffen für Kinder insgesamt infrage. Als ihm daraufhin gesagt wird, dass in vielen Fragen um Corona die Impfstoffforschung sehr viele Fragen sehr verlässlich beantworten kann, und dass sich seine Aussagen hier kaum als richtig erweisen, nennt Precht das Impfen daraufhin mit eindeutiger polemischen Intention ‚Gentechnik', was, wie er wohl hofft, die Gegenseite zum Schweigen bringt, wird Gentechnik doch von vielen Menschen als kritisch gesehen" (https://www.finews.ch/news/finanzplatz/49265-lars-jaeger-richard-d-precht-schein-philosoph-corona-irre-unsinnig).

Das mag zu diesem Thema genügen.

Die öffentliche Aufregung war heftig genug auf beiden Seiten, um ausreichend Belege für diese Auseinandersetzung zu bieten. Was auch für weitere Beispiele dieser Art gilt, etwa für die sehr voreilige Kommentierung der Aussichtslosigkeit der Ukraine nach dem russischen Überfall, für die sich Precht dann kurze Zeit später wortreich entschuldigte; oder die Behäbigkeit und das übersteigerte Anspruchsdenken der sogenannten Generation Z, die er gemeinsam mit Markus Lanz, seinem Podcast-Partner, abwatschte: „In der Generation meiner Eltern, erst recht meiner Großeltern, haben sich 90 % aller Menschen, wenn sie gearbeitet haben, die Sinnfrage gar nicht erst gestellt." Jetzt sehe es aber so aus, „dass nahezu alle jungen Menschen ins Leben gehen mit der Vorstellung, das Leben ist ein Wunschkonzert." Diese Bemerkung folgte auf eine soziologische Analyse von Lanz, dass wir (wieder mal dieses seltsame „wir") uns zu einer „gefühligen Gesellschaft" entwickelt hätten. „So eine Hafermilchgesellschaft, so eine Guavendicksafttruppe, die wirklich die ganze Zeit auf der Suche nach der idealen Work-Life-Balance ist."

Nun arbeitet sich die gesamte Szene der selbst akkreditierten Gesellschaftstheoretiker an diesem Thema ab, sowie zuvor an den Generationen X, Y und Golf sowie an Millenials, Yuppies, Boomers, Bobos und was es nicht sonst noch alles an publicity-tauglichen Trend-Soziologismen gibt. Deshalb erscheint eine tiefer gehende Beschäftigung der seit Karl Mannheims Analyse des Begriffs der Generationen in den 1930er-Jahren kontinuierlich beforschten Thematik überflüssig. Zumal die Soziologie insgesamt den Begriff für analytisch unzureichend hält. Und sogar der Urheber dieses ganzen Hypes alphabetisierter Genealogien, der amerikanische Schriftsteller Douglas Coupland mit seinem Roman „Generation X", Trendforscher und andere selbst ernannte Experten unwirsch darauf hinwies, dass er mit diesem Titel keine soziologische Aussage hatte treffen wollen.

Es hat nicht verfangen.

Es ging munter weiter mit dem Generationen-Alphabet. Und mit dem Z ist auch keineswegs Schluss. Erste Ansätze zu einer Rückkehr an den Anfang des Alphabets sind gemacht – es folgt nun die Generation Alpha.

Heftiger wurde die Kritik allerdings, als Precht seine umstrittenen Äußerungen über die Gestaltung des jüdischen Sabbaths der Öffentlichkeit unterbreitete. In der Folge des Lanz-Precht-Podcasts vom 13. Oktober 2023 hatte er behauptet, Juden sei es aus religiösen Gründen untersagt, zu arbeiten – „außer ein paar Dingen wie Diamanthandel und Finanzgeschäfte". Später stellte er gemeinsam mit ZDF-Moderator Markus Lanz klar, dass dies nicht den Fakten entspräche.

7.7 Politischer Schleuderkurs

Unbeantwortet aber bleibt die Frage, was jemanden, der sich selbst zu den führenden Intellektuellen des Landes zählt, zu derartigen Formulierungen bewegt. Es war ja nicht der erste irritierende Spruch dieser Art. Auf einem oder einigen der Hunderte von Vorträgen auf Cameo-Auftritten mit Lanz vor Unternehmen, Hochschulen, Gemeinden und sonstigen Publika jeder Art zu Themen jeder Art, hatte sich Precht über den deutschen Wohlstand alteriert: „Wir haben irgendwann das christliche Kreuz durch das Hakenkreuz ersetzt und das Hakenkreuz durch den Mercedesstern. Und das, wofür der Mercedesstern jetzt steht, also sowohl die Automobilindustrie wie die Vorstellung von mehr Konsum, mehr Mobilität, mehr Wohlstand und mehr Luxus, das prägt unser Selbstverständnis". Demnach sei das „ideologische Glaubensbekenntnis" hierzulande die Marktwirtschaft. Man nahm das stirnrunzelnd zur Kenntnis.

Doch, was die jüdische Arbeitsethik anging, waren die Reaktionen diesmal heftig. So heftig, dass Precht auf Druck der Lüneburger Studentenschaft seinen Titel als Honorarprofessor abgab. Die Reaktion der Universitätsleitung: „Dr. Richard David Precht hat am vergangenen Wochenende gegenüber der Universitätsleitung seinen sofortigen Rückzug von seiner Honorarprofessur an der Leuphana Universität Lüneburg erklärt." Die Universität respektiere Prechts Entschluss und danke ihm für das Engagement und die geleistete Arbeit. Eine Frage bleibt: Warum erst zu diesem Anlass und nicht aufgrund der doch sehr deutlichen Kritik am wissenschaftlichen Verfahren und den Ergebnissen? Hätte die Universität sich nicht mit den wissenschaftlichen Vorbehalten beschäftigen sollen, die ja seit 2012 zunehmend die Recherche-Qualität in Prechts Büchern beklagten?

Den Professorentitel, jenes edle Ornament des von ihm so heftig beklagten Systems, wird Precht weiterführen dürfen, denn es gibt ja noch eine zweite Hochschule, die ihn mit einer Honorarprofessur bedacht hat: die Hanns Eisler Hochschule für Musik in Berlin. „Der 47-Jährige soll den Studenten Schlüsselkompetenzen in Philosophie und Ästhetik vermitteln", wie die Hochschule am Donnerstag mitteilte. „Rektor Stefan Willich überreicht die Ernennungsurkunde am 10. Oktober 2012." Auf die Frage nach seinen einschlägigen Kompetenzen antwortete Precht: „Die Chance besteht ja, dass ich auf einem Gebiet, auf dem ich unglaublichen Nachholbedarf habe, von meinen Studenten lerne. Ich erkläre ihnen die Philosophie, sie mir Musik." Es wäre interessant zu erfahren, was eine Berufungskommission für eine Junior-Professur antworten würde, wenn eine Kandidatin oder ein Kandidat ihre Motivation auf diese Weise begründen würde: „Ich habe zwar keine Ahnung von den Spezialitäten des Fachbereichs, aber ich lerne gern von den Studierenden" (https://www.bz-berlin.de/archiv-artikel/precht-ich-bin-voellig-unmusikalisch). Diese Bemerkung erinnert an eine bereits zitierte Kernaussage der Influencerin Pamela Reif, deren Karriere der Stern in seiner Ausgabe 3/2024 eine größere Geschichte widmete: „Ich habe nichts gelernt von dem, was ich tue. Aber ich finde trotzdem Wege, darin gut zu sein."

Das alles geschah in der Zeit vor der heftigen Welle der Kritik. Immerhin in einem Zeitraum von mehr als zehn Jahren – obwohl kritische Stimmen, und hier auch die wissenschaftlich versierter Fachleute, von Beginn an sachliche Kritik an den Büchern und an vielen Aussagen von Precht übten. Doch der Medien- und Kulturbetrieb reagierte mehrheitlich marktgerecht. Precht ließ und lässt sich gut verkaufen, seine Bücher rangieren über Wochen – wie die Peter Hahnes – auf den ersten Rängen der Spiegel-Bestseller-Listen; Literaturhäuser und Kongresse, Unternehmen und Fernsehanstalten, Talkshow-Produzenten, Medien-Unternehmen und wissenschaftliche Institutionen überboten sich mit Enthusiasmus und ernannten ihn zu einem Vordenker. Wieder einmal mit der als geradezu magisch verklärten Kompetenz, komplexe wissenschaftliche Zusammenhänge in leicht verdauliches Feuilleton zu verwandeln.

7.8 Die großen Fragen der Menschheit

Ursprünglich, bevor Heidenreich es als „Weg zum Glück" bejubelte, war das Buch als eine Einführung in die Philosophie für Jugendliche gedacht und mit den üblichen Versatzstücken der Werbung verbreitet worden, die immer eingesetzt werden, wenn es um alles geht: eine, wie ja auch der Literaturkritiker Scheck replizierte, „Rundreise ins" (Rundreise *ins*?) Reich des Denkens, auf die uns ein Autor mitnehme. Die Augsburger Allgemeine ernannte Precht zu Deutschlands populärstem Philosophen, mit dem Hinweis auf rund hundert Vorträge pro Jahr. „Das Gefühl, dass er ein Thema abspult, entsteht nicht. Precht versteht es, sein Publikum zu fesseln. 90 min lang zitiert er Wirtschaftspsychologen und Hirnforscher, Asterix und Sarrazin, stets leicht verdaulich aufbereitet und mit anschaulichen Beispielen gewürzt" (http://www.augsburger-allgemeine.de/wirtschaft/Wir-sind-lieber-die-Boesen-als-die-Dummen-id9608446.html). Der Link ist seit kurzem nicht mehr verfügbar.

„Richard David Precht beschäftigt sich in seinem neuen Buch erneut mit den großen Fragen der Menschheit. Seine Antworten richten sich vor allem an Kinder", schrieb der Nordkurier am 6. Dezember desselben Jahres. Selbst die Sternstunden-Moderatorin Barbara Bleisch vom SRF lobte am 11. Mai 2012 Prechts „herausragendes Talent, komplexe philosophische Sachverhalte einfach verständlich darzustellen." Das Frauenmagazin Für Sie, in der Precht eine Testosteron-Diagnose der Finanzkrise von 2008 entwickelt hatte, zeigte sich in einer auf der Amazon-Seite zitierten Aussage ebenfalls von der universalen Kompetenz überwältigt: „Von der Neurologie über die Psychologie führt uns Precht zu den großen Fragen des Lebens – klug, witzig, auf neuestem wissenschaftlichem Stand."

Was ist das – der neueste wissenschaftliche Stand? Welcher Disziplinen? Und wie vieler? Ein Dutzend, dreizehn, fünfzehn wie bei Horx? Die Frage, die in den meisten Interviews gestellt wird, legt dem Philosophen fast ehrerbietig diese Antwort in den Mund: „Anders als die meisten Ihrer Kollegen schaffen Sie es, verständlich über komplexe philosophische Fragen zu schreiben. Warum geben sich deutschsprachige Philosophen weniger Mühe, verständlich zu sein, als ihre angelsächsischen Kollegen?" Die zu erwartende – allerdings in ihrer Logik leicht verwirrende – Antwort eines Philosophen, der leichte Verständlichkeit als Markenzeichen führt: „Wir haben in Deutschland die alte Tradition, dass die Menschen nur Respekt vor Philosophen haben, wenn sie sie nicht verstehen. Wenn man sie versteht, dann denken sie, das kann ja nichts Besonderes sein, das kapiere ja sogar ich."

Dann die gefeierte Alternative: „Gibt es Gedanken, die dem breiten Publikum nicht erklärt werden können, weil sie zu kompliziert sind?" Und ihre Bestätigung ad personam: „Nein, ich glaube, das gibt es nicht. Ein guter Physiker kann die Relativitätstheorie so erklären, dass sie ein Laie versteht. Ich schreibe an einer Geschichte der Philosophie. Derzeit beschäftige ich mich mit Heidegger – einem Philosophen, über den man sagt, es sei sehr schwer, ihn verständlich darzustellen. Ich bin zuversichtlich, dass mir das gelingt" (https://www.tagblatt.ch/kultur/philosoph-richard-david-precht-uber-die-grenzen-von-technologie-in-der-evolution-war-es-nie-so-dass-intelligenz-zu-bewusstsein-gefuhrt-hat-ld.1256094).

Schwer beeindruckt von diesem Selbstbewusstsein und den weitgefassten Themenhorizonten war zum Beispiel Carsten Linnemann, der CDU-Generalsekretär. Er sagte vor dem Auftritt von Precht mit der Journalistin Anna Schneider im Podcast „Einfach mal machen": „Richard David Precht ist einer der ganz, ganz großen Philosophen, über den noch in 200, 300 Jahren gesprochen wird." Die Twitter-Gemeinde war sogleich in heller Aufregung. Ein YouTube-Ausschnitt der Szene wurde gezeigt. Die Influencerin Marie von den Benken verlieh der Szene sogleich „Comedy Gold" (https://www.fr.de/meinung/kommentare/cdu-carsten-linnemann-philosoph-richard-david-precht-prognose-irrtuemer-kommentar-92433551.html),

7.9 Welt-Innenpolitik und auch sonst noch Allerlei

Und schließlich landete Precht 2024, trotz des Prognose-Flops mit der langen Amtszeit des österreichischen Bundeskanzlers Kurz, erneut in der Politik. Dieses Mal ganz groß zur Lage der Welt: „Das Jahrhundert der Toleranz. Plädoyer für eine wertegeleitete Außenpolitik", erschienen im Goldmann Verlag und bald erwartungsgemäß ein Spiegel-Bestseller. Precht zufolge, so liest man, liege die Aufgabe darin, aus althergebrachten Freund-Feind-Mustern auszubrechen. „Zum ersten Mal in der Geschichte der Menschheit", so der Klappentext, „versammelt das 21. Jahrhundert im Zeichen der globalen ökologischen Katastrophe alle im selben Boot. Meistern können wir sie nur, wenn wir auf das schauen, was alle Länder und Kulturen eint."

Den sachlichen Teil findet (zum Beispiel) der Rezensent der Süddeutschen Zeitung, Moritz Baumstieger, allerdings kaum überzeugend. Prechts Aussagen zur multipolaren Weltordnung scheinen ihm alles andere als neu. Der Mangel an Ideen in Sachen deutsche Außenpolitik (Ukraine, Nahost) und Weltfrieden, den der Autor an den Tag legt, lasse die Frage unbeantwortet, wozu das Buch eigentlich gut sein soll. Und wieder und überhaupt: Irgendwie kam einer politisch und philosophisch interessierten Leserschaft das alles ohnehin bekannt vor. Und richtig: Auf Seite 760 des zweiten Bandes der 2019 erschienenen Abhandlung von Jürgen Habermas „Auch eine Geschichte der Philosophie", steht bereits fast wörtlich: „Im praktischen Diskurs müssen die Beteiligten, die sich im Hinblick auf gesellschaftliche Interessenlagen und individuelle Lebenssituationen voneinander unterscheiden, zugleich bereit sein, ihre verschiedenen Perspektiven gegenseitig zu übernehmen." Und auf Seite 795: „Das Konfliktpotential von Lebensformen, die füreinander ihre Integrität wahren wollen, kann letztlich nur durch das Band einer gemeinsamen *politischen* Kultur entschärft werden."

Schließlich zurück zu einer klassischen Quelle dieser Ideen. Nämlich zu Immanuel Kants Essay „Zum Ewigen Frieden", einem kleinen Text, der sich zwar als eine Art Einmischung in die Politik versteht, allerdings die eines Philosophen, auf den die Politik als „Schulweisen" herabblicke.

Dennoch deklariert Kant in der Einleitung seinen damals durchaus revolutionären Grundgedanken, dass der zweite Definitivartikel des Völkerrechts zur Erhaltung des Friedens einen „Föderalismus freier Staaten" voraussetze. Und nicht zuletzt erinnert die Idee an den in Abschn. 4.2 schon zitierten Aufruf des World Economic Forum in Davos 2024 unter dem Titel. „Rebuilding Trust".

In Zusammenhang eines Buches über Bildungsrepublik und Wissensgesellschaft ist aber eines dieser Themen von besonderer Bedeutung: Schule, Erziehung und frühe Bildung. Diagnose Precht: Katastrophe! Auch die Studien wie PISA oder ähnliche. Das ließ er verlauten in der ersten Fernsehsendung auf ZDF, das schnell nach dem Erfolg von „Wer bin ich ...." und so weiter die quotenattraktive Wirkung des New-Public-Intellectuals erkannte und ihm die bis dahin von Peter Sloterdijk moderierte Philosophiesendung übertrug. Gast war der Hirnforscher Gerhard Hüther.

Jürgen Kaube, Journalist der Frankfurter Allgemeinen Zeitung, durch eine Reihe von wissenschaftlichen und bildungspolitischen Tätigkeiten einer der wesentlichen Kommentatoren in der Frankfurter Allgemeinen Zeitung, resümierte am 28.04.2013 zum Thema: „So viel intellektuelle Schlampigkeit war selten: Richard David Precht möchte das deutsche Bildungswesen durchleuchten, funzelt aber nur mit qualmenden Klischeefackeln herum. Verrat, Bankrott, Katastrophe, die Titanic kurz vorm Untergang. Richard David Precht zieht bekannte Register. Die deutschen Schulen sind furchtbar. Woher er das weiß? Zunächst aus den internationalen Vergleichsstudien, die Precht aber ihrerseits auch furchtbar findet. Denn Bildung ist für ihn Persönlichkeitsentwicklung. Er unterscheidet dabei nicht zwischen Erziehung (absichtliche Personenveränderung) und Sozialisation (unabsichtliche). Kreativität und Teamfähigkeit, die für ihn zur Persönlichkeit gehören (Beamte, Angestellte und Arbeiter haben für ihn keine richtige), kann man aber nicht messen. Folgerichtigerweise müsste er die ganze Kritik, die er über PISA-Befunde und OECD-Statistiken am deutschen Schulsystem herleitet, eigentlich gleich wieder einpacken. Dennoch ist hier wie bei den Lehrplänen Spielraum für sinnvolle Abweichungen von eingefahrenen Pfaden. Nur müssen sie mit Verstand vorgeschlagen werden und nicht, wie es Precht tut, ohne jedes soziologische und fachliche Gespür. Bildung definiert er an einer Stelle so: viele verschiedene Dinge produktiv miteinander in Ver-

bindung bringen zu können und vielfältige eigene Gedanken zu entwickeln. Dass der Unterschied zwischen eigenen Gedanken und richtigen Gedanken nicht zu verachten ist, belegt sein Buch auf jeder Seite."
Weitere Rezensionen dieser Art folgten, aber auch heftige Zustimmung. Nur gibt es erneut das Problem, dass keine Informationen über die soziologische Struktur dieser Reaktionen existiert, zumindest keine, die eine öffentliche Rezeption erfahren hätte. Das bedeutet auch, dass einschlägige Fachdisziplinen sich für dieses soziokulturell durchaus bedeutsame Thema nicht interessieren.

7.10 Wissen und was dafürgehalten wird

Fazit: Die rege Beschäftigung mit der Publizistik der New-Public-Intellectuals ist durchaus ein Beleg für das Interesse an Wissen, sorgt aber andererseits für eine Polarisierung des Zeitgesprächs über das, was für Wissen gehalten wird. Die beiden Prototypen (und als solche deklarieren sie sich selbst), deren Arbeiten hier näher abgehandelt worden sind (Horx und Precht), werden öffentlich kommentiert – durchaus enthusiastisch, mitunter ehrfurchtsvoll auf der einen, kritisch bis abfällig auf der anderen Seite. Dabei bewegt sich die Argumentation bisweilen auf recht niedrigem Niveau, wenn Precht zum Beispiel öffentlich von einem Politiker und verschiedenen Medien als „Klugscheißer" tituliert wird (es gäbe durchaus analytische Begriffe, die wissenschaftlich legitim sind, um diese Meinung auszudrücken) oder als „Dr. Wirrkopf" (Spiegel) und dem Trend-Erfinder Horx eine Reihe eher karikaturistischer Attribute zugeschrieben werden.

Das Problem, gerade bei Horx, aber auch bei Precht und seinen Ko-Autoren Lanz oder Welzer ist nun, dass es auch da sprachlich unangemessen rüde zugeht. Wäre hier Raum genug, die Szene insgesamt zu betrachten und weitere, gefeierte Bestseller-Autoren einzubeziehen (Peter Hahne etwa) könnte sich die Frage noch klarer (wenngleich auch dann ein wenig kindisch) stellen: Wer hat angefangen mit dem – unter den Gesichtspunkten eines zivilisierten Diskurses – sprachlichen „Rabaissement"?

Diesen trefflichen, kaum übersetzbaren Ausdruck verwendete der französische Theologe und Philosoph Maxime Gorce. Das Buch, in dem er eingeführt wird, heißt: „Les pré-écritures et l'évolution des civilisations", eine ethnologische Studie, die 1974 in Paris erschienen ist und ein ganz einfaches Thema hat: Kommunikationsrituale bei schriftlosen Völkern, ihre Mythen, ihr Glaube an den existenzbeeinflussenden Lauf der Gestirne, ihre Abhängigkeit von Schamanen.

Rabaissement, eine Art des „wilden Denkens" (Lévi-Strauss), noch als Vorform von Wissenschaft und Suche nach Systemen, oft bei weiterhin ungeklärten Fragen ausartend in Mythen und Mystik, später dann, als es bereits wissenschaftliche Welterklärungen gab, in Scharlatanerie und opportunistischer Opposition zu herkömmlicher Wissenschaft – all das sind offensichtlich bleibende Motive, motiviert durch die Diskreditierung der Versuche, die *Komplexität der Wirklichkeit* durch eine *komplexe wissenschaftliche Arbeit* zu verstehen. Das wiederum heißt: die Wirklichkeit angemessen beschreiben und erklären zu können, um dann daraus Schlussfolgerungen für die Zukunft zu entwickeln. Voraussetzung für eine derartige Kommunikation in einer um Bildung besorgten Öffentlichkeit wäre also die wechselseitige Wahrnehmung von Meinungen und Argumenten und deren Austausch in Diskursen, Diskussionen oder Debatten.

Dazu müssen Interessen klar formuliert und mithin transparent sein. Vor allem aber sind die bereits erarbeiteten Wissensbestände verfügbar zu halten, um überhaupt einen Schritt weiterzukommen und nicht in Endlosschleifen mit immer wieder neuen Begriffen alte Einsichten zu reproduzieren. Auch wenn das unter marktrationalen Gesichtspunkten als Geschäftsfeld verlockend sein kann. Aber gerade das geschieht.

Der Soziologe Dirk Kaesler wies darauf hin, „dass auch dadurch das Geschäft der so genannten ‚Trend-Soziologismen' [...], wie etwa die des ‚Zukunftsforschers' Matthias Horx, nur umso erfolgreicher blüht. Wer Ulrich Beck und Richard Sennett, zwei anerkannte und professionelle Soziologen diskreditiert, bereitet den Produzenten feuilletonistischer Nutzwerttheorien [...] den lukrativen Boden. Sie haben keine Scheu, das, was sie verkaufen, ‚Soziologie' zu nennen, ja sogar, mit dem Seitenhieb auf die akademisch etablierte Soziologie, als eine ‚Kritische Soziologie'. Und noch ein letzter Stein sei erwähnt, der den Weg der Soziologie zum Orchideenfach pflastern könnte: die endgültige Verbannung von ‚Gesellschaftskritik' aus dem akademischen Geschäft der Soziologie. Wer dieses ehemalige Kerngeschäft auch und gerade der wissenschaftlichen Soziologie aus deren Aufgabenkanon ein für alle Mal streichen möchte, trägt mit dazu bei, die Soziologie nicht nur um ihr wissenschaftliches Erbe zu bringen, sondern ihr auch keine Zukunft zu weisen. Als Folge dieser Entwicklungen ergibt sich, dass die Soziologie eher zu einer begleitenden Hilfswissenschaft wird. Kaum ein interdisziplinäres Forschungsprojekt, das ohne soziologischen Fachverstand auskommen möchte" (Kaesler 2008). Diese Diagnose lässt sich ohne weiteres auch auf andere Geisteswissenschaften anwenden, zum Beispiel die Philosophie.

8

Wissenschaft und Komplexität

Zusammenfassung Eigentlich wäre die Kritik an den beschriebenen Praktiken der Medienintellektuellen Sache einer kritisch konstruktiven Wissenschaft als Repräsentanz der Bildung, um offensichtliche Fehlprognosen und -interpretationen aufzudecken. Zwei Vermutungen, warum das selten geschieht, werden diskutiert. Erstens: mangelndes Interesse oder kräftezehrende Selbstbezüglichkeit auf Grund steiniger Karrierewege und daraus erwachsend eine subkulturelle Distanz zur Alltagswirklichkeit. Zweitens: die Komplexität der wissenschaftlichen Arbeit, die tatsächlich keine Zeit lässt, sich mit derlei Entwicklungen zu beschäftigen. Andererseits kann die Kritik an Wissenschaft generell nicht ignoriert werden, dass ihre Komplexität gelegentlich zu realitätsfernen Theoriegebäuden führt – hier stellvertretend an den Wirtschaftswissenschaften illustriert. Sie pflegen einen „Modellplatonismus", der wie im Höhlengleichnis Platons die Schatten an der Wand als Wirklichkeit interpretiert. Doch auch und gerade bei den Wirtschaftswissenschaften ist angesichts der Herausforderungen durch die multiplen Transformationen eine stärkere Berücksichtigung der Beiträge nicht-wirtschaftswissenschaftlicher Disziplinen zu beobachten. So entstehen wichtige neue Forschungsfragen für die Zukunft, von denen einige interessante vorgestellt werden.

8.1 Ignoranz der Wissenschaft

Dirk Kaesler ist einer der wenigen Soziologen, die sich mit der Trendforschung aus wissenschaftlicher Perspektive beschäftigen. Insgesamt aber haben sich nur verschwindend wenige Vertreterinnen und Vertreter mit den Ansprüchen der selbst ernannten New Public Intellectuals auf Wissenschaftlichkeit auseinandergesetzt – und dies, obwohl die Wirkung derartiger Ansprüche in der Öffentlichkeit beträchtlich ist. Immerhin bestärken sie die Metapher vom realitätsfernen Klüngel im Elfenbeinturm, die sich in der Folge möglicherweise als wachsender Vertrauensverlust in das gehobene Bildungssystem niederschlägt. Vor diesem Hintergrund müsste es eigentlich vielen Kommentatoren befremdlich anmuten, dass Hochschulen so freimütig Lehraufträge, Dozenturen, gar Professorentitel honoris causa an Protagonisten dieser Dienstleistungen vergeben. Befremdlich deshalb, weil es dem fachlich ausgebildeten wissenschaftlichen Personal indirekt ein Defizit auf gerade den Gebieten bescheinigt, die die hauptsächliche Qualität ihrer Tätigkeit darstellen, nämlich Forschung und Lehre.

Wissenschaftler und Wissenschaftlerinnen ignorieren also bewusst oder unbewusst die Nutzung ihrer Arbeit für die Geschäfte einer intellektuell oberflächlichen Dienstleistung und übersehen die Gefahr einer marktrationalen Verfremdung ihrer Forschungsergebnisse. Diese Distanz des akademischen Milieus zu den New Public Intellectuals markiert aber nur eine der Trennlinien. Die andere, die auch in PISA-Studien und vergleichbar hochwertigen Projekten über den Zustand und die Zukunft der Bildungsrepublik immer wieder identifiziert wird, ist die zu den dort sogenannten „sozio-ökonomisch benachteiligten" Milieus. Vor allem zu ihnen fehlen offensichtlich die, wie Milan Dubrović sie nannte, „fließenden Übergänge, der existenziellen Mischformen und relativierenden Individualitäten" aus den akademischen Milieus, es mangelt an Foren „für das freie Gespräch, die impulsive Auseinandersetzung, die systematische Pflege von Querverbindungen zwischen […] divergierenden Gruppen und Clans" (Dubrović 2001). Es hat sich allerdings immer wieder gezeigt, dass eine unmittelbare Kommunikation des akademischen Milieus mit den unterschiedlichsten Milieus der alltäglichen Lebenswelten kaum mehr als eine sozialromantische Utopie darstellt.

Ein solcher neuerlicher „Strukturwandel der Öffentlichkeit" wäre Verwirklichung eines Modells, das mehrfach schon als Blaupause für eine sozio-revolutionäre Transformation ausprobiert wurde – im Paris der Mai-Revolution 1968 und ihren fruchtlosen Versuchen, die Arbeiterschaft zu integrieren, ebenso wie in den vergeblichen Aktivierungsversuchen der deutschen APO-Aktivisten, in den Kneipen der Arbeitervororte in Hamburg, Frankfurt, München oder Berlin zum selben Zeitpunkt. Die Ansprechpartner hatten, um es profan auszudrücken, relativ wenig Interesse an Themen wie der „repressiven bürgerlichen Sexualmoral" oder der Behauptung, ihre subjektiven Empfindungen seien nichts anderes als die Unterwerfung unter die objektivierten Interessen einer „herrschenden" Minderheit durch die rückhaltlose „Verdinglichung" der Alltagskultur und den Konsum als „repressive Toleranz". Und an den Ansprüchen einer gehobenen Bildung – jedenfalls der Art, die diese Aktivisten bevorzugten – schon gar nicht, auch wenn manches dafürsprach.

Ob mit der Übertragung dieser Alltags-Utopie das wesentliche Problem des Vertrauensverlusts in die Wissenschaft hätte bewältigt werden können oder es heute könnte, muss offenbleiben. Insbesondere deshalb, weil sich die Trennlinien nun anders darstellen – vor allem die zwischen den in Informationsblasen befangenen Userinnen und User der Social-Media und den möglichen Kommunikationspartnern und -partnerinnen aus anderen Interaktions-Milieus oder auch die zwischen der in identitätspolitischen Nischen engagierten Mentalitätsmilieus. Das damalige Schichten- oder Klassensystem ist überholt und nur noch ein denkbarer Ansatz der Beschreibung gesellschaftlicher Diversität.

Gleichzeitig muss aber die Frage beantwortet werden, warum das so ist. Und die bisherigen Erörterungen legen nahe, dass in dieser Utopie zwei Irrtümer zu beachten sind, die sich aus der Idee einer bildungsrepublikanisch verfassten Wissensgesellschaft ergeben: Erstens, dass es unbedingt die Aufgabe von Wissenschaftlerinnen und Wissenschaftlern sei, eine permanente, wie auch immer formell oder informell organisierte unmittelbare Kommunikation über ihre wissenschaftliche Arbeit zu pflegen. Wenn das die Forderung wäre, müsste eine Voraussetzung gegeben sein: Das akademische Milieu müsste über die Fähigkeit verfügen, die lebensweltlichen Attitüden der Kommunikationspartner nicht nur zu *verstehen*, sondern auch in ihnen zu *bestehen*. Profan und eher metaphorisch gesagt: Es könnte nicht schaden, wenn man neben der vektormathematischen Kompetenz für eine soziologische „Latent Structure Analysis" unter Zuhilfenahme von künstlicher Intelligenz im Hinblick auf wirtschaftliche Reformen auch die Regelwerke vordergründig simpler Kartenspiele wie Klaberjaß, Watten oder Bauernschnapsen beherrschte. Kommunikationstheoretisch ausgedrückt: die Kompetenz besäße, sich virtuos im Rahmen „kultureller Algorithmen" zu bewegen, die sich in unterschiedlichen Milieus als Habitus ausprägen.

8.2 Wissenschaft als repräsentatives System

Davon abgesehen muss ein zweiter grundsätzlicher Irrtum korrigiert werden, was die Funktionsweise des Wissenschaftssystems angeht: Es ist dazu da, zunächst unabhängig von den Vermittlungsmöglichkeiten, die undurchsichtige Komplexität der Welt mit angemessenen Methoden zu beschreiben, jene oft verborgenen Zusammenhänge und langfristigen Wirkungsketten zu verstehen, die gegenwärtigen und oft unverständlichen Entwicklungen vorausgehen, daraus dann praktisch umsetzbare oder denkbare Schlussfolgern zu ziehen sowie konstruktive und destruktive Konsequenzen dieser Lösungen für die Zukunft zu durchdenken. Das sind die Grundlagen jeder wissenschaftlichen Ausbildung, sei es die von Lehrerinnen und Lehrern, von Fachkräften für Kernphysik oder Juristen, Medizinern oder Informatikern bei der Installation ihrer Programme sowie Psychologen und Soziologen bei der Einschätzung der individuellen und gesellschaftlichen Folgen künstlicher Intelligenz. Immer stehen konkrete Aktionen im Zentrum, deren wünschenswerte, oft aber auch unerwartete Folgen in den Kontexten der Lebens- und Berufswelten durchdacht werden müssen.

Die Protagonisten dieses Systems sind sozusagen Delegierte für eine besondere Aufgabe. Was nun allerdings wieder zum ersten Punkt zurückführt. Die Kommunikation gilt nicht in erster Linie den wissenschaftlichen Inhalten, sondern der Legitimation der speziellen Arbeit. Denn wenn auch an die Wissenschaftlerinnen und Wissenschaftlicher die Forderung nach einem tieferen Verständnis der Alltagswirklichkeiten gerichtet werden kann, gilt nicht unbedingt der Umkehrschluss. Für die verständliche Vermittlung der Forschungsergebnisse sind eher die Kommunikationsabteilungen der Universitäten, Medien und Institutionen der primären Bildung zuständig. Interessant ist in diesem Zusammenhang die Feststellung, dass es durchaus trotz der empirischen Befunde, die in Abschn. 3.10 beschrieben sind, Vertrauen in Wissenschaft gibt.

Immerhin vertrauen Milliarden von jungen Menschen den komplexesten und undurchsichtigsten Innovationen wissenschaftlicher Arbeit, die ihren gesamten Alltag prägen – nämlich den algorithmischen Schnittmustern ihrer Kommunikation auf den Grundlagen angewandter Mathematik. Dies sogar, obwohl die Protagonisten dieses Gewerbes zu den Sphären ihrer Klientel keinerlei Beziehung haben (oder haben wollen) – außer der, sie zum willigen Konsum der seriellen Innovationen zu motivieren. Die zwingend logische Frage, die sich an diese Entwicklung anschließt, hat Jaron Lanier schon vor Jahren in einem Aufsehen erregenden Buch gestellt: „Wem gehört die Zukunft?" Und aus der Antwort den Schluss gezogen, der einem weiteren Buch den Titel gab: „Zehn Gründe, warum du deine Social Media Accounts sofort löschen musst" (Lanier 2014, 2018).

Auf diesem Gebiet – Facebook, TikTok, X, Siri, Chat GTP und sonstige geradezu science-fictionartig erscheinende Konstruktionen – scheint die Komplexität der Wissenschaft keine Rolle zu spielen. Da stört es niemanden, dass die gigantischen Glaspaläste in Mountain View, Cupertino oder Redmond die Elfenbeintürme der Moderne sind. Aber wenn das Gleiche in Universitäten in Mannheim, Frankfurt, Berlin oder in Erfurt und Jena geschieht, in Philosophie, Soziologie oder auch in den Life Sciences, in der Angewandten Mathematik oder der Entwicklung von reliablen Forschungsmethoden, wird den Bemühungen Realitätsferne und Fachchinesisch attestiert.

Weiter akzeptiert man, dass die oberflächlichsten Vorstellungen von Hirnforschung, Evolutionstheorie, aber auch Philosophie und Soziologie von selbst ernannten Public Intellectuals mit ebenso lärmenden wie unverständlichen und oft sinnleeren Anglizismen verbreitet werden. Eine auch nur kursorische Analyse von Trend-Reports der letzten 20 Jahre und der dort jeweils identifizierten (und längst vergessenen) Meta-, Schlüssel- oder Megatrends würde ein Wörterbuch generieren, das jedes Kabarett in den Schatten stellt. Aber ist es irgendjemandem in den Sinn gekommen, die einschlägigen Wissenschaftler zu fragen, was sie davon halten?

Sie werden doch dafür bezahlt, dass sie derartige Antworten geben.

Was hat es also auf sich mit all den Typologien und Soziologismen, den Grampies, Lohas, Pleasure Parents, Bobos, Yuppies, mit der Creative Class, der Flexicurity, der Future Work, der Generationen Golf, @, X, Y, Z; mit der Hirnforschung und den in hektischer Konkurrenz zueinander von Hunderten Wettbewerbern in der Aufmerksamkeits-Ökonomie wie am Fließband generierten Slogans und Konzepten und Zweitvermarktungen und Simplifizierungen von wissenschaftlichen Befunden? Und was ist aus den großen Konzepten geworden, die die Wirklichkeit tatsächlich beeinflusst haben?

Sicher ist es anstrengend, den anmaßenden Hervorbringungen der Trendforscher oder der Autorinnen und Autoren der „Klare Kante"-Literatur mit den Werkzeugen eines an Karl Poppers und Hans Alberts Rationalismus geschulten Falsifikations-Theorem zu begegnen und diese Fragen zu stellen: Sind die Fakten verlässlich? Sind die zu Begründungen herangezogenen Beispiele mehr als Anekdoten? Was muss erfüllt sein, damit man sagen kann, ein Einzelfall ist kein Einzelfall?

Das Interessante nun wiederum ist aber, dass genau diese Strategie zu den beliebtesten rhetorischen Mustern in den Smalltalks von Kneipen, Beisln, Cafés und anderen Kommunikationsräumen des Alltags zählt. Es ist die lustvolle Falsifikation dieser oder jener Behauptung und Entwicklung hochkomplexer Gegenargumente, bis hin zu multivariaten, also komplexen (Verschwörungs-)Theorien, wie in einer Art „Gegen-Universität" und ihrer Fakultät mit dem Namen „Gesunder Menschenverstand". Wird da nicht eine – einfach formal gesehen – unglaubliche intellektuelle Leistung präsentiert?

8.3 Mangelndes Selbst-Vertrauen in das Bildungssystem

Noch einmal also die Frage: Wie entsteht dieser seltsame Widerspruch, dass man der Geschäftemacherei trotz ihrer unverständlichen Jargons mehr vertraut als der wissenschaftlich soliden und kommerziell unabhängigen Forschung? Dass man diese Errungenschaft, die zum intellektuellen Reichtum einer demokratischen Gesellschaft zählt, dann auch noch zu einem Objekt der Diskreditierung macht – während gleichzeitig bedauert, wenn nicht gar bejammert wird, dass die Leistungen von Schülerinnen und Schülern der PISA-Studie zufolge nachlassen oder stagnieren?

Zurück zur Eingangsfrage dieses Kapitels: Liegt es an der Wissenschaft selbst? An der Unfähigkeit oder am Unwillen, an der Arroganz gar ihrer Protagonistinnen und Protagonisten, sich in die Niederungen dieser Geschäftsfelder zu begeben und die Öffentlichkeit mit Reality-Checks aufzuklären? Überfordert die Einhaltung der Regeln wissenschaftlicher Arbeit das allgemeine Verständnis? Oder ist das System der klassischen Wissenschaft zu selbstreferenziell, also in akademisch reduzierter Nabelschau auf nichts als sich selbst konzentriert? So scheint es jedenfalls, wenn man die Zuspitzungen nach dem Muster von Peter Hahne, Uwe Kamenz, Martin Wehrle („Professor Untat") und ihrer Gefolgschaft ernst nimmt.

Aber auch von anderer Seite kommen Warnungen, und zwar ernst zu nehmende.

Es sind Warnungen vor dem Bedeutungsverlust der Wissenschaft und ihrer Institutionen – durch die Erlahmung des wissenschaftlichen Enthusiasmus selbst. Wie etwa der Alarmruf in der Tageszeitung Die Welt am 1. März 2024: „Nun hat Deutschland es geschafft: Der Bildungsnotstand gehört nicht bloß zur traurigen Realität der Schulen, er ist auch an den Universitäten ausgebrochen. Die Nachwuchswissenschaftler sind endgültig vergrault: 71 % der befristet arbeitenden Postdocs denken über einen Ausstieg aus der Wissenschaft nach, erstmals ist für sie eine Professur nicht mehr das primäre Karriereziel, und unter den Doktoranden streben nur noch 16 % eine Professur an. Das ergibt eine aktuelle Befragung des Deutschen Zentrums für Hochschul- und Wissenschaftsforschung, über die zuerst die ‚Zeit' berichtet hat. Die Zahlen sind alarmierend – aber nicht überraschend. […] Seit der Bologna-Reform wird die humanistische Bildungstradition in Deutschland systematisch zerstört. Auch in der Gesellschaft gehört Unkenntnis fast zum guten Ton." (https://www.welt.de/politik/deutschland/article250352368/Bildungskrise-Nun-erntet-die-deutsche-Hochschulpolitik-die-Fruechte-ihres-Versagens.html; letzter Abruf dieser und aller weiteren Online-Quellen in diesem Kapitel 14.12.2024)

Bologna!
Dieses Reizwort kursiert seit der Studienreform vor mehr als 25 Jahren. Damals, im Juni 1999, versammelten sich die Bildungsminister der Europäischen Union in dieser Stadt, der auf Grund ihrer kulinarischen Hochkultur das Attribut „la grassa", die Opulente, verliehen wurde. Dort verabredeten sie eine Bildungsreform, die im krassen Gegenteil höchst asketisch daherkommt: die Umstellung aller Studiengänge in Europa auf eine sechssemestrige Basis (Bachelor genannt), ergänzt durch die Möglichkeit eines viersemestrigen Aufbaus (das Master-Studium). Drei Gründe für die Reform wurden angeführt: schnellere Berufsqualifizierung, globale Vergleichbarkeit der Studienabschlüsse und Internationalisierung der jungen Geister.

Man kann freilich mit ziemlicher Sicherheit annehmen, dass im Hintergrund auch die Argumente der wirtschaftlichen Lobbyisten eine wichtige Rolle gespielt haben – ihre Definition der weltweit gesuchten Talente (der „War for Talents" war ja nur zwei Jahre zuvor in einem Aufsehen erregenden Buch des McKinsey-Partners Ed Michaels ausgerufen worden) betonte neben der einschlägigen Praxiserfahrung vor allem ein schnelles Studium: Die Studierenden, vor allem in Deutschland und Österreich, seien in der Regel schon zu alt, wenn sie ihr Studium beendeten.

Nun wird meist nicht begründet, wozu denn eigentlich die Absolventen zu alt seien, und zweitens lässt sich nachweisen, dass namhafte Vertreter der Verjüngungskur selbst durchaus sehr lange Studienzeiten in Anspruch genommen haben – und oft war eben dies sogar der Grund für ihren späteren Erfolg. Und wenn vermeintlich renommierte Trendforscher damit kokettieren, dass sie ihr Studium abgebrochen haben und später in der Verarbeitung dieses biografischen Bruchs die akademischen Institutionen diskreditieren – dies gelegentlich sogar in Interviews mit den von ihnen kritisierten Institutionen – wirkt das Argument seltsam.

Zweifellos hat die strenge Strukturierung des Studienablaufs das intellektuelle Klima nachhaltig verändert. Selbst der vorgeschriebene Erwerb von Schlüsselqualifikationen, also jener ebenso unabdingbaren wie undefinierten Merkmale einer reifen und kreativen Persönlichkeit, muss in der Regel durch eine eigens mit sogenannten Credit Points akkreditierte Abschlussprüfung belegt werden. Auch was die personelle Zusammensetzung der Studierenden betrifft, zeigen sich unbedachte Nebenwirkungen.

8.4 Instrumentalisierung der höheren Bildung

In vielen klassischen Studiengängen zuvor setzten sich Seminare aus ganz unterschiedlich vorgebildeten und auf unterschiedlichen intellektuellen Niveaus argumentierenden Personengruppen zusammen. Das ergab in jedem Semester eine neue Zufallsauswahl der Teilnehmer, deren Diversität an Interessen und Studienzielen (nebenbei: auch Studienzeiten) belebend sein konnte. Die Strukturreform veränderte diese Situation. Nun arbeitet man als Mitglied einer Kohorte, vom Erstsemester bis zum Studienabschluss gemeinsam betreut. Diese formale Kontinuität hat einen intellektuellen Dreijahresplan zur Voraussetzung, der allerdings in ein enges Arbeitsstundenschema gepresst wird, was zur Blockade von Spontaneität führen kann. Und mangelnde Spontaneitätsmöglichkeit macht sich erstaunlicherweise gerade auf jenem Gebiet bemerkbar, das zum Herzstück der Beschäftigungsfähigkeit gezählt wird – dem Auslandssemester.

Denn zu dieser Art offener Welterfahrungen haben Studierende auf Grund des „Work-Loads" in der Regel einfach kaum Zeit. Also wird ein Semester an einer Partneruniversität so organisiert, dass sich der Workload aufs heimische Konto buchen lässt. Das hat aber mit dem substanziellen Sinn eines Auslandsaufenthaltes wenig zu tun: neue Erfahrungen in der Fremde, Konfrontationen mit dem Unerwarteten, Persönlichkeitsbildung, Globalisierung des Geistes, die Chance, sich in den Randzonen zu bewegen und auf Umwegen neue Gebiete zu erkunden. Der Personalberater und Mitautor bahnbrechender Studien über die Charaktere des Erfolgs, James M. Citrin, weist 1999, also zum Zeitpunkt der Bologna-Reform, im Resümee seiner jahrzehntelangen Forschungen darauf hin, dass gerade erfolgreiche Führungskräfte es lieben, „sich in einem frühen Stadium ihrer Karriere treiben zu lassen, in einer großen Vielfalt funktionaler Bereiche Erfahrungen zu sammeln und ganz selbstverständlich jene Dinge anzustreben, die sie am besten können und am meisten mögen. Sie versuchen nicht, sich die Karriereleiter anderer hinaufzuzwingen. Es ist allerdings ein strategisches ‚Sich-treiben-Lassen', ein Austesten verschiedener Punkte im Arbeitsleben, um zu bestimmen, wo ihre wahren Stärken, Leidenschaften und Passionen liegen." („Lessons from the Top") Die übrigen geraten in Gefahr, wie der Biologe und Essayist John Zachary Young einst sagte, sich zu Persönlichkeiten zu entwickeln, die ihren „Tools" immer ähnlicher werden. Ähnliche Erfahrungen teilen die Autoren und Unternehmensberater Marcus Buckingham und Curt Coffman in ihrem Buch „First, Break All The Rules" mit (Buckingham und Coffman 1999). „Die Universität", so führte der Soziologe und spätere Direktor der London School of Economics, Ralf Dahrendorf, 1972 aus, „ist in gewisser Weise die moderne demokratische Form der alten aristokratischen Familie, die sich einen hervorragenden, manchmal brillanten Hauslehrer hielt, um die junge Brut nach Italien und zu den Lüsten von Cicero und Euklid zu führen." (Dahrendorf 1979, S. 223)

Und noch etwas fehlt in dieser durchgetakteten Studienwelt: die früher üblichen Stammtische, an denen sich Studenten fortgeschrittener Semesterzahl nach sogenannten Ober-Seminaren mit den Lehrenden trafen und die Dinge ohne akademischen Ritualismus in der Sprache des Alltags noch einmal einer eher feuilletonistischen Nachbetrachtung unterzogen.

Kurz: Das Studium verändert sich stark von einem intellektuellen Moratorium zwischen der Schulzeit und der Berufstätigkeit zu einem vorgezogenen Trainee-Verfahren mit dem erklärten Ziel wesentlich früherer Beschäftigungsfähigkeit – im BWL-Esperanto auch „Employability" genannt.

Diese Systematik ist dort vorteilhaft, wo bis zur Strukturreform eng positionsbezogene Studiengänge, wie etwa die Ausbildung für die Lehrämter der verschiedenen Schulstufen, nun eine verbreiterte Zielorientierung formulieren: Die sechssemestrige Phase des Bachelors führt zu einem sogenannten polyvalenten Abschluss mit der Möglichkeit, in ganz unterschiedlichen Positionen des Bildungswesens tätig zu werden. Nach dieser Phase dann ist es möglich, die Studien weiter zu „verwissenschaftlichen". Es ist strittig und wurde von Beginn an kontrovers debattiert, ob mit diesem Konzept nicht das Bildungsideal von Universitäten begraben worden ist – während gleichzeitig durch die von der damaligen SPD-Ministerin Buhlman angestoßene Entwicklung deutscher „Harvards", also der Elite-Universitäten und Exzellenzzentren, beschleunigt wurde.

Allerdings erlaubt diese Reform bei kluger Anwendung eine gänzlich neue Art der universitären Arbeit. Es ist eine Frage der intellektuellen Organisation von unterschiedlichen individuellen Fähigkeiten und inhaltlichen Interessen der Studierenden. Dabei bietet beispielsweise die Nähe zu Unternehmen, die als spätere Arbeitgeber auftreten, eine Menge Möglichkeiten, intellektuelle Experimentierfreude zu nutzen, in Praktika oder in gemeinsamen Forschungsprojekten. Nach meinen Erfahrungen sind viele mittelständische Unternehmen und Großkonzerne durchaus daran interessiert, innovative Perspektiven zu diskutieren – vor allem in den Bereichen der Foresight-Research.

Das im Einzelnen hier auszuführen, ist aus Raumgründen nicht möglich. Aber ein Blick in die publizistische Verarbeitung solcher Projekte bietet einen illustrativen Eindruck (Rust 2021, Abschn. 2.9). Was unter der Reform allerdings massiv gelitten hat, ist die Vermittlung von Wissen, das nicht auf eine sofort sichtbare Verwertung ausgerichtet ist. Dafür gibt es viele Begriffe, zum Beispiel das Studium Generale, die Beschäftigung mit Klassikern, Vorlesungen, die nicht dem Erwerb von Credits dienen, sondern vielmehr der Nutzung des reichen intellektuellen Erbes. Mehr dazu am Ende dieses Buches.

Aber zunächst muss ein weiteres Thema aufgegriffen werden, das ebenfalls ein vielfach diskutierter Punkt in der Welt, der Zeit und anderen meinungsführenden Tages- und Wochenzeitungen ist: die Rekrutierungspraktiken für den akademischen Nachwuchs. Noch einmal die dramatischen Zahlen, die eben zitiert wurden: 71 % der befristet arbeitenden Postdocs denken über einen Ausstieg aus der Wissenschaft nach, erstmals ist für sie eine Professur nicht mehr „das primäre Karriereziel", und unter den Doktoranden streben nur noch 16 % eine Professur an (https:// nacaps-datenportal.de/indikatoren/E1.html).

8.5 Steinige Karrierewege

Für diese Problematik wird immer wieder eine Art systeminterner „Vertrauensverlust" in die Karriereversprechen an einer Universität oder Hochschule verantwortlich gemacht und unter dem Begriff des

„Akademischen Prekariats" verhandelt. Der Begriff erfasst eine Tendenz, dass eine zunehmende Zahl von wissenschaftlich gut ausgebildeten Personen kaum eine Chance auf eine der – im Verhältnis zu den Aspiranten – zu wenigen dauerhaften Positionen (insbesondere Professuren) sieht. Die Folgen sind dann Resignation und Abbruch der Karrierewege aus existenziellen Gründen. Aber auch, wie vielfach diskutiert wird, Anpassung an die Rituale des Hochschulwesens – zu denen eine Reihe eher formalistischer statt intellektueller Erfordernisse gezählt werden, die, um es gleich zu sagen, zwar Garantien für qualifizierte Nachwuchskräfte sein sollen, sich oft aber in vordergründig erscheinenden Normierungen zu erschöpfen scheinen. Dazu gehören Publikationen in bestimmten Fachmedien, die Prüfung der Publikationen durch ein anonymes Kollegium aus Fachvertreterinnen und -vertretern, Publikation nach erfolgreichem Durchlauf durch dieses Stadium. Danach wird die Zahl der Zitierungen aus den diesen Publikationen wieder in bestimmten führenden Fachmedien wichtig (Publikationen in Tages- und Wochenzeitungen und Special Interest-Magazinen werden in der Regel nicht als Qualifikations-Module gewertet). Buchpublikationen sind selbstverständlich besonders hilfreich, setzen aber für viele Novizen dieses Berufsfelds eine persönliche Kostenbeteiligung voraus, die sich eventuell durch Verkaufserfolge amortisieren können – das aber selten tun. Bedeutsam sind weiter die Zahl und der finanzielle Umfang eventuell im Verlauf der bisherigen Karriere eingeworbener Drittmittel, also Forschungsfinanzierungen aus Mitteln öffentlicher oder privater Kassen und vieles andere. Und schließlich wird eine „Habilitation" erwartet – die große Publikation mitüberzeugender neuer wissenschaftlicher Perspektive.

Auf dieser Basis wird die Bewerbung um eine Professur aufgebaut. Es folgen: Entscheidungen auf Gremienebene in den angestrebten Institutionen, eine „Long List" der eingeladenen Personen, ein Vortrag vor der Berufskommission und eine Lehrprobe. Gleichzeitig scheint es angebracht, sich mit den ungeschriebenen Gesetzen der Institution vertraut zu machen, an der man sich beworben hat. Das ist nicht anders als in jedem Unternehmen.

Dann folgt Reihung auf einer „Short List" der (in der Regel) drei ausgewählten Personen, die dem zuständigen Ministerium übersandt wird, auf dass dort die endgültige Entscheidung getroffen werde. Der Minister oder die Ministerin sind allerdings nicht an die vorgeschlagene Reihung gebunden, sondern können nach eigener Maßgabe entscheiden. In seltenen Fällen auch für Personen, die nicht auf der Liste stehen.

Dies in aller Kürze.

Ausführliche Informationen über die Komplexität der Verfahren finden sich z.b. in einem 128 Seiten umfassenden Dokument des Wissenschaftsrates (https://www.wissenschaftsrat.de/download/archiv/6709-05.pdf?__blob=publicationFile&v=2).

Viele Details dieser Qualifikationspraxis sichern, das muss noch einmal betont werden, die Transparenz und sollen damit das Vertrauen in das Verfahren stärken. Andere, insbesondere die sich im Laufe der Zeit, also der Vergangenheit, gebildeten kulturellen Faktoren, stehen zusehends in der Kritik, darunter auch die ungeschriebenen Gesetze des Publikationsstils, der ja in der Öffentlichkeit ein zentrales Argument gegen die Realitätsferne der Wissenschaft nährt. So schrieb der Politikwissenschaftler Christian Graf Krockow schon 1983: „Bei Promotion, Habilitation, Berufung geht es um bedrucktes Papier. Was aber die Öffentlichkeit dieser Veröffentlichung angeht, handelt es sich in erster Linie um Fachöffentlichkeit. [...] Genau betrachtet geht es um die vier oder allenfalls vierzehn Leute, die über die Karrierestationen entscheiden. Danach richtet sich die Sprache dann aus. [...] Sie soll durch ihr Expertentum beeindrucken, also, ironisch gesagt, ein Maximum von Fachbegriffen mit einem Minimum von Sätzen und dieses wiederum mit einem Maximum an Fußnoten verbinden" (Krockow 1983, 178).

Der so entstehende Zwang zur Anpassung an das herrschende Mentalitätsmilieu scheint auch vielen ernsthaften Kommentatoren eine Kritik wert. „Es befördert Duckmäuserei und Anpassung. ... Angst ums Fortkommen ist Unfreiheit, sie nötigt zum Wohlverhalten gegenüber Vorgesetzten und der Gruppe. Für die Wissenschaft ist das eher Gift", resümierte zum Beispiel Gustav Seibt am 17. Juni 2021 in der Süddeutschen Zeitung.

8.6 Studentische Revolten gegen Einvernahme der Wissenschaften

Diese Zustandsbeschreibung ist in den letzten Jahren zu einem wichtigen Thema der Bildungs-Ressorts avanciert. Aber es sind nicht nur diese personalpolitischen Probleme, die den Wissenschaftsbetrieb kennzeichnen. Als festen Regeln folgendes System ist es – wie überall – schwierig, Modernisierungsprozesse einzuleiten. Nun sind es aber immer wieder Studierende gewesen, die den Zustand der Bildungssysteme lautstark beklagten und mitunter durch ihre akademischen Revolten auch Änderungen durchsetzten. Das war so in den mittlerweile ebenso mystifizierten wie diskreditierten studentischen Initiativen für die Öffnung der Bildungsinstitutionen in den späten 1960er-Jahren, die vor allem die Geistes- und Sozialwissenschaften gesellschaftspolitisch(er) definieren wollten. Man muss sich dazu vergegenwärtigen, dass viele Schriften der in der Nazizeit verfemten und emigrierten Vertreterinnen und Vertreter dieser Fächer noch keine Neuauflagen erlebt hatten und in der Studentenschaft nur in „Raubdrucken" kursierten, Sozialisations- und Erziehungstheorien zum Beispiel von Bruno Bettelheim oder Siegfried Bernfeld. Selbst frühe Aufsätze von Max Horkheimer und Theodor W. Adorno waren im offiziellen Buchhandel nicht vorrätig. Wilhelm Reich, Herbert Marcuse und Hannah Arendt wurden erst in den Jahren danach in neuen Editionen wieder aufgelegt.

Die Studenten-Revolte der späten 1960er-Jahre war auch eine technische, in der die damals üblichen Vervielfältigungstechniken (Matrizendrucker) eine zentrale Rolle spielten. Diese Initiativen hatten ihren (oder zumindest einen wichtigen) Ausgangspunkt in den USA im Free Speech Movement der University of Berkeley, einer der weltweit führenden Eliteinstitutionen. Von dort aus erlebten sie ihre Globalisierung.

Mit dieser Motivation beschäftigten sich Autorinnen und Autoren von Irmgard Keun bis Wolfgang Koeppen, von Heinrich Böll und Günter Grass bis zu den eher boulevardesken Romanen von Dieter Schwanitz mit den Forderungen der studentischen Fachschaften. Die Grenzen dieser Aktivitäten waren, wie schon angedeutet, eng gesteckt, und bislang war die Wirtschaftswissenschaft beispielsweise nur wenig davon berührt. „Fließende Grenzüberschreitungen" gab es da kaum – obwohl auch in den Wirtschaftswissenschaften eine Tradition der kritischen Betrachtung ihrer macht- und marktorientierten Rolle in den 1920er- und frühen 1930er-Jahren bestand – oft als interdisziplinäre Diskurse zwischen Ökonomie und Soziologie. Doch die Zeit nach dem Zweiten Weltkrieg war vom Mainstream der neoklassischen und später dann von den Humankapital-Theorien der Chicagoer Schule geprägt. Aber auch hier aktivierte sich eine intellektuelle machtvolle Bewegung aus einer Initiative der Studierenden, diesmal mit einem europäischen Epizentrum: Paris.

Ihr Fanal war eine Petition, verfasst von Studenten und den Professoren der Universität von Paris im Juni des Jahres 2000. Der Inhalt: Massive Kritik an der Ausbildung, die sich vor allem auf die mathematischen Modellwelten der neoklassischen Wirtschaftstheorie gründet, kritische Auseinandersetzung mit der Realitätsferne der Fallstudien, die Forderung nach Einbeziehung soziologischer, kulturwissenschaftlicher und philosophischer Fragen in die Ausbildung und nicht zuletzt der Wunsch zu begreifen, in welchem künftigen Kontext man arbeiten werde. Dass sie ihr Metier verstanden, zeigte sich schon in der Wahl des Etiketts für diese neue Bewegung: „Postautisten", nach Marketing-Gesichtspunkten eine perfekte Bezeichnung. Professoren und Politiker, Zeitungen und Zeitschriften, Hörfunk und Fernsehen nahmen den Impuls auf und unterstützten die Idee einer sanften Rebellion gegen das formalistische Mentalitätsmilieu. Eine Website wurde entworfen (http://www.paecon.net), und so wurde der Gedanke eines neuen Essayismus zu einem Kernstück der sich selber als „heterodox" etikettierenden Wirtschaftswissenschaft. Zur Erklärung sollte man ein aufschlussreiches Interview vom Dezember 2018 lesen, mit Jamie Morgan (nicht dem Tennisspieler, sondern dem gleichnamigen Wirtschaftsprofessor und früheren Koordinator der einflussreichen Association for Heterodox Economists) über den Begriff und die Geschichte (https://www.paecon.net/PAEReview/issue86/whole86.pdf).

Sie alle, Studierende und Lehrende fundierten ihre Utopien einer wirtschaftlichen Verantwortungselite auf der Kritik am Modell einer zusehends pragmatisch dominanten Wirtschaftstheorie, die fast ausschließlich auf mathematischen Kalkülen basierte und das Individuum als eine Art betriebswirtschaftlichen Sachwalter seines Geschicks betrachtet.

8.7 Wirtschaftswissenschaft als Höhlengleichnis

Hans Albert, der kürzlich in hohem Alter verstorben ist und einer der wichtigsten Soziologen der letzten Jahrzehnte war, hatte diese Eindimensionalität der neoklassischen Wirtschaftswissenschaften schon 1963 mit dem trefflichen Begriff des „Modellplatonismus" charakterisiert. Das heißt: Wissenschaftler produzieren auf der Basis einer zentralen Annahme ein mathematisch durchgearbeitetes Modell, das ausschließlich mit den Variablen dieser Annahme gestaltet wird. Wie in einem Höhlengleichnis dient dieses Modell dann als Vorgabe für die Gestaltung der Wirklichkeit. Eine solche Annahme ist etwa die eben angedeutete Theorie des Homo oeconomicus (des streng auf rationale Berechnungen des Nutzens gerichteten individuellen Handelns) oder die schon erwähnte Humankapital-Theorie, auf deren Grundlage die gesamte Selbstoptimierungs-Industrie basiert und die in einer verdünnten Version dann in den Trends als „Flexicurity", „Selfness" oder „Ich-AG" zweitvermarktet werden. „Da bei ökonomischen Aussagen der Realitätsbezug durch die verwendete Sprache meist sichergestellt wird", erläutert Albert, „wird […] der Eindruck hervorgerufen, man mache inhaltliche Aussagen über die Realität, obwohl das System vollkommen immunisiert und damit gehaltlos ist. Das ist meines Erachtens eine Quelle häufiger Selbsttäuschung im Bereich des rein ökonomischen Denkens".

Er diagnostiziert weiter: „Wenn auch der soziologische Charakter ökonomischer Probleme relativ leicht festzustellen ist, so kann man doch nicht sagen, daß die theoretische Ökonomik bisher für ihre Problemlösungen großen Nutzen aus den Forschungsergebnissen der allgemeinen Soziologie und der eng mit ihr verbundenen Sozialpsychologie gezogen hätte. Das ist auch nicht zu erwarten, solange der neoklassische Denkstil die Theoriebildung beherrscht, der die ökonomische Analyse in Richtung auf eine möglichst weitgehende Abstraktion von sozialen Tatbeständen lenkt." (Albert 1963, zitiert nach https://www.gleichsatz.de/b-u-t/can/101/halbert_modell.html, ohne Seitenzahl)

Als spektakulärer Beleg gegen diese Eindimensionalität wird immer wieder der Niedergang des Unternehmens Long Term Capital Management bemüht, das nach der nach ihren Urhebern so genannten Black-Scholes-Formel arbeitete. Diese Formel sollte jegliches Risiko bei Investitionen in den Aktienmarkt ausschalten. Da meine Kompetenzen auf dem Gebiet der Höheren Finanzmathematik unzureichend sind, können nur sekundäre Quellen benutzt werden. Eine kollegiale Befragung im akademischen Kollegium verwies für den ersten Eindruck auch für finanzmathematische Laien auf eine akkreditierte Eintragung bei Wikipedia (https://de.wikipedia.org/wiki/Black-Scholes-Modell).

Übereinstimmend aber ist die Diagnose, dass der Fehler in der Missachtung außerökonomischer, nämlich psychologisch erklärbarer Faktoren lag – in diesem Fall der durch Fluchtbewegungen weniger Einzelner ausgelöste Reflex vieler Einzelner und ihrer „Aggregation", deren Erklärung nun soziologische Modelle erforderte. Aber die waren in den Parametern des Algorithmus nicht repräsentiert. Das war auch unmöglich. Man muss sich das so vorstellen, dass in einem nervig zähen Stau auf einer Autobahn ein Fahrzeug bei einer Ausfahrt ausschert und mit hoher Geschwindigkeit wegfährt. Der ausgelöste Impuls ist weder in erster Linie rational oder emotional, sondern ein Reflex: „Der kennt einen Ausweg! Hinterher!" Andere Beobachter dieser Szene sehen nun zwei, die „was wissen", also erst recht: „Hinterher!" Und so fort. Ob nun der erste Ausreißer überhaupt irgendeine Information besaß, ist offen. So war es mit dem Ausverkauf von Währungen im besagten Fall. Es handelte sich um Rubel.

Eigentlich war die Formal ja ganz einfach. Zumindest für einen Ökonomen wie John J. Siegfried (unter anderem Professor für Didaktik der Wirtschaftswissenschaften), der diese Realitätsferne in einem humorvollen Essay im Journal of Political Economy 1970 unter dem Titel „A First Lesson in Econometrics" vorführte. Sein spöttisch erklärtes Ziel: den Nachwuchs für das Fach zu motivieren. Er modifizierte als Anschauungsmaterial die Formel 1 + 1 = 2 in zwölf Schritten dergestalt, dass ein hochkomplexes, mehrzeiliges mathematisches Machwerk entstand, das allerdings, so Siegfried, doch in den Augen der neoklassischen Ökonomen wesentlich präziser und verständlicher sei. Faksimile hier: https://www.roxannekorthals.com/siegfried_jpe_70.pdf.

Derartige, mitunter recht launige Auseinandersetzungen mit dem Mainstream der Wirtschaftswissenschaften basieren auf den nicht selten geäußerten Zweifeln daran, ob die Wirtschaftswissenschaft überhaupt eine Wissenschaft sei. Andri W. Stahel, Professor an der Universitat Popular del Baix Montseny, Barcelona, schreibt: „While within the natural sciences we seek to explain phenomena in terms of observable cause and effect which repeats itself universally in space and time, in the human sciences we seek to understand them in terms of the relations of the part and the whole, in their specific and unique contexts, as living, changing realities." (Stahel 2020, 61)

8.8 Aber was also sollte denn Wissenschaft sein?

Die Auseinandersetzungen um den Modellplatonismus erschöpfen sich letztlich im Streit der Philosophien über kommunikative Konstruktionen der Welt und ihrer Ordnung, also Glaubensfragen. Das größte Problem ist dabei eine Art Zangenbewegung gegen die Wissenschaften und die Umsetzung ihrer kombinierten Einsichten von der Philosophie bis hin zur Entwicklung künstlicher Intelligenz, von Angriffen durch die unzulässigen Verallgemeinerungen anekdotischer Beispiele zu Trends auf der einen und der Definitionsansprüche des Modellplatonismus kurzschlüssiger Ausblendung von „Störfaktoren" auf der anderen Seite.

Die Überwindung beider Praktiken ist – Wissenschaft.

Insofern sind die Versprechen, dass durch die hier diskutierten Autorinnen und Autoren die hoch komplizierten Ausdrucksformen der Wissenschaft auf lesbare („leicht verdauliche") Präsentationen übersetzt werden könnten, eine systematische Verkennung der Bedeutung wissenschaftlicher Arbeit und ihrer Prinzipien. Denn nicht die Verkäuflichkeit der Ergebnisse, auch nicht die interessengeleitete Suche nach Belegen für vorab definierte Ziele oder mathematische Modelle sind Wissenschaft, sondern Unabhängigkeit und praktische Relevanz für die Allgemeinheit. „Wirtschaftsnähe" bedeutet in der Konsequenz genau das Gegenteil von dem, was oft damit angesprochen werden soll: nämlich nicht, vorformulierte Interessen mit passenden empirischen Anekdoten zu bestärken, sondern Klarheit über Lösungen und ihre Konsequenzen zu erarbeiten.

Das geht im Lärm der vielfältig ausgeschlachteten, zweitvermarkteten, verdünnten, verfälschten vorgeblichen Wissenschaft unter. „Along with the benefits, what has happened is a huge amount of noise", sagte der Biologe und Nobelpreisträger in Chemie von 2009 Venki Ramakrishnan in einem Gespräch auf der Website edge.org. „You have all of these people spouting pseudoscientific jargon and pushing their own ideas as if they were science. They couch all their stuff in technical jargon. […] These guys are using it in some mumbo-jumbo way, but it sounds scientific." (https://www.edge.org/conversation/venki_ramakrishnan-soul-of-a-molecular-machine)

Und doch zeigt sich gerade (aber nicht nur) in den Wirtschaftswissenschaften eine Wende, die sich mit dem weiter oben schon angedeuteten Label „heterodox" identifiziert und als Motto ausgerufen hat: „Regaining a sense of reality: the interpretative turn." (Bäuerle 2021, S. 89)

8.9 Interpretative Wende in den Wirtschaftswissenschaften

Die Verleihung des Wirtschaftsnobelpreises 2023 an Claudia Goldin zum Beispiel sei, so kommentiert die Wochenzeitung Die Zeit, „mit Blick auf die gesellschaftspolitische Relevanz wohl eine der wichtigsten wissenschaftlichen Würdigungen der letzten Jahrzehnte. Goldin hat in ihrer wissenschaftlichen Karriere die enormen Unterschiede zwischen Frauen und Männern bei Bildung, Jobs, Chancen und Bezahlung offengelegt. Sie hat stets gegen Windmühlen gekämpft, da nicht nur in der Gesellschaft, sondern auch in großen Teilen von Wirtschaft und Wissenschaft die Chancengleichheit zwischen Männern und Frauen lange Zeit als Gedöns abgetan wurde. Diese wohlverdiente Würdigung sollte vor allem für uns in Deutschland ein Weckruf sein, denn in kaum einem vergleichbaren Land ist die Diskriminierung von Frauen noch heute so groß. Claudia Goldin hat sowohl die Bedeutung von gesellschaftlichen Werten als auch von Diskriminierung als Ursachen für die Unterschiede zwischen Männern und Frauen offengelegt. Sie zeigt, wie von privilegierten Männern dominierte Strukturen Frauen immer wieder auf neue Art und Weise diskriminieren und instrumentalisieren." (https://www.zeit.de/2023/43/claudia-goldin-wirtschaft-nobelpreis-frauen-arbeitsmarkt-gehalt).

Zuvor war schon eine Reihe anderer dieser Preise der Schwedischen Bank in Erinnerung an Alfred Nobel für „kontextuelle" Forschungen vergeben worden. 2021 an David Card (USA) für seine empirischen Beiträge zur Arbeitsökonomie sowie an Joshua D. Angrist und Guido W. Imbens (beide USA) für ihre methodischen Beiträge zur Analyse von Kausalzusammenhängen. 2019: Abhijit Banerjee, Esther Duflo und Michael Kremer (alle USA) für ihre experimentellen Theorien in der Entwicklungsökonomie; Ansatz zur Bekämpfung der weltweiten Armut. 2018 waren die Laureaten William D. Nordhaus und Paul M. Romer (beide USA) für ihre Theorien zum Zusammenhang von Wirtschaftswachstum und Umweltfolgen sowie technischen Innovationen. 2017 war es Richard H. Thaler (USA) für die Begründung der Verhaltensökonomie. 2015 sprach das Komitee den Preis Angus Deaton (Schottland) für seine bahnbrechenden Arbeiten über Konsum, Armut, Ungleichheit und Gesundheit zu. Anderthalb Jahrzehnte früher schon wurde der Preis an Daniel Kahnemann und Vernon Smith für die Einführung psychologischer Herangehensweisen in die Wirtschaftswissenschaft vergeben, lange davor an Amartya Sen für seine Forschungen zur Armut und ihrer Beseitigung.

Wichtiger aber, als die Belege für diesen wissenschaftstheoretischen Trend zu soziologisch und gar kulturwissenschaftlich inspirierten Öffnungsversuchen in der Vergangenheit zu dokumentieren, ist die Frage, was heute als Forschungsgegenstand der Zukunft ausgerufen wird. Eine Recherche dazu auf den Websites einflussreicher Wissenschafts-Blogs fördert ein einhelliges Ergebnis zutage: der Kampf gegen Irrationalität. Der Hauptanteil der Probleme, die in der globalen Kommunikationsgemeinschaft etwa der einflussreichen Website Edge.org als noch ungeklärt gelten, richtet sich auf das Thema der Bewusstseinsbildung und -entwicklung. Zusammengefasst in der Frage: Wie kann es sein, dass es in der technologisch informationsgesättigten Welt von heute zugeht wie in manchem mittelalterlichen Weiler? Wie ist es möglich, dass alle Informationen zur Verfügung stehen, aber die Kontroversen um Fragen wie Klimawandel und Rassismus nicht weniger stark sind als vor Jahrhunderten? Dass Verschwörungstheorien und wechselseitige Diskreditierungen, fundamentalistische Ansprüche, Scharlatanerie und Weigerungen zur Relativierung eigener Standpunkte, unzulängliche

Simplifizierung und Gesundbeterei massentauglich werden? Dass die kommerziell orientierte Ersatzreserve wissenschaftlicher Arbeit weit mehr Beachtung findet als die von der Allgemeinheit alimentierten Institutionen und Personen mit ausgewiesener Qualifikation und Erfahrung? Welche Voraussetzungen, so könnte man zugespitzt fragen, müssen auf dieser Ebene erfüllt sein, um einen Beitrag für die Sicherung einer bildungsrepublikanisch verfassten Wissensgesellschaft zu gewährleisten?

8.10 Forschungsfragen für die Zukunft

Das große Thema, das sich in dieser inhaltsanalytischen Recherche international herauskristallisiert, ist die Wiederherstellung von Vertrauen in das System der Bildung auf der Grundlage rationaler Auseinandersetzung mit den Vorurteilen, Verschwörungstheorien, Halbwahrheiten, Scharlatanerien oder gar Lügen. In diesem Zusammenhang werden dann auch die Probleme angesprochen, die durch künstliche Intelligenz und die „affirmativen Zirkel" durch sich selbst immer wieder bestätigende Algorithmen entstehen, und der Frage natürlich, was denn zu tun sei, um derlei Gefährdungen der Zukunft zu erkennen und einzudämmen.

Was dann schließlich zur Position der Wissenschaft und ihrer Kommunikation in diesem Kontext führt: Droht Wissenschaft zu einem sich selbst reproduzierenden Produkt künstlicher Intelligenz zu verkümmern? Erste Ergebnisse sind verfügbar und nicht sehr beruhigend. Das liegt aber weniger an der künstlichen Intelligenz als an ihrer Nutzung. Die untersuchte Andrew Gray, Bibliothekar am University College London indirekt, indem er fünf Millionen wissenschaftliche Studien analysierte und dabei auf unerwartetes Ergebnis erhielt: Bestimmte Vokabeln wurden plötzlich häufiger verwendet als früher. Dieser Anstieg des Gebrauchs solcher bislang nicht gängigen Vokabeln könne, so der Forscher, nur auf die zunehmende Nutzung der Wissenschaftler von ChatGPT oder ähnlichen Tools der künstlichen Intelligenz zurückzuführen sein. Das weltweit renommierte Journal für Naturwissenschaften, Nature, fügte der jährlichen Liste einflussreicher Personen ein weiteres Element hinzu: ChatGPT. „The AI system was a force in 2023 – for good and bad". (https://www.nature.com/immersive/d41586-023-03919-1/index.html)

Aber künstliche Intelligenz eröffnet andererseits neue Möglichkeiten der Recherche und mithin der Forschung – auch um eine der Kernfragen von PISA-Studie, Bildungsbericht, Dossiers des Europarats und vieler anderer vertrauenswürdiger Projekte und Institutionen einer Beantwortung näherzubringen. Besteht vielleicht – als Folge oder auch nur als Begleiterscheinung der sozioökonomischen Ungleichheit – ein Defizit an Wissen über die Bildungschancen selbst? Ist mangelnder Zugang zur Bildung ein Produkt mangelnden Zugangs zur Bildung?

Eine Lösung dieses Rätsel erfordert wiederum einen enormen empirischen Aufwand, der allerdings durch die zunehmende Integration von künstlicher Intelligenz in die Forschung gut bewältigt werden könnte. Dieser Anspruch an die Wissenschaft ist in den praktischen Schlussfolgerungen der PISA-Studie klar formuliert: „Untersuchen, warum die Schülerleistungen so drastisch gesunken sind".

Das ist leicht gesagt. Aber wie soll es umgesetzt werden?

Das Design eines einschlägigen Projekts müsste drei Ebenen umfassen, die in unmittelbarer Korrespondenz miteinander stehen: Erstens müsste erfasst werden, was an allgemein verfügbaren Informationen über die Bildung und die Zugangsmöglichkeiten überhaupt verbreitet ist. Damit entstünde ein Kategoriensystem unabhängiger Variablen, auf das hin nun die Wissensbestände von Personen der unterschiedlichsten Herkunfts- oder Mentalitätsmilieus ausgerichtet werden könnten. Die Bandbreite des Wissens von Individuen (jetzt einmal Datenschutz außen vorgelassen) und Kohorten (also Altersgruppen, Geschlechtszugehörigkeit, regionale Umfelder usw.) könnte so identifiziert werden.

Der Skalenumfang des individuellen Verhaltens kann dann, zweitens, in Relation zur Gesamtskala aller Optionen gesetzt werden. Eine weitere Information aus diesem Untersuchungs-Design entsteht durch die Vergleichsmöglichkeit der Optionen, die einer Person oder einer Gruppe bekannt und der Optionen, die von ihr realisiert worden sind oder werden sollten.

Auf der Grundlage dieser Skalen lassen sich Prototypen entwickeln, die sich als Modelle für eine qualitative Studie eignen und durch Tiefen-Interviews weiter profiliert werden könnten. Der Ursprung dieser Idee liegt übrigens in den methodologisch sehr fruchtbaren Jahren der Sozialpsychologie in den 70er- und 80er-Jahren des vergangenen Jahrhunderts. Das zeigt erneut, welche Bedeutung die Ideen von damals für die fantasievolle Anwendung der Techniken von heute und die Lösung von Problemen auf dem Weg in eine bildungsrepublikanisch verfasste Wissensgesellschaft der Zukunft haben könnte (Lamiell 1981).

9

Faktenchecks: Investigative Wissenschaft

Zusammenfassung Mehrfach ist das Problem der wissenschaftlichen Komplexität angesprochen worden. Die Erfolge der Simplifizierungsbranche legen nun die Frage nahe, ob Wissenschaft nicht unterhaltsamer sein müsste. Die Antwort ist offensichtlich: Nein und Ja. Nein, weil Komplexität ein Teil des Gesellschaftsvertrages einer Bildungsrepublik ist – eine Übertragung der Aufgabe, sich unverständlichen und scheinbar unlösbaren Problemen zu widmen. Das deutet sich immer wieder an, wenn Nobelpreise für Forschungen vergeben werden, von denen kaum jemand je gehört hat, siehe mRNA. Andererseits kann, was die seltsamen Weissagungen und enzyklopädischen Ansprüche von selbst ernannten Medienintellektuellen und ihren Multiplikatoren angeht, nur Wissenschaft korrigieren. Es würde eine durchaus unterhaltsame Detektivarbeit, wie sie in diesem Kapitel an einer Reihe von Themen durchgespielt wird: Neuro-Ökonomie, die verkürzte Kausalität von Testosteron und Finanzkrisen und das soziologische Konzept der Gentrifizierung der Arbeits- und Lebenswelten. Es sind Themen, die vor Jahren schon bedeutsam waren, und die vor Jahren tatsächlich durch „investigative" Recherchen schon zurechtgerückt wurden. Ein unterhaltsames Genre.

9.1 „Es ist alles schon mal da gewesen, manches sogar zwei Mal."

Auf ähnliche Weise könnte auch der „Impact" der Simplifizierungen untersucht werden. Führen sie zur Motivation, sich näher mit den Inhalten zu beschäftigen, zu Zweifeln und kritischer Nachfrage? Zu mehr Kreativität? Oder zählt nur der Wiederkennungswert bekannter Namen und Gesichter aus dem umfangreichen Fundus der Angebote von Vermittlungsagenturen für Lebenshilfe und Optimierungs-Coaches und -Gurus, aus dem Fernsehen bekannten und beliebten Wettermoderatorinnen, die über Charisma reden, der Science-Slammer aus dem Hirnforschernachwuchs, Sportler, Dirigenten, Fußball-Coaches oder mitunter auch der Gewinner im RTL-„Wissens-Quiz"? Und dies immer mit einer irgendwie gearteten Erdung im Wissenschaftlichen? Wie schon angedeutet: Die Wirkungen dieser Protagonisten sind bislang in keinem größeren wissenschaftlichen Projekt untersucht worden.

Vielleicht haben sie gar keine.

Dass diese Interpretation nicht von der Hand zu weisen ist, zeigt die schon angesprochene Tatsache, dass seit Jahrzehnten dieselben Erfolgsgeheimnisse, Megatrends und Optimierungspraktiken, positive Psychologien und Ähnliches angeboten werden. Anderseits ist es durchaus plausibel, dass sie die Charakteristik des Bildungssystems mitprägen – durch die Vervielfältigung des Oberflächlichen, das sich mit Pseudo-Anglizismen wichtigtut, manchmal sogar mit nachweislichen Fehlprognosen, mit realitätsfernem hypertrophen Optimismus und einer popularisierten Psychologie des positiven Denkens.

Das alles ist unterhaltsam.

Die Frage ist, warum kaum jemand in der Wissenschaft auf die Idee kommt, einmal die umgekehrte Perspektive zu einer unterhaltsamen Veranstaltung zu machen und auf diese Weise sogar ein beliebtes und verkaufsträchtiges Genre der unterhaltsamen Sachliteratur auszunutzen: die weidliche Entlarvung von Irrtümern. Zwar gibt es sowas, aber selten in einem adäquaten Format als Inhalt einer Keynote beim Festakt eines Unternehmens, als Post-Cast, YouTube-Vorlesung oder gar als Produkt fantasievoller Influencerinnen. In einer Reihe meiner Seminare und Forschungslernmodule sind derartige Szenarien von Studierenden durchgespielt worden – als Entwurf einer Art Reality Show mit dem Ziel, auf verständliche Weise eklatante oder auch nur lässige Verletzungen der Normen, amüsante Kausalverkürzungen, aber auch politisch zweifelhafte Verschwörungstheorien zu entlarven, als wissenschaftlich inspirierte Variation einer journalistischen, investigativen Recherche.

Die in den folgenden Passagen ausgeführten Beispiele einer solchen Detektivarbeit sind in verschiedenen Publikationen schon ausgearbeitet worden, in Fachzeitschriften wie der Soziologie (Rust 2006, 2007a), in Fachbüchern (Rust 2007b, 2008, 2014), aber auch in einer Reihe von eher journalistischen Recherchen auf Internetplattformen wie Change X, in Zeitungen oder auch Verbands- und Wirtschaftsmagazinen (trend, Manager Magazin, Harvard Business Manager) und nicht zuletzt in Lehrveranstaltungen und zahlreichen Vorträgen der letzten Jahrzehnte.

Der Grund, aus dem sie hier noch einmal skizziert werden, ist zum einen rein funktional: die Suche nach den Publikationen zu ersparen. Wichtiger aber ist im Rahmen der Frage nach dem Zustand und der Zukunft einer bildungsrepublikanisch verfassten Wissensgesellschaft die Analyse der Umsetzungen von Wissenschaft, zum Beispiel der Hirnforschung in ihrer Variation als marketingorientierte Neuro-Ökonomie. An der Abhandlung dieses Themas wird erstens die Strategie der Simplifizierung besonders deutlich. Zweitens ist es ein „Aufregerthema" für die Allgemeinheit, wenn tiefe Geheimnisse des Seins ergründet werden – wobei die in diesem Buch exemplarisch analysierten Opinion Leaders der Simplifizierung in noch tiefere Tiefen der Life Sciences hinabtauchen und sogar evolutionstheoretisch argumentieren. Drittens beflügelt es die Fantasien der Optimierungs-Gurus bei der Suche nach dem ultimativen Zugriff auf die Konsumenten, was wiederum der publizistischen Marktrationalität entspricht. Denn für sie, die Konsumenten, gibt es gleichzeitig ja auch noch etwas zum Gruseln.

Dasselbe gilt auch für die Auseinandersetzung mit der Rolle des Hormons Testosteron – wiederangewendet auf wirtschaftliche Prozesse, ein Thema, das in der wie auch immer genannten Finanz-, Euro- oder Schuldenkrise 2008 die Schlagzeilen bestimmte und immer noch hier und da zur Begründung vorgeblicher Fehlentwicklungen dient. Der vorgeblich aus diesen Triebkräften erwachsende Egoismus, der in einer kreativen Variation auch als Individualismus geführt wird, bestimmt ein breites Themenspektrum, von der Flexibilität der Ich-AG als Voraussetzung für Erfolg bis hin zur Mentalität einer ganzen Generation, die nun mit „Z" charakterisiert wird. Die Charakteristiken, die dieser (vorgeblichen) Generation zugeschrieben werden, widersprechen sichtlich den Prognosen, vor zwanzig Jahren als die prägenden Megatrends ausgerufen wurden. Da wäre zum Beispiel die behauptete Dynamik einer sogenannten „Creative Class" für Wirtschaft und Gesellschaft. Das ist ein drittes Thema.

Die meisten Schlussfolgerungen, die im Kontext dieser drei beispielhaften Themen gezogen wurden, sind wissenschaftlich gewogen worden und haben sich als zu leicht, ja oft auch schlichtweg falsch herausgestellt. Diese Überprüfungen sind nicht erst im Nachhinein als Projekte aufgelegt worden. Viele der als revolutionäre Erkenntnisse gehandelten Einsichten bestanden längst, was in den sensationalisierten Fassungen schlicht ignoriert wurde.

Die Methode ist einfach: die Durchsicht möglichst vieler Studien, die sich mit den jeweiligen Themen auseinandergesetzt haben und in ihrer Gesamtheit eine klare Schlussfolgerung oder zumindest begründete Zweifel nahelegen. Dabei ist eine Totalerhebung der Studien in den digitalen Archiven der Wissenschaftsportale wie etwa Jstor heute kein Problem mehr – aber eigentlich auch nicht nötig. Denn auch dann, wenn wenige plausible Studien eine geltende Theorie begründet in Frage stellen, muss sie relativiert werden. Zum Beispiel in der Neuro-Ökonomie – jener auf bildgebenden Verfahren zur Illustration von Hirnaktivitäten beruhenden neuen Marketing-Philosophie.

9.2 Neuro-Ökonomie

Zwei Untersuchungsanlagen waren es vor allem, die diese Neuro-Neurose entfachten. In der einen wurden Getränke verabreicht, in Konkurrenz zueinander: Coca-Cola und Pepsi. In der anderen ging es um das Ultimatum-Spiel, in dem zwei Personen sich 100 € teilen und eine befugt ist, über die Summe zu entscheiden, die sie der anderen Person zugedenkt. Es ist klar, dass die eine möglichst viel für sich behalten will, was aber eine

Grenze darin findet, dass der Empfänger die Zuwendung ablehnen kann, wenn ihm die Summe zu gering erscheint. In dem Fall erhält keiner auch nur einen Cent.

Beide experimentellen Sets sind nicht neu. Sie zählen zur Routine sozialpsychologischer Ausbildung. Solche Studien gab es viele.

Das Theater ging erst los, als man diese Experimente mit bildgebenden Verfahren der Neurowissenschaften kombinierte und den Probanden bei der Verkostung verschiedener Cola-Getränke und beim Ultimatum-Spiel im Computertomografen per funktionellem Magnet-Resonanz-Imaging (fMRI) hinter die Schädeldecke schaute.

Derartige Versuchsanlagen sind für die Neurowissenschaft von großem Belang, weil ja doch das Verhalten eines Organs, das vor vielen Zehntausenden von Jahren zur Bewältigung von Säbelzahntigern und grundsätzlich schlecht gelaunten Göttern entwickelt wurde, unter den abstrakten Bedingungen unverständlicher Finanztransaktionen und austauschbarer Marken-Logos untersucht werden kann. Wir würden viel über den Menschen und die Flexibilität seines Gehirns erfahren. Ob man daraus aber Gesetze für das Marketing ableiten kann, ist höchst zweifelhaft – und auch von führenden Fachleuten bezweifelt worden (Elger et al. 2004).

Zuerst also zur sensationellen Cola-Verkostung in der Kernspin-Röhre am texanischen Baylor College of Medicine im Jahre 2004. Read Montague, Samuel McClure und einige ihrer Kolleginnen und Kollegen, allesamt Neurobiologen, unterzogen 67 Probanden zwischen 19 und 50 Jahren (davon 38 Männer und 29 Frauen) beim Test von Coca-Cola und Pepsi einer Messung ihrer Hirnaktivitäten in einem Scanner. Das Ergebnis zeigte: Wenn manch ein Proband Pepsi trinkt ohne es zu wissen, wird sein Belohnungszentrum im Hirn aktiviert. Doch wenn er es weiß, nicht. Denn dann vermisse er Coca-Cola, weil sie, so der Befund, auf Grund des höheren Marken-Images das Selbstwertgefühl hebe. Dadurch gerieten Neuronen, die eher für positive Gefühle verantwortlich sind, in Wallung.

Nun ja. Das ist nicht weiter verwunderlich, wie gleich noch deutlich wird. Wenn man aber nun die Marketingliteratur liest, meint man eine göttliche Offenbarung erhalten zu haben.

Das zweite Experiment führte zu ähnlichem Aufruhr. Ernst Fehr und Kollegen, Wirtschaftswissenschaftler an der Universität Zürich, wiederholten das Ultimatum-Spiel. Sie legten den Probanden dabei Sonden an, zeichneten die Hirnaktivitäten auf und publizierten das alles am 27. August 2004 unter dem Titel „The Neural Basis of Altruistic Punishment" in der Nr. 305 einer der führenden naturwissenschaftlichen Zeitschriften: Science (http://www.iew.unizh.ch/home/fehr/science/Altruistic_Punishment.pdf; letzter Abruf dieser und aller weiteren Online-Quellen in diesem Kapitel 31. August 2024).

Die Ökonomen hatten lange herumgerätselt, warum jemand lieber nichts nimmt als eine kleine Summe, weil eine kleine Summe doch immerhin mehr ist als nichts. In diesem Experiment stellten sie fest, dass die Empfänger bei zu niedrigem Angebot deshalb mit freudiger Erregung ablehnten, weil sie die Bestrafung des gierigen Gegenübers für sich als befriedigende Belohnung empfinden.

9.3 Mediale Vervielfältigung

Das eigentliche Rätsel ist aber, warum man zu einer solchen Einsicht nicht einfach die Sprüche eines beliebigen Abreißkalenders studiert hatte, auf dem zum Beispiel steht: „Rache ist süß!" Dass sie mit ungeheurem Aufwand erst eine fMRI oder sonstige Verfahren benötigen, um zu sehen, wie Gehirnareale involviert sind, die nicht dem rationalen Denken zugeordnet werden können, mutete die, die Jahrzehnte sozialpsychologische Marketingforschung betrieben haben, dann doch ein wenig trivial an. Denn mehr als eine Bestätigung Jahrzehnte alter sozialpsychologischer Theorien kam bei den Experimenten nicht heraus.

Es scheint aber so, dass man nach einer Sensation gesucht hat, um den lästigen Zufällen zu entkommen, die durch diesen widerspenstigen Kunden da draußen ständig erzeugt wurden, und die Hoffnung auf die ultimative Zugriffsmöglichkeit als reales Mittel ansah.

Der tat doch, was er wollte, weshalb man ihn ja schon vor einem Jahrzehnt als „sprunghaften" Kunden beschimpfte. Jetzt aber zeichnete sich ein Silberstreif der Hoffnung ab: Wir schauen dir ins Gehirn, Freundchen. Bald kannst du uns nichts mehr vormachen. So brach also der Jubel los. Vor allem bei Trendforschern und Marketing-Gurus, die sich traditionell darauf verlassen konnten, dass viele Medien ihre vorgefertigten Aussendungen abdrucken würden – zumal sie ja auf vorgeblich wissenschaftlicher Grundlage beruhten.

So verkündet zum Beispiel die Netzzeitung Telepolis nach einem Entscheidungsexperiment die erkenntnistheoretische Revolution, „dass dann, wenn der Kunde eine Ware prinzipiell haben will und schon einmal in den Prozess des Abwägens eingetreten ist, er mehr oder weniger schon zum Kauf neigt, sofern er das Geld zur Verfügung hat und nichts Dringendes benötigt wird. ... Die Studie zeige ..., dass die Konsumenten die unmittelbare Befriedigung mit dem unmittelbaren ‚Schmerz' abwägen, das Geld für das Produkt zu verschwenden." Für Besitzer einer Kreditkarte werde dieser durch die Inselrinde repräsentierte Schmerz geringer, weil sie das Gefühl hätten, dass sie das Produkt nicht gleich kaufen, da zwar die Kreditkarte belastet wird, aber die Zahlung vom eigenen Konto erst später und hinter ihrem Rücken erfolgt. „Weil man dann also schneller zuschlägt, würden die Menschen auch eher dazu neigen, mehr Geld auszugeben, als sie haben."

Dass weitere Ratschläge von diesem Kaliber als wissenschaftliche Befunde verkauft werden, wie die Aktivierung der positiven Hirnregionen durch Schnäppchen und die Auszeichnung von Waren durch Preise, die auf 0,99,- ausgehen, provoziert verwundertes Kopfschütteln (vermutlich als Folge der Aktivierung eines Irritationszentrums im Kopf: das wusste man ja schon vorher alles).

Auch die Wochenzeitschrift Impulse widmete der „neuen" Disziplin einen optimistischen Beitrag, in dem der Repräsentant eines einschlägigen Beratungsunternehmens, Hans-Georg Häusel, ein Psychologe, erläuterte, in vielen Vorträgen und Publikationen, wie „Chefs von der Neuroökonomie profitieren". Man solle, sagte der Berater, durch Marketing Emotionen ansprechen, positiv kommunizieren, fair bleiben und Komplexität vermeiden. Zur Differenzierung entwarf er eine „Typologie", deren nähere Beschreibung hier völlig überflüssig ist, weil sie auch nichts Neues beinhaltete (siehe z. B. Häusel 2002a, 2002b).

Dennoch, der Titel „Neuroökonomie" stempelt ihre Protagonisten zu Pionieren, die, wie das Blatt schreibt, „hochnützliche Erkenntnisse für Unternehmer zu Tage" fördere. Die bestand in der tiefgreifenden Erkenntnis, dass die alte Idee der Wirtschaftswissenschaft vom Homo oeconomicus überholt sei. Die Neuroökonomie beweise, dass Menschen auch gefühlsmäßig entschieden. Das alles ist ungefähr so überraschend, als würde jemand in Neu-Delhi den Interkontinental-Jet aus Frankfurt verlassen und in einem Interview zu Protokoll geben, dass er eben den Luftweg nach Indien entdeckt habe.

9.4 Ergebnis der Gegenrecherche: Am besten nichts Neues

Die investigative Recherche ist, wie in den meisten Fällen, recht einfach: Man fragt die wahren Experten an den einschlägigen Fachbereichen der Hochschulen nach Literatur – und erhält eine überraschende Liste, auf der zum Beispiel der ebenso kluge wie unterhaltsame Aufsatz „Feeling and Thinking: Preferences Need No Inferences" von Robert Zajonc aufgeführt ist, 1980 im American Psychologist erschienen (Zajonc 1980). Die Bedeutung der Gefühle für ökonomische Entscheidungen und mithin also für das Marketing sind in den letzten Jahrzehnten durch die Forschungen vom portugiesischen Neurowissenschaftler Antonio Damasio (1994, 2000), davor schon durch Luc Ciompis Theorie der „Affektlogik"(1982) und die von Michael Ray und seinen Koautoren beschriebenen „Hierarchy of Effects" (1979) nachgewiesen, dann durch Daniel Goleman durch die eher feuilletonistisch bedeutsame Entdeckung der „Emotionalen Intelligenz", alles auch ohne den Einsatz von Apparaten.

Aber selbst was die gegenwärtige Wirtschaftswissenschaft (und mithin die Ausbildung der jungen Managerinnen und Manager) betrifft, wäre an renommierte Testimonials zu erinnern, die den von Neuroökonomen opportun inszenierten Autismus einer auf rein vernunftbegründete Entscheidungen gerichteten Ökonomie längst wortmächtig kritisiert haben. Ich will hier nur auf einen Vortrag aufmerksam machen – „Thinking and Feeling" –, gehalten vom Wirtschaftswissenschafts-Star Paul Romer am Freitag, dem 5. März 1999, in einem Hörsaal der Stanford Economics and Graduate School of Business. Vielleicht hängen sich die Vertreter einer doch sehr reduzierten Sicht auf die moderne Ökonomie den letzten

Satz dieses Essays über ihren Schreibtisch: „Thoughts have instrumental value for people, but feelings have intrinsic value. Economics will not lose all of its scientific content if we admit that people actually have feelings." (Romer 2000, S. 443)

Doch die eigentliche Sensation ist eine ganz andere: Die Neuroökonomie bestätigt (wie eben angedeutet) auch nach den Worten ihrer Protagonisten die Einsichten der Soziologie und der Psychologie und damit auch Schumpeters Bemerkung von 1911 auf eine geradezu atemberaubende Weise (siehe Abschn. 5.6). In einem Vortrag vor dem Wissenschaftskolleg in Berlin sagte Fehr: „Im Mittelpunkt der Wende steht eine partielle Reintegration von Psychologie, Soziologie und Ökonomik durch die Verbindung der analytischen, statistischen und experimentellen Verfahren der Ökonomik mit den empirischen Einsichten in individuelle Verhaltensweisen aus Psychologie und Soziologie." Und zieht dann den Schluss mit einem seltsamen Syllogismus: „Die Ökonomik war bisher die Königin der Sozialwissenschaften auf der Basis falscher Prämissen. Eine psychologisch und soziologisch informierte Ökonomik ist die Königin der Sozialwissenschaften auf der Basis richtiger Prämissen." (Fehr 2001, S. 21)

Auch eine der wesentlichen Einsichten des Cola-Experiments bewies, dass die gemessene Präferenz für eines der Getränke das Resultat eines kulturellen Lernprozesses war. Schon der Titel des Forschungsberichts, der 14. Oktober 2004 in der Fachzeitschrift Neuron veröffentlich wurde, weist pointiert darauf hin: „Neural Correlates of Behavioral Preference for *Culturally Familiar* Drinks". (Hervorhebung H.R.). Dass also Coca-Cola mehr als Pepsi feurigen Enthusiasmus im Kopf erzeugte, ist das Ergebnis eines kulturellen Lernprozesses – wobei noch die Frage offen ist, warum Millionen von Leuten eigentlich wissentlich Pepsi trinken.

Eigentlich ist das auch wenig verwunderlich, denn das, was im Gehirn geschieht, ist ja nicht unabhängig von kultureller Prägung (was zu den gesicherten Ergebnissen der Neurowissenschaften zählt), sodass Sozialisation, Handlung und Hirnaktivität ja doch logischerweise zusammenhängen. Die Sensation kann also nur entstehen, wenn das Szenario medial als Science-Fiction aufbereitet wird und die Vorstellung erzeugt, da sitze irgendein Alien im Schädel, der mit seinem Menschen Gassi geht. Wie zum Beispiel an der Börse, wo das Hirn offensichtlich zudem noch durch ein Hormon ausgetrickst wird.

9.5 Die Fabel vom giftigen Testosteron

„Die Finanzkrise ist auch eine Testosteron-Krise", verkündete eine Schlagzeile der Süddeutschen Zeitung am Montag, dem 5. Oktober 2009. Der Headline lag allerdings keine Recherche zugrunde, sondern leitete ein Interview – warum auch immer bei diesem Thema – mit Horx ein, der, so hieß es, „glaubt, dass Börsenrallys hormongesteuert sind und Frauen die besseren Anlagestrategien haben". Die SZ fragte nach: Mit mehr Frauen in den Führungsgremien von Banken hätte man die Finanzkrise also verhindern können? Horx: „Wahrscheinlich. Die Finanzkrise ist letztlich das Resultat riskanter Männer-Strategien. Sie ist auch eine Testosteron-Krise. Man hat die Pegel dieses männlichen Hormons bei den Finanzanalysten und Brokern in New York und London während des Booms gemessen und festgestellt, dass die extrem hoch waren. Das Wort Bullenmarkt für steigende Börsen ist also gar nicht so weit hergeholt."

Auch Richard David Precht beschäftigte sich mit dem Hormon und erklärte laut einer dpa-Vorabmeldung über ein Interview für die Frauenzeitschrift Für Sie, die in mehr als hundert Medien verbreitet wurde, Testosteron zum puren Gift. Zuvor hatte er „mit Mythen um die Intelligenz der Geschlechter aufgeräumt. ‚Das männliche Gehirn ist im Durchschnitt ein wenig größer als das weibliche. Aber auf die Größe kommt es auch hier bekanntermaßen nicht an, die hat mit der Intelligenz nichts zu tun', sagte der 47-jährige Philosoph dem Frauenmagazin. [...] Vielmehr hätten Frauen gegenüber Männern gewisse Vorteile."

Humanbiologische Spezialitäten dieser Art kommen beim Precht'schen Publikum sicher recht gut an, das ja, wie der Großteil der Rezensionen von Prechts Büchern verzückt und im biologischen Bild beharrend konstatiert, auf leichte Verdaulichkeit der neuen philosophischen Aufklärung schwört. Allerdings auch entsprechende Ängste zu bewältigen hat, wie eine Frage von damals auf Yahoo zeigt (vorausgesetzt, sie war nicht ironisch gemeint): „Hey, hab neulich Herrenschokolade für meinen Freund gekauft. Würd auhc egrne probierne [sic!], weil er die voll lecker findet. Ich hab aber so meine Bedenken weil ich gehört habe, dass da viel Testosteron drinn ist … nicht, dass ich dann nen Bart bekomm oder so … oder ist die sogar giftig? Weil es muss ja nen Grund geben warum da nur ‚Herren' steht."

Was war eigentlich der Grund für diese plötzliche Themenkonjunktur? Eine Studie. Von John Coates und seinem seltener genannten Koautor Joe Herbert, zeitlich passend zur Krise (Coates & Herbert 2008).

Was war nun die Hypothese genau?

Und was fördert die Studie an Ergebnissen zutage?

Schauen wir hinein: Sie war damals leicht zugänglich. Mittlerweile sind die Internet-Links nicht mehr aktiv. Heute muss man lesen. Und zwar dies: „Specifically, we predicted that testosterone would rise on days when traders made an above-average gain in the markets, and cortisol would rise on days when traders were stressed by an above-average loss." (S. 6167)

Fazit also: Zunächst einmal steht nicht das im Text, was in den Medien verbreitet wurde: dass testosterongetriebene Junkies zu große Risiken auf sich nähmen, sondern dass Gewinne zu hormonalen Ausschüttungen führen. Unsicherheiten ebenso.

Nächste Frage: Wer wurde untersucht?

Siebzehn Männer zwischen 18 und 38 Jahren mit einem Einkommen zwischen 212.000 und 5 Mio. Pfund. Frauen waren im Sample nicht vertreten. Den jungen Männern wurden zwei Mal am Tag Speichelproben entnommen. Die Ergebnisse in Zahlen sind dem Text zu entnehmen. Um sie genau zu verstehen, sind zwar schon einige medizinische Fachkenntnisse notwendig, dennoch rechtfertigt der Beitrag selbst für einen oberflächlichen Betrachter keine der reißerischen Schlagzeilen. Denn Coates und Herbert formulieren eher vorsichtig: „Vermutlich sorgt eine Börsenhausse für Testosteron, wodurch Händler risikofreudiger bis aggressiv werden, was zu Blasen führen kann. Fallen die Kurse, macht Cortisol allzu risikoscheu. Das macht die Risikopräferenz in der Finanzwelt so unstabil."

9.6 Steigender Erregungsspiegel im Publizistik-Kreislauf

Das Thema war gesetzt, und so bot das Testosteron eine interessante Grundlage für eine Menge von Erklärungen weiterer wirtschaftlicher Transaktionen. Es sollte also möglich sein, wenn man am Ende alles zusammenfügte, ein klares Bild der Funktion dieses Hormons für wirtschaftliches Handeln zu erhalten. Leider war sehr schnell schon das Gegenteil der Fall.

So schrieb Spiegel online am 1. Juli 2012 über weitere Versuchsanordnungen mit dem diabolischen Männer-Hormon: „Manches deutet darauf hin, dass Männer ihren Hormonen ähnlich ausgeliefert sind wie rivalisierende Alpha-Männchen. So ergab eine Studie von Harvard-Forschern, dass Studenten, die überdurchschnittlich viel Testosteron im Speichel hatten, bei einem Würfelspiel im Labor mehr Geld riskierten als andere." (https://www.spiegel.de/wissenschaft/crash-der-alpha-maennchen-a-400eb 0c5-0002-0001-0000-000086653860)

Die Wirtschaftswoche wartete mit einer höchst seltsamen Analogie auf: „Wie wichtig dieser Stoff ist, zeigt sich vor allem im Tierreich: Schaltet man das Hormon durch eine Kastration aus, werden heißblütige Rüden zu handzahmen Schoßhunden. Auch bei Menschen werden aggressive Verhaltensweisen und Alphamännchengehabe mit ‚zu viel Testosteron' assoziiert – zu Recht, wie drei kanadische Forscher jetzt in einer empirischen Studie zeigen. Die Forscher um Maurice Levi, Finanz-Professor an der University of British Columbia, kommen zu dem Schluss: Der Testosteronspiegel von Topmanagern spielt eine messbare Rolle dafür, ob eine Unternehmensübernahme erfolgreich über die Bühne geht." (https://www.wiwo.de/politik/sexualhormonwie-testosteron-manager-beeinflusst-/5912366.html)

Dreihundertsechzig solcher Deals wurden untersucht.

Im Ergebnis zeichnete sich ab, dass ein Deal umso eher platzte, je jünger der Verhandelnde (in diesem Fall der Käufer) eines Unternehmens war. Mit harten wirtschaftlichen Faktoren wie der Höhe der Übernahmeangebote oder der Berufserfahrung der Manager ließe sich, so die Forscher, dieses Muster nicht erklären.

Aber wie dann?

Man wählte den Testosteron-Faktor. Der passte, weil gerade aktuell, am besten in die Story. Obwohl: „Das Testosteronniveau der Manager konnten die Forscher zwar *nicht direkt* messen. Sie nutzen daher das *Alter* als Nährwert [sic!] für ihre Hormonausstattung. Denn Biologen wissen: Je jünger ein Mann ist, desto mehr Testosteron hat er im Blut." Dieser mutmaßlich hohe Testosteronspiegel der jungen Top-Manager dürfte dem Gegenüber Furcht einflößen, berichtet auch das Handelsblat*t*. Der Link ist nicht mehr geschaltet: http://www.handelsblatt.com/politik/oekonomie/wissenswert/sexualhormon-wie-testosteron-manager-beeinflusst-/5911494.html)

Biologen weisen aber auch darauf hin, dass der Testosteronspiegel bei jungen Männern sinkt, wenn sie eine Nacht schlecht geschlafen haben. Und abgesehen davon, agieren in dieser Szene, mit Verlaub, eine Menge alte Männer, wobei doch, wenn man der Humanbiologie glaubt, der Testosteronspiegel im Alter sinkt. Abgesehen davon kamen nun wiederum Forscher an der Universität Zürich auf eine etwas andere Kette von Ursachen und Wirkungen und stellten fest, dass Testosteron sich vor allem auf die Beziehung zwischen Menschen auswirke, indem es ihr Bedürfnis nach Status in einer Gruppe prägt. Wenn also sozialer Ausgleich den Status fördere, dann sei dieses Verhalten eher wahrscheinlich als anmaßendes und überriskantes Herumgetöse.

Aber es ging noch weiter.

Testosteron steigere die Ehrlichkeit, schrieben nämlich eine Reihe von Zeitungen und Online-Portalen, als sie Ergebnisse auf den Tisch bekamen, die Bernd Weber und seine Ko-Autoren 2012 in einem Beitrag mit dem Titel „Testosterone Administration Reduces Lying in Men" veröffentlichten (http://www.plosone.org/article/info%3Adoi%2F10.1371%2Fjournal.pone.0046774).

Wundersamerweise verwandelte sich das „Macho"- zum „Ehrlichkeits-Hormon" oder (in einigen Medien) zum „Wahrheits-Serum". Abgesehen von der Verwechslung eines biochemischen Botenstoffes (Hormon) mit der Absonderung körpereigener Flüssigkeiten (Serum), wird hier aus einem experimentellen Befund aus einem Laborexperiment mit einmaliger Dosierung von Testosteron gleich eine universelle Funktion abgeleitet. Aber genau diese kleine Schlamperei zeigt, was an vielen

„Studien" so falsch ist: dass man eigentlich das Wort unter semantischen Artenschutz stellen sollte. Und wichtig ist auch der Hinweis von Coates zu dieser eigenen Studie in einem weiteren Beitrag in Nature: „Co-author Herbert cautions that the results aren't strong enough to prove that testosterone is driving risky behaviour: 'It remains a correlation not a causation' he says." (Brumfield 2008).

Und das ist ein wesentliches Problem der Sensationsberichterstattung über wissenschaftliche Befunde: die Verwechslung von Kausalität – also einer nachweislichen Beziehung von Ursachen und Wirkungen – und einer Korrelation, die mögliche Verbindungen nahelegt, und schließlich der Koinzidenz, dem zufälligen Auftreten zweier Elemente, die aber nichts miteinander zu tun haben. Erst eine Konfabulation macht die Story, also – wenn man so will – die wissenschaftliche Variation einer Verschwörungstheorie. Wie auch immer: Die Recherche ist unterhaltsam, wie auch beim dritten beispielhaften Thema.

9.7 Creative Class – das Elitemilieu

Es ist eigentlich dasselbe Thema noch mal anders: die Gestaltung der Zukunft der Wissensgesellschaft und ihrer Wirtschaft durch Hofieren eines individualistischen Elite-Milieus aus flexicurity-gestählten Ich-AGs, das Trendforscher weltweit entdeckt zu haben glaubten. Dies natürlich auch in der BRD: als sogenannte Creative Class. Gemeint war eine dynamische Elite, die durch ihre private und berufliche Aktivität und Mentalität in entsprechend veredelten Städten und Stadtteilen für reges Wirtschaftswachstum sorgen würden.

Zur Geschichte: Kurz nach Beginn des Jahrtausends trat der amerikanische Ökonom und Soziologe Richard Florida mit der Entdeckung dieser neuen ökonomisch heilsbringenden Elite an die Öffentlichkeit. Zur Identifikation dieser Elite bot Florida eine simple Definition. Er teilte die kreative Klasse in zwei Kategorien: „Die Creative Professionals sind Menschen, die in wissensbasierten Berufen arbeiten. Das sind Angestellte im Gesundheits-, Finanz- oder Bildungswesen. Unter den Super Creatives verstehe ich Wissenschaftler, Forscher, Ingenieure, Künstler, Designer, Autoren und Musiker." Seine eingängige Botschaft war simpel: Gemeinden, die diese flüchtige und sehr anspruchsvolle Elite dazu bringen könnten, sich anzusiedeln, würden einen starken Vorteil im globalen Wettbewerb um wirtschaftliche Spitzenpositionen erreichen. Man müsse eben nur entsprechende Infrastrukturen und kulturelle Attraktionen bereitstellen. Das erschien vielen Kommunalpolitikern als eine faszinierende Zukunftsperspektive. Und so verbreitete Florida das Heilsversprechen in den mehr als zehn Jahren einer rastlosen Beratungs- und Reisetätigkeit weltweit. Allen Gemeinden und Regionen, in denen er auftrat, wurde eine hoffnungsfrohe Zukunft prognostiziert, wenn sie attraktive Infrastrukturen schafften.

Nun war zwar diese Botschaft, dass Kreativität in der Wirtschaft des 21. Jahrhunderts eine große Rolle spielen würde, erstens nicht so ganz neu.

Sie erinnerte stark an Peter Druckers 1979er-Idee vom „Knowledge Worker", nahm gleichzeitig die von den Briten Charles Landry und Charles Leadbeater schon Ende der 1990er-Jahre publizierten Impulse über die „Creative Industries" auf und verdichtete die empirisch vage Utopie des Soziologen Paul Ray und Ruth Anderson (2000) von den 50 Mio. „kulturell Kreativen", die die Welt verändern würden. Auch wirtschaftswissenschaftlich war die Grundidee der Bedeutung innovativer Kreativität längst ausgearbeitet. Zu Beginn der 1990er-Jahre schon hatte der Stanford-Ökonom und spätere Nobelpreisträger Paul Romer erste Grundzüge seiner „Endogenous Growth Theory" formuliert, die auf der – zumindest für die damalige Zeit bahnbrechenden – Annahme aufbaute, dass im 21. Jahrhundert neben Rohstoffen, Arbeit und Kapital eines der wesentlichen Elemente des wirtschaftlichen und vor allem technologischen Fortschritts Ideen seien. Allerdings nur dann, wenn diese Ideen auf möglichst breiter Basis weltweit geteilt würden. Romer nannte das die „natürliche Externalität" kreativer Gedanken. Wichtig ist, dass Romer alle Akteure des wirtschaftlichen Prozesses in die Produktion solcher technologieorientierten Ideen einbezog, insbesondere die Mitarbeiter in Unternehmen.

Und zweitens hielt auch diese schöne Illusion weder der wissenschaftlichen Überprüfung noch der Wirklichkeit stand.

Die schlichte Gleichung Floridas wirkte nämlich nur deshalb so geschmeidig, weil sie auf einer Tautologie beruhte: Florida untersuchte im

Hinblick auf die These künftigen Erfolgs die Verteilung von drei sogenannten T-Faktoren: Talent, Technologie und Toleranz. Er charakterisierte gleichzeitig die Gemeinden, in denen sich diese T-Faktoren häuften, als zukunftsträchtige Wirtschaftsbiotope. Der Beleg für die Validität dieser Utopie war also nur relativ überzeugend. Beispielhaft für Floridas Vorstellungen waren Gemeinden, die sehr stark von der New Economy profitiert hatten. Dass sich mit dem Niedergang dieses Wirtschaftszweiges auch die Aussagekraft über die Bedeutung der Faktoren änderte, behinderte nicht die weltweite Faszination der Idee und ihre – unausweichliche – Zweit- oder gar Drittvermarktung.

9.8 Soziale Folgen

Der marktrationalen Logik (vorgeblich) wissensbasierter Ökonomie folgend, warfen sich nun sofort Hunderte von Trendgurus, Zeitgeistmedien, Lobbyisten, ja sogar Wissenschaftler auf die Idee und verkauften ihrerseits regional variierte Versionen. Sie alle fahndeten nach Gemeinden mit einem hohen Anteil an 3 Ts, um Atlanten der kreativen Klasse zu entwerfen. Das wirkte nun wiederum als eine Bedrohung für andere Gemeinden, die sowas nicht hatten und doch einen Weg in eine wirtschaftlich vielversprechende Zukunft suchten – oder als Bestätigung der bereits praktizierten Gentrifizierungs-Philosophie. So widmete – der Logik von Trendforschung gemäß – das Hamburger Trendbüro von Peter Wippermann einen der jährlich jeweils in den Medien verbreiteten Konjunkturen nacheilenden „Trendtage" diesem Thema. „Die Wahl der Stadt entscheidet über unsere Identität", verkündete der Keynote Speaker Richard Florida sehr allgemein. Erwartungsgemäß wurde die Idee auch vom Gründer des Zukunftsinstituts, Matthias Horx, aufgenommen, der stolz vermeldete, er habe das Konzept in Deutschland eingeführt. Er bestückte die Creative Class mit einer Unzahl von Tätigkeiten auf unterschiedlichen Ebenen – ganz ohne „aufwändige Zahlenwerke": Neben dem „superkreativen Kern" aus Autoren, Schauspielern, Redakteuren, Regisseuren, Malern, Kabarettisten, Comiczeichnern und dergleichen sowie den „Rationalen Innovateuren" wie Forschern, Wissenschaftlern oder Technologiespezialisten sowie schließlich der „kreativen Mitte" (Werber, Berater, Analysten, Medientrainer etc.) gehören dazu „Syntheseberufe" wie (aufgepasst) „Waldkindergärtnerin, Kulturvermittlerin, Duftgestalter, Trauer-Ritualist, Selfness-Coach, Holistic Health Manager, Mentaltrainer, Outplacement-Berater, Cultural Coach".

Hinzu kämen die „kreativen Könner" wie „innovative Rechtsanwälte, schräge Köche, findige Ärzte, artifizielle Architekten, fantastische Fotografen, radikale Redakteure, kreative Steuerberater, wirbelige Winzer, begnadete Schreiner, visionäre Sportler." Atemlosigkeit erfasst den Empiriker. Aber das Panoptikum der Creative Class hält noch mehr bereit – das von den Kelkheimer Utopisten entdeckte „neue Prekariat", sozusagen die Roadies der Creative Class. Dazu gehören Patchwork-Arbeiter, „Durchwurstler", Menschen mit „Lebenskünstler-Biographien", also „durchaus" auch ein „Rekrutierungs-Milieu der aufwärtsmobilen Kreativen" (Kompilation aus einer Reihe von Vorträgen und Interviews des Trendforschers).

Und so kopierte der Trendforscher auch die Tour de force des Vorbilds Florida auf regionaler Ebene und versprach jeder Stadt und jeder Region, in der er auftrat, eine goldene Zukunft. „Berlin [zum Beispiel] hat Talente und Toleranz in hohem Maße, bei der Technologie hapert es noch." Für den in Wien lebenden Publizisten, der weltweit die Entwicklung großer Metropolregionen beobachtet, ist in Berlin „das kreative Potenzial der zentrale Standortfaktor". Kreative Metropolen ziehen Menschen an: „Das ist ein sich selbst verstärkender Effekt." Weltweit zögen Menschen dorthin, wo es nicht nur Jobs, sondern auch kulturelle Komplexität, Anregungen und Kommunikation gibt. Zum Beispiel nach St. Pölten, wo Horx 2020 die Heilsbotschaft verkündete – unverwechselbar oder schablonenhafte Blaupause der Passepartout-Beratungskonzepte? Oder Duisburg – man sei auf einem guten und richtungsweisenden Weg, von einer industriell geprägten Stadt in eine neue Arbeitswelt überzugehen. Die von Horx als „kreative Klasse" bezeichnete neue Arbeitswelt mache in Duisburg ein Drittel der Bevölkerung aus – und die Hälfte der Einkommen, so las man von und auf offizieller Seite.

Wortgleich auch im österreichischen Bundesland Vorarlberg: Bei seiner Bewertung über die europäischen Regionen ziehe er [Horx] den

Schluss, dass Vorarlberg zu den absoluten „Hot Spots" zähle. Über Freiburg hieß es: „Kreative Städte haben den Mut zu symbolischer Leuchtturm-Architektur: Gewerbehöfe für die neue ‚Work-Life-Balance', mit guten gastronomischen Angeboten, Kindergärten und Service-Einrichtungen, bilden die neuen ökonomischen Kraftwerke. ‚Grüne' Stadtviertel wie das Vauban-Viertel in Freiburg zeigen, dass die Geschichte des Wohnbaus mit den Blöcken der Nachkriegszeit nicht zu Ende ist. So entstehen urbane Dörfer in der Stadt". Die Realität zeigte sich bald. Zusammenbruch des Tech-Marktes, Verdrängung und Gentrifizierung, öffentliche Rebellionen gegen das Konzept in vielen Städten.

Was sagt die Wissenschaft? Also hier: die empirische Prüfung?

9.9 Wissenschaftliche Falsifikationen

Als Florida seine T-Faktoren vorstellte, setzte eine Reihe von statistischen Prüfungen ein, die aber kaum Beachtung in der nichtfachlichen Medienwelt erwirtschaften konnten. Das Fazit: Keine Bestätigung einer irgendwie gearteten Kausalität. Unabhängig von der aktuellen Diskussion hatten schon im Jahr 2000 die Regionalforscher des Beratungs- und Meinungsforschungsunternehmens Prognos in einem Vergleich zehn europäischer Regionen zwei ganz andere Faktoren für wirtschaftliche Innovationskraft identifiziert: innovative Unternehmen und die Attraktivität regionaler Infrastrukturen, die sich daraus entwickelten.

Edward Glaeser, ein auf städtische Entwicklung spezialisierter Ökonom am Harvard University Department of Economics, unterzog in einem durchaus wohlwollenden Review zu Floridas The Rise of the Creative Class das „aufwändige Zahlenwerk" einer Reihe von Regressionsanalysen – und zwar für dieselben 242 Gemeinden, die Basis für Floridas Empirie waren. Die Analyse kommt zum Ergebnis, das keines der drei Ts trotz ihre soziokulturellen Bedeutung in einem signifikanten oder auch nur mutmaßlich klaren Zusammenhang zu *wirtschaftlichem* Erfolg eines Ortes oder einer Region stehen. Sie bestätigte aber wiederum die herausragende Bedeutung von Bildung für ökonomische Prosperität: Was einzig zähle, so Glaeser, sei die Häufung guter Schulbildung für alle.

Eine weitere bemerkenswerte Studie stellten die Politikwissenschaftler der University of North Carolina at Chapel Hill, Michele Hoyman und Christopher Faricy, 2009 in der einflussreichen Zeitschrift Urban Affairs Review zur Verfügung. Ähnlich wie Glaeser nutzten sie Floridas Original-Index. Auch sie fanden keine Bestätigung einer irgendwie gearteten Kausalität. Viel wichtiger seien gut ausgebildete Menschen und ihr „soziales Kapital". Zum selben Ergebnis war drei Jahre zuvor schon Ann Markusen gekommen. Sie war zu dieser Zeit Direktorin des Projekts „Regional and Industrial Economics" am Humphrey Institute of Public Affairs der University of Minnesota und hatte 2006 die drei Indikatoren Creative Class, Human Capital und Social Capital im Hinblick auf ihre Bedeutung für wirtschaftliches Wachstum getestet. Das Ergebnis bestätigt die eben skizzierten Befunde: „The statistical tests reveal that the creative class variable does not correlate with any measure of economic growth, whereas the human and social capital theories display varying levels of correlation with wage and job measurements." (https://journals.sagepub.com/doi/10.1068/a38179).

In einer australischen Analyse mit dem Titel „The Consequences of the Creative Class: The Pursuit of Creativity Strategies in Australia's Cities" dokumentieren die Soziologen Rowland Atkinson und Hazel Easthope schließlich eine höchst unerfreuliche Nebenfolge der Aufbereitung von interessanten Quartieren für die vermeintliche Creative Class: die wachsende Intoleranz der neuen Bewohner gegenüber der klassischen Bevölkerung und sozial prekären Bewohnern (wie Obdachlosen, Arbeitslosen oder Randgruppen) in den gentrifizierten Stadtteilen. Die Probleme verstärkten sich dadurch, schreiben die Australier, dass Etats für Kindergärten und Schulen, für die Aktivierung bislang vernachlässigter Bildungspotenziale und die Lösung anderer sozialer Probleme fehlen, wo viel Geld in das internationale Marketing für die Creative City fließt.

Diese und weitere Studien unter: https://www.academia.edu/316576/The_Consequences_of_the_Creative_Class_The_Pursuit_of_Creativity_Strategies_In_Australias_Cities.

Die Plausibilität solch destruktiver Nebenfolgen wird schnell deutlich, wenn man sich, wie ein damals bekannter Blogger, fragt, wer denn tatsächlich für all diese wundersamen Technologien verantwortlich sei, die

die Wirtschaft stark machen, die all diese kreativen Applikationen, Autos, die Wasseraufbereitung, medizinische Hochtechnologie, Smartphones, Laptops, YouTube und Online Shopping erfunden hatten. Es seien Elektroingenieure, Computerwissenschaftler und dergleichen, in den meisten Fällen „incredibly unsexy male nerds", Normalbürger mit guter Bildung, Familienväter und Mütter, irgendwo zu Hause, oft auch in der wenig sensationellen Provinz oder bis dahin unspektakulären Stadtvierteln. Genau die aber leiden zusehends unter der Veredelung (Gentrification) der über viele Jahre gewachsenen Alltagskultur mit gut ausgebildeter Einwohnerschaft und entsprechend vielfältiger Infrastruktur. Die Website gibt es nicht mehr. Die Antwort bleibt dennoch überzeugend.

Abgesehen davon erweist sich die Idee der Creative Class im Ergebnis als selbstzerstörerisch, denn die hauptsächlich aus IT- und Digital-Innovationen sich entwickelnde Industrie richtete sich gegen ihre eigenen Erfinder. Der Wirtschaftswissenschaftler, Politologe und Manager Ayad Al-Ani sprach schon 2015 in einer Studie der Gewerkschaft Verdi von einer „einzigartigen und zerstörerischen Situation am Markt", weil die Zahl der Festangestellten immer mehr zurückgehe und sich ein brutaler Markt der Freelancer etabliert habe. Allein als „Clickworker" arbeiteten zu dem Zeitpunkt weltweit über 700.000 Menschen. Über 60 % der Crowdworker aus der Kreativbranche hatten einen Hochschulabschluss. Über die Hälfte von ihnen verdiente weniger als 1500 € netto. Auch Frank Werneke, stellvertretender ver.di-Vorsitzender, kritisiert, dass die wachsende Selbstständigkeit oft „als Dumpinginstrument durch Auftraggeber missbraucht wird". Die aktuellen Zahlen zeigen, dass sich dieser Trend fortgesetzt hat (https://t3n.de/news/ki-clickworker-ausbeutung-1634433).

9.10 Weitere Themen? Jede Menge

Das sollte genügen, um den Spaß einer investigativen Wissenschafts-Recherche hinreichend zu illustrieren, wenngleich weitere Themen zuhauf verfügbar sind. Denn was immer an originellen Forschungen auf dem gigantischen Markt der Studien erscheint, sich als halbwegs plausibel erweist und ein zeitgeistiges Thema anspricht, erscheint in der Regel ohne die relativierenden Hinweise in den Originalen als Ergebnis der Trendforschung und der Autorinnen und Autoren von Erfolgs- und Optimierungs-Traktaten. Zum Beispiel der beschriebene Siegeszug der „Blauen Energie" oder die in Abschn. 6.9 schon beschriebenen Glücksverheißungen auf der Grundlage des immateriellen Bundesinlandprodukts, die vorgeblich von Zukunftsforscher Matthias Horx neu definiert worden seien (http://www.ak-kurier.de/akkurier/www/artikel/29426-eine-neue-idee-vom-wohlstand), aber Jahrzehnte zuvor schon von den Nobelpreisträgern William D. Nordhaus und James Tobin vorgeschlagen worden waren.

Weitere Nachweise für die Übernahme solcher Konzepte wären zuhauf möglich. Zum Beispiel in aller Kürze: Flexicurity, ein semantisches Kompositum, um dessen Urheberschaft sich unverständlicherweise eine Reihe von Trendforschern streiten. Denn die Urheberschaft gehört einer Forschergruppe der niederländischen Universität Tilburg. Oder die vom Soziologen Hans Bertram erstmalig in seinen Forschungen genannte „Rush Hour des Lebens" als Markierung einer biografischen Phase. Oder der „War for Talents", erdacht 1997 vom New Yorker Direktor der Unternehmensberatung McKinsey, Ed Michaels und seinen Koautorinnen in einem gleichnamigen Report. Schließlich wurde das Fachkräfteproblem zum Thema der universitären und außeruniversitären Forschung weltweit und auch in Deutschland, prominent repräsentiert in den einschlägigen Arbeitsgruppen der Fraunhofer Gesellschaft IAO. Oder: Die vorgebliche Entdeckung des „Prosumenten" in den konsumfreudigen Achtzigerjahren, der aber schon 1977 im Weltbestseller „Future Shock" von Alvin Toffler auftaucht. Die Yuppies, eine Worterfindung der amerikanischen Journalistin Alice Kahn in einem Beitrag des East Bay Express (eine Zeitgeist-Publikation für die Bay Area um San Francisco, Sausalito, Oakland und Berkeley) am 15. Juni 1983 als Kürzel (und feuilletonistischer Jubelruf) über die „Young Urban Professionals". Oder die Publikation des Trendforschers Sven Gábor Jánszky und des Managers Stefan A. Jenzowsky über die „Rulebreaker" 2010, also elf Jahre nach dem weiter oben zitierten Buch „First Break all the Rules" von Buckingham und

Coffman. Dies geht immer so weiter und bestätigt das Motto: „Es ist alles schon mal da gewesen, manches sogar zwei Mal."

Beliebt sind zudem Best Practices – eine wunderbare Erfindung, um ein Prinzip, das nur mit sehr viel abstrakten Worten beschrieben werden müsste, anhand eines konkreten Falles zu veranschaulichen, der repräsentativ für die zu veranschaulichenden Prinzipien ausgewiesen wird. In der herrschenden Praxis der Nutzung von Best Practices aber wird der Vorgang in der Regel, wie schon in den Showprojekten der Neuroökonomie, völlig umgedreht. Ein sehr oft zufälliges und damit willkürlich ausgewähltes Beispiel wird mit weiteren Beispielen belegt, die opportunistisch danach ausgesucht werden, ob sie passen. Am Ende steht dann eine Publikation, die das Prinzip unter dem Namen des ausgewählten Beispiels verbreitet.

Diese gängige Praxis weist gleich zwei schwerwiegende intellektuelle Fehler auf. Erstens prüft man nicht, ob mit denselben Konzepten, denselben Strategien und Management-Modellen andere Unternehmen (und mithin andere Fall-Studien) gescheitert sind. Es ist natürlich schwierig, weil es diese Firmen nicht mehr gibt. Der Fachausdruck für diese selektive Wahrnehmung ist: „Undersampling of Failure" (Denrell 2003). Zweitens werden in den Best Practices nur bestimmte Strategien angesprochen, niemals aber die gesamte Unternehmenswirklichkeit des ausgewählten Falles, also die Geschichte des Unternehmens selbst, die Besonderheiten seiner Mitarbeiterinnen und Mitarbeiter (also des Intellektuellen Kapitals), die besonderen Marktgegebenheiten und vieles andere mehr.

Eine hochkomplexe Falsifikation von einigem Unterhaltungswert ist denn auch eine Mammut-Studie des Beratungsunternehmens Deloitte. Untersucht wurde die Erfolgsbilanz von 21.000 Firmen in den Jahren von 1966 bis 2006 im Hinblick auf systematische und verallgemeinerbare Konzepte. Am Ende bleiben nur 400 Unternehmen übrig, die solche Kriterien erfüllten. Wie die Autoren in einer Literaturanalyse nachweisen, erschien keines dieser Unternehmen in der boomenden Best-Practice-Literatur (Raynor et al. 2009). In der Hochkonjunktur dieses Genres um 2012 haben wir in einem umfangreichen Projekt schon einmal die Frage an Managerinnen und Manager von 310 deutschen mittelständischen Unternehmen gestellt, ob sie sich als Best Practice sähen. Die übergroße

Mehrheit meinte, das schon. Auf die nächste Frage, an welchen Best Practices man sich denn selbst orientiere, war die Antwort noch eindeutiger: an gar keinen (Rust 2012). Das ist im Hinblick auf die Botschaft der „Lernen von …"-Literatur ernüchternd. Allerdings erfordert die Einsicht in diese Befunde einen erheblichen Aufwand an Fantasie (bei der Fragestellung) und Empirie (bei der Umsetzung in konkrete Projekte). Aber Spaß macht es doch.

10
Nostalgia, zukunftsorientiert

Zusammenfassung Die Kritik am Mangel unterhaltsamer Inspirationen aus der als zu komplex diskreditierten Wissenschaft ist noch aus einem anderen Grund obsolet: Sie ist schlichtweg falsch und kaschiert eine interessanten Widerspruch: Die meisten Publikationen des Geschäftsfeldes der Simplifizierung sind nichts anderes als Neuauflagen längst verhandelter Themen. Und auch das mit dem fehlenden Unterhaltungswert stimmt nicht, wie in diesem Kapitel unter anderem an den „kleinen Schriften" Immanuel Kants, an Robert K. Mertons Büchern und der zum Teil geradezu kabarettistischen Selbstkritik der Wirtschaftswissenschaft bewiesen wird. Es bestätigt sich die These des intellektuellen Reichtums der „Bildungsrepublik" auch aus der Sicht ihrer Tradition. Ungeklärte Fragen bleiben aber. Zum Beispiel wäre es an der Zeit, im Sinne „investigativer Wissenschaft" zu untersuchen, welche Wirkungen die Simplifizierungsindustrie eigentlich hat. Und zweitens, wie die repräsentativ Tätigen das Vertrauen in eine Arbeit begründen, die oft nur von wenigen Insidern verstanden wird – aber zur Fortführung der Forschung und der darauf aufbauenden Diskurse in der Scientific Community unersetzlich ist. So entsteht die Verantwortung eines „neuen Bildungsbürgertums". Und das sind wir alle.

10.1 Wissenschaft ohne Komplexität ist keine

Eine Frage, die sich im Verlauf dieses Essays zur Wissenschaft als unabdingbare formale und inhaltliche Voraussetzung jeglicher Bildung immer wieder gestellt hat, ist gar keine inhaltliche, sondern ein stilistische: Ist Wissenschaft zu komplex?

Die Antwort ist eindeutig: Wissenschaft ist komplex, sonst wäre sie keine. Aber sie ist nicht *zu* komplex, weil ihre Vorgehensweise nur der Komplexität der Wirklichkeit angemessen sein muss. Und die erscheint vielen Menschen als zu komplex.

Wissenschaft ist letztlich eine gesamtgesellschaftlich wirksame Dienstleistung, deren Repräsentantinnen und Repräsentanten die mühevolle Aufgabe auf sich nehmen, mit angemessen Mitteln die verwirrenden Tatbestände der Realität zu beschreiben, sie in ihren Kontexten zu verstehen, Erklärungen zu finden, wie sie entstehen konnten und schließlich die Bedeutung für Gegenwart und Zukunft des Alltags auszuloten. Daher darf sich wissenschaftliche Arbeit nicht primär an allgemeiner Verständlichkeit orientieren, sondern an den Anforderungen, die ihre Gegenstände an Methoden und Interpretationen stellen. Dazu gehört dann auch eine unmissverständliche Fachsprache, deren Vokabular vier Kriterien erfüllt: Es muss eindeutig sein, im Hinblick auf die untersuchten Fragestellungen hinreichend, frei von normativen Begriffen und die prüfende Wiederholung der Untersuchungen oder Denkvorgänge ermöglichen. Lob also den Elfenbeintürmen und den Bemühungen ihrer Insassen um Unmissverständlichkeit. Dass deren Interpretationen in Frage gestellt werden können, ist nun wiederum die Sache der anschließenden Diskussionen und Debatten. Denn Interpretationen sind streng genommen kein Teil der wissenschaftlichen Arbeit, sondern Kern ihrer Anwendung.

Mit den dergestalt definierten Voraussetzungen von Wissenschaft lässt sich auch die seltsame Konfrontation auflösen, die immer wieder die populären Aufarbeitungen – von Trendforschern, Zeitgeist-Exegeten und Autorinnen und Autoren philosophischer oder anderer wissenschaftsorientierter Kompilationen – als Lösung des Komplexitätsproblems einer realitätsfernen Wissenschaft aufwerfen. Sie bieten keine originäre Wissenschaft an. Sie stellen kein Personal dar, das Ralf Dahrendorf mit seiner klugen Definition der „repräsentativ Tätigen" erfasst hat. Er versteht darunter Professoren, Wirtschaftsführer, Künstler, alle, die mit ihrer Arbeit dazu beitragen, eine lebendige Kultur zu erschaffen, auf deren Fundamenten wirtschaftliche oder gesellschaftliche Innovation entstehen könnte. „Bei repräsentativen Tätigkeiten geht es also darum, den Inhalt neuer und andersartiger Dinge hervorzubringen Theorien, Kunstwerke, Arten von Lebenschancen. Sie stellen das Reservoir möglicher Zukünfte dar. ... Insoweit sind repräsentative Tätigkeiten sowohl unentbehrlich als auch Verschwendung, Luxus." (Dahrendorf 1979, 206)

Diese Aktivität, intellektuell wie wirtschaftlich, kulturell und politisch, sollte dennoch kein Selbstzweck sein. Der Liberale Dahrendorf sah die wesentliche Aufgabe der Elite in der Schaffung von Optionen, von Lebenschancen, Hoffnung und Optimismus für alle in der Gesellschaft.

Die hier als Prototypen der Reduktion dieser Komplexität aufgeführten Autoren wären allenfalls Multiplikatoren oder – im zweifelhafteren und hinreichend belegten Fall – Wiederverwerter andernorts produzierten Wissens. Wenn Precht sein Buch „Wer bin ich und wenn ja, wie viele?" nannte, dann wiederholte sich in diesem Titel die seit den 1950er-Jahren vom amerikanischen Soziologen Robert K. Merton und Dahrendorf schon den 50er Jahren entwickelte „Rollentheorie" und ihrer Kernthese eines multiplen „Rollen-Sets".

Man braucht die einschlägigen Bücher nicht einmal im Original zu lesen, um ihre Inspirationskraft zu erleben. Denn die in der Bildungsrepublik etablierten Institutionen haben die Übersetzungsarbeit längst geleistet, zum Beispiel die Bundeszentrale für Politische Bildung in einem verständlichen Text unter der interessanten Frage, die man auch als Motto einer Spruchsammlung oder als Buchtitel hinzufügen könnte: „Wie bin ich geworden wer ich bin?"

10.2 Auch Kant ist unterhaltsam

Natürlich drängt sich die Frage nach der Wirkung dieser Art kompilatorischer Dienstleistungen auf: Wird durch sie tatsächlich eine Motivation gestärkt, sich mit wissenschaftlichen Erkenntnissen zu öffentlichen Aufregerthemen zu beschäftigen? Mit den Klassikern, die ein öffentliches Interesse erringen könnten, wie Immanuel Kant, dessen dreihundertster Geburts- und zweihundertzwanzigster Todestag 2024 begangen wurde und von dem ein Sinnspruch das öffentliche Gedächtnis in besonderem Maße bewegt – der von der „selbstverschuldeten Unmündigkeit" des zur aufklärerischen Vernunft prinzipiell fähigen Menschen?

Im Umfeld der „runden Jahre" von Geburt und Tod des Philosophen wurden seine Gedanken in unterschiedlichsten Informationen und Inszenierungen und für alle Interessierten zugänglich gemacht – in einem sogenannten Bio-Pic zum Beispiel in der ARD. Die Aspekte, die in dieser Dreiviertelstunde schauspielerisch und von Expertinnen und Experten ins Kameralicht gerückt wurden, entsprechen den Erläuterungen des Nachwortes der sechsbändigen Werkausgabe Kants, die im Könemann-Verlag erschienen ist. Man sah die Inszenierung des täglichen Spaziergangs, der peniblen Alltagsordnung und der Sparsamkeit, der mittäglichen Gastmähler mit Freunden, der Kleidung und der Wohnverhältnisse – unterhaltsam und informativ, vor allem, was die Hintergründe seiner Publikationen betrifft. Das Bedürfnis, einmal in die Originaltexte reinzuschauen könnte durchaus geweckt worden sein. Und das sind nicht nur die großen Werke, zu deren Verständnis und um die gedanklichen Wirkungsketten nachverfolgen zu können, sicher ein Philosophie-Studium vonnöten ist.

Noch einmal, und diesmal als Frage: Es ist alles da, und zwar überall und für alle?

Eigentlich schon. So hat zum Beispiel der Propyläen Verlag ein Gespräch über Kant zwischen dem weltbekannten Schriftsteller Daniel Kehlmann und dem Philosophen Omri Böhm quasi inszeniert und in diverse Aspekte unterteilt. Und zwar als Buch. Was den Vorteil bietet, Aussagen, Argumente und Gegenargumente in Ruhe zur Kenntnis nehmen zu können, ohne die aufgeregte Atmosphäre einer dieser Talkshows durchleiden zu müssen, in der die Gesprächspartner ständig von Moderatorinnen oder Moderatoren unterbrochen werden und nicht der Inhalte des Themas, sondern die festgelegte Zeitspanne der Sendung das Gespräch strukturiert.

Erstaunlich war auch die Wiederentdeckung Kafkas, auch dies zu einem runden Jahrestag, als Fernseh-Serie, als Graphic Novel und in allerlei Artikeln, schließlich in verschiedenen Adaptionen in den Social Media sowie als Serie im nicht-kommerziellen Fernsehen. Was also von den Repräsentanten der Bildungs- und Forschungseinrichtungen, deren beeindruckende Vielfalt in Kap. 2 skizziert wurde, erarbeitet wird, ist auch außerhalb der Elfenbeintürme in einer sprachlichen und formalen Darstellungsform verfügbar, die keinerlei inhaltliche Vorbildung verlangt.

Selbst ein Hort der Hochrenaissance, Schauplatz der illustren Soireen im bereits erwähnten „Libro del Cortegiano" des Baldassare Castiglione, wird ja verarbeitet: Urbino. Allerdings als Tatort düsterer Krimi-Machenschaften (und wie überall in dieser Welt der Verbrechen wird sogar deutsch gesprochen, wenngleich die Einheimischen mitunter klischeehaft gebrochen deutsch sprechen). Aber birgt, um beim Beispiel zu bleiben, die mörderische Handlung, die da verortet wird, auch nur den geringsten Hinweis auf die Zeiten der großen Renaissancefürsten der Montefeltro? Sozusagen als didaktische Verbindung zwischen verschiedenen Unterhaltungs- und Informations-Genres? Und Erfüllung eines öffentlich-rechtlichen Bildungsauftrags? Bleiben die Genres getrennt, um das Publikum nicht zu überfordern – abgesehen von feierlichen Anlässen?

Oder wären solche Verarbeitungen nur an bestimmte, ohnehin einschlägig vorgebildete Publika gerichtet, deren anspruchsvolle Unterhaltungswünsche und lustvolle Bestätigung ihrer Position als Bildungsbürgertum ja ebenso befriedigt werden sollen, wie die des weniger anspruchsvollen Publikums durch die Reduktion auf „Easy Viewing"-Produkte? Hierzu gehören die endlosen Donna Leon- und unzähligen Regionalkrimis aus Istanbul, Urbino oder Usedom, die Schmachtfetzen der Rosamunde Pilcher-Liebesverwicklungen oder die 90-minütigen Familienaufstellungen der Familie Bundschuh mit ihren Modellproblemen.

Das Beispiel Urbino legt die nächste Frage nahe, auch im Zusammenhang mit einer Literatur, die ähnliche Motive untrennbar mit Bildungsansprüchen durchsetzt – wie der Weltbestseller „Der Name der Rose" von Umberto Eco: wissenschaftlich fundierte Unterhaltung oder gar unterhaltsame Wissenschaft?

Eine Legitimation wäre durchaus machbar. Denn selbst, um auf ihn zurückzukommen, Immanuel Kant war zuweilen sehr unterhaltsam

Es sind kleine Essays von zum Teil erfrischendem Feuilletonismus – und erstaunlicher Aktualität. „Träume eines Geistersehers" von 1776 zum Beispiel, in dem er sich auf amüsante Weise mit Konfabulationen beschäftigt und sie wissenschaftlich auseinandernimmt: „Da es eben so wohl ein dummes Vorurtheil ist, von vielem, das mit einigem Schein der Wahrheit erzählt wird, ohne Grund Nichts zu glauben, als von dem, was das gemeine Gerücht sagt, ohne Prüfung Alles zu glauben, so ließ sich der Verfasser dieser Schrift, um dem ersten Vorurtheile auszuweichen, zum Teil von dem letzteren fortschleppen. Er bekennt mit einer gewissen Demüthigung, dass er so treuherzig war, der Wahrheit einiger Erzählungen von der erwähnten Art nachzuspüren. Er fand – wie gemeiniglich, wo man nichts zu suchen hat – er fand nichts." (Kant 1776/1995 S. 312). Und im Essay „Zum Ewigen Frieden" werden universelle Antworten auf die Frage formuliert, wie sich der Frieden in der Welt dauerhaft durchsetzen könne.

Schließlich wie ein Programm gegen die vorangehend beschriebene Tendenz zur Irrationalität, der nur neun Seiten umfassende Essay: „Beantwortung der Frage: Was ist Aufklärung?", ergänzt durch „Was heißt: Sich im Denken orientiren?", der mit 18 Seiten zwar doppelt so lang ist, aber gemessen an den Angeboten von Hahne und Precht oder Horx – von ihrer Länge her und vom Stil ebenso publikumstauglich wie die Überlegungen zum Geisterseher.

10.3 Unterhaltsame Inspirationen

Humor? Unterhaltsame Wissenschaft? Auch mit dieser Frage hat sich Ralf Dahrendorf befasst. In einem Vortrag unter dem Titel „Öffentliche Sozialwissenschaft: Nützlich? Lehrreich? Unterhaltsam?" in der Sonntagsmatinee des Wissenschaftszentrums Berlin für Sozialforschung (WZB) am 9. September 2001 sagte der Soziologe. „Gewiß, das Unterhaltsame ist zumindest insofern nützlich, als es gute Stimmung verbreitet, und solchen Nutzen soll niemand unterschätzen. Wissenschaft braucht Öffentlichkeit, aber vorschnelle Öffentlichkeit verdirbt das Ethos der Wissenschaft und zugleich ihren Ruf." Denn „eine Kultur des Augenblicks und der dazugehörigen Stars oder Starlets", sei mit den Grundsätzen „einer ernstzunehmenden Wissenschaft" unvereinbar (Dahrendorf 2001, S. 12).

Da beginnt offensichtlich das Problem des Rabaissement, der Simplifizierung und marktrationalen Verfälschung – weil die Auswahlkriterien dessen, was verkäuflich ist und gut ankommt, überwiegen. Und dennoch: Man findet Publikationen, die sehr ernsthafte Themen eines durch frugalen modellplatonischen Mainstream geprägten Faches, der Wirtschaftswissenschaften, amüsant abhandeln. Einen Teil dieser Arbeit hat bereits Orestes V. Trebeis (ein Pseudonym) erledigt. Wer das war, erschließt sich durch die Umkehrung des Nachnamens. Das Kabinettstück der 43 Essays dieser Sammlung unter dem Titel „Nationalökonom*ologie*" (kursiv im Original; Trebeis 1994) ist die schon in Abschn. 8.7 skizzierte „Erste Lektion in Ökonometrie" von John J. Siegfried aus dem Journal of Political Economy des Jahres 1970.

Weltberühmt ist die Geschichte von Robert K. Mertons (Soziologieprofessor an der Columbia University) OTSOG-Buch (Kürzel für: On the Shoulders of Giants). Eines Tages im Jahr 1960 schickte der Harvardprofessor und Historiker Bernard Bailey dem Kollegen Merton einen kleinen Zettel mit einer kleinen Frage nach New York: Woher bitte, wollte der Historiker wissen, stamme eigentlich jenes Sprichwort, demzufolge Zwerge, die auf den Schultern von Riesen säßen, weiter sähen als die Riesen selbst?

Merton, dessen Forschungsgebiete neben einer frühen wissenschaftlichen Variation von „Wer bin ich ..." als systematische soziologische Rollentheorie, auch die Entstehung des Wissens umfasste, verfügte als Professor einer Elite-Universität natürlich über ein gigantisches Archiv mit Klassikern, von denen heute wohl nicht mal Google was ahnt, mit jeder Menge seltenen Manuskripten. In diesem Material suchte er nach Zitierungen der Weisheit, fasste zusammen, was er alles so gefunden hatte und sandte nach langer Zeit das Ergebnis an den Kollegen Bailey. Es handelte sich dabei um ein über 200 Seiten starkes Dossier, das dem Spruch in die tiefsten Tiefen der Geschichte nachspürte, ihn in ungezählten Texten wohl formuliert und in sakralen Bauwerken aller Jahrhunderte in Stein gemeißelt fand, auf Gemälden festgehalten und in Traktaten auf vielfältige Weise zur einfachen Weisheit verdichtet. Die Zwerge symbolisierten die Jugend mit ihrem neuen Wissen, die Riesen die an Erfahrung reichen Altvorderen. Auf deren Schultern also sitzt der kecke Nachwuchs und berichtet nach unten, zu welch erweiterten Horizonten man aufbrechen könnte.

Wenige Jahre später kam das Skript als Buch unter dem Titel „Auf den Schultern von Riesen" auf den deutschen Markt. Ein Geheimtipp mit drei klaren Botschaften: Wissenschaft macht Spaß; man kann sich elegant ausdrücken und trotzdem tiefsinnig; es ist unergiebig und fahrlässig, die Zwerge nur bei der Hand zu nehmen und in den niedrigen Bahnen von Tradition und Habitus zu führen, wie das oft geschieht. Solche

Zwerge gehen dann bei Fuß und finden ihre Horizonte in Kniehöhe. Doch Vorsicht: Wie wir aus der Weisheit der Märchen wissen, sind Zwerge durchaus schnell gereizt. So werden sie eines Tages den Riesen auf die Schultern steigen, unbemerkt und heimlich, um über den alten Horizont hinaus zu sehen. Wenn sie genug gesehen haben, springen sie wieder ab, nehmen das Wissen mit, erfinden heimlich Neues, um dem Alten Feuer unterm Hintern zu machen, und tanzen dazu.

Mertons Buch wäre eine interessante Lektüre – als erheiternde Ergänzung zur schon skizzierten Ratgeber- und Optimierungs-Literatur für Führungskräfte. Es ließe sich in eine Bibliothek entspannter, aber wissenschaftlich fundierter und – im Sinne erholsamer Ansprüche – gut geschriebener Werke moderner Klassiker einfügen, die ihre Leserschaft ernst nehmen und ein Kant'sches Thema abhandeln: Ethisch begründete Verantwortung auf der Grundlage des kategorischen Imperativs. Es ist nicht erstaunlich, dass es auch das längst gibt – in allen Schattierungen. Auf Focus Online zum Beispiel: Was Managerinnen und Manager von Immanuel Kant lernen können (https://www.focus.de/experts/300-jahre-kant-was-managerinnen-und-manager-von-immanuel-kant-lernen-koennen_id_259664582.html; letzter Abruf dieser und aller weiteren Online-Quellen in diesem Kapitel: 31. August 2024) oder aus der Ratgeber-Szene, etwa von Kirsten Schrick, „Expertin, Beraterin, Coachin und Stifterin" (https://www.kirsten-schrick.de/beratung/kant-f%C3%BCr-managerinnen), oder auch von Psychologen und Fachwissenschaftlerinnen des Personalwesens wie Dieter Frey und Lisa Schmalzried mit ihrem schon vor mehr als einem Jahrzehnt aufgelegten Buch „Philosophie der Führung – Gute Führung lernen von Kant, Aristoteles, Popper & Co."

10.4 Kategorische Imperative moderner Management-Klassiker

Wenn man sich abseits der rein wissenschaftlichen (ökonometrischen, theoretischen oder empirischen Arbeiten) in den Wirtschaftswissenschaften umsieht, repräsentieren diese Reminiszenzen ein dauerhaftes Genre der Managementliteratur – mit einem deutlichen Ergebnis: Verantwortung ist das Prinzip, das langfristig Probleme gar nicht erst entstehen lässt und somit ein Weg der wirtschaftlichen Erfolgsvorsorge im Management darstellt. Rosabeth Moss-Kanter zum Beispiel vertritt diese Haltung vehement. Ihr Buch „Frontiers of Management" von 1989 formulierte weithin akzeptierte Leitlinien der Management-Ethik und Strategien für die Zukunft. Zum selben Ergebnis kommt zum Beispiel die von der Unternehmensberatung Korn/Ferry und der Columbia University 1989 durchgeführte weltweite Untersuchung zum Thema „Reinventing the CEO – 21st Century Economy". Neff & Citrin illustrierten 1999 mit der nicht weniger aufwändigen Studie „Lessons from the Top" diese Befunde, ein Projekt übrigens, das sich selber fortschrieb. Denn da, wo die Kriterien, die sich aus den Strategien erfolgreicher Führungspersönlichkeiten der 1990er ableiten ließen, vernachlässigt wurden, häuften sich die Misserfolge (dazu auch Kets de Vries 2004). Alles das liest sich wie gut geschriebene Artikel eines intelligenten Wirtschaftsjournalismus: spannend, unterhaltsam, informativ und motivierend.

Aber selbst die Soziologie kann lesbar sein. Zum Beispiel bei Pierre Bourdieu, der bei Laien auf Grund eines minutiös akademischen Stils – und zwar in dem der französischen Tradition, lange Gedankengänge in ebenso langen, eleganten, aber komplexen Sätzen zu verfolgen – als unlesbar gilt. Zum Verständnis reicht es aber aus, die konkreteren Illustrationen zu konsumieren, für Mode-Fans zum Beispiel: „Haute Couture und Haute Culture" (1976), die Ausarbeitung der Idee des „kulturellen Kapitals" als Erklärungsansatz für soziale Distinktion und Entstehung von Märkten.

Dazu kann man dann Simmels über mehr als hundert Jahre aktuell gebliebene „Philosophie der Mode" von 1905 heranziehen, eine Konsumtheorie und Nachweis der offensichtlich unveränderlichen Logik des Marktes. Außerdem eine Analyse der Tatsache, dass das Handeln von Individuen kollektive Phänomene „erschafft" – ein Motiv, das in diesem Buch zentral ist und sich für die Interpretation von Social-Media-Portalen mit dem Schwerunkt modischer Selbstdarstellungen bestens eignet. Und weiter Thorstein Veblens „Theory of the Leisure Class" (1899). Eine weitere Konsumtheorie, die sich aus soziologischer Sicht mit der „Conspicuous Consumption", also der ostentativen Zurschaustellung des Luxus befasst, der nur ein Ziel hat: zu zeigen, dass man es sich leisten kann. Dann wiederum in einem Zeitsprung in die 1960er-Jahre René Königs „Kleider und Leute – Zur Soziologie der Mode". Als erweiternde Perspektive wären die lesenswerten Arbeiten von Ervin Goffman interessant: „Das Individuum im öffentlichen Austausch" (1974), ein Erklärungsansatz für die Logik der Interaktion und wie die Arbeiten von Simmel eine gute Grundlage für die Erklärung der Faszination heutiger Social Media, vielleicht sogar ein Hinweis auf eine künftig andersartige Gestaltung.

Es ist also keine Zeitverschwendung, während des Studiums – egal ob Pädagogik oder Kernphysik, Soziologie oder Volkswirtschaft – oder auch später auf dieses Erbe zurückzugreifen und fasziniert zu sehen, wie viele der Probleme, die heute als Transformationen, als Indizien einer Zeitenwende oder wie auch immer als ungeahnte Herausforderungen empfunden werden, sich als universelle Probleme darstellen. Immerhin war es, wie weiter oben schon angedeutet, Immanuel Kant, der schon zum Ende des 18. Jahrhunderts den schon erwähnten Essay „Zum Ewigen Frieden" schrieb und damit existenzielle Fragen der 2020er-Jahre berührte. Auch die zahlreichen Studien, von denen eine Reihe im Kap. 9 zur Prüfung aktueller Meinungen herangezogen worden sind, zählen zu diesem Erbe.

Nun ist die Zeitspanne, die in den effizienzorientierten Studiengängen für derlei intellektuelle Übungen vorgesehen ist, äußerst begrenzt. Die BA-Studiengänge sehen zwar eine nicht unerhebliche Zahl an Credit Points für sogenannte Soft Skills vor, aber die in den früheren universitären Kulturen etablierten Formen eines Studium Generale und die Lektüre der Klassiker, aus deren Arbeit die modernen Gedanken entstanden, oder auch große Vorlesungen, werden immer seltener.

Was schließlich die deutsche Publizistik betrifft, liegen Hunderte von Analysen, Erinnerungen, Kolumnen und Kommentaren bereit, auf eben jene Probleme gerichtet, die sich heute stellen: die Legitimation des neuen Europas, die Bildungsmisere, von Hannah Arendt, Josef Müller Marein, Nikolaus Sombart, Ludwig Marcuse, Marion Gräfin Dönhoff, Theo Sommer, Ralf Dahrendorf oder Sebastian Haffner und den großen Ikonen des wirtschaftswissenschaftlichen Bereichs abseits der ausgetretenen Pfade der sogenannten Neoklassik. Produzenten von Gedanken, die nachweislich als Steinbrüche für Gedankensplitter benutzt, aber kaum noch zur „konvivialen Kommunikation" anregen – jener Kunstform der Stammtische, wie sie auch Kant bei seinen täglichen Gastmählern pflegte. Oder die Klassiker der Wirtschaftstheorien, Peter Drucker zum Beispiel. Ideenlieferant für ungezählte Managerinnen und

Manager, für Führungskräfte und Kreative im Sinne einer aufgeklärten Kultur betriebswirtschaftlicher Verantwortung.

10.5 Bildung als gesellschaftliches Ereignis

Es seien „illustre Soireen" gewesen, auf denen der junge Peter im Haus seiner Eltern im Wiener Vorort Döbling mit bewunderten Geistesgrößen des frühen 20. Jahrhunderts erstmals in Berührung gekommen sei – so liest man allenthalben nun. Irgendwie soll dieser Hinweis erklären, wie ein junger Mensch aus gutem Haus später zu einem so unkonventionellen Managementvordenker avancieren kann. Da schwingen Assoziationen mit von tiefgründigem Gespräch und intellektueller Brillanz und ihrer unterhaltsamen Inszenierung an Stammtischen, wo alle das Recht haben, sich ansatzlos in jedes wabernde Gespräch einzumischen – wobei es nicht zimperlich zugeht. Es ist unwahrscheinlich, dass auf den illustren Soirees damals eine andere Atmosphäre herrschte, wenn etwa der recht eitle Schumpeter oder der rationalistische Hayek auf psychoanalytische Durchblicker und scharfzüngige Autoren trafen, deren beißende Bonmots bis heute jeden Disput würzen.

Wenn Drucker später sagte: „Das war meine Erziehung", meinte er sicher auch das Wienerische dieser Zeit. Was leicht zu belegen ist: Wo, wenn nicht in dieser einem Außenstehenden zersetzend anmutenden Atmosphäre hätte der Grund für die große Philosophie des Karl Popper (geboren in Wien 1902) gelegt werden können? Was später als Falsifikationstheorem die Grundfesten aller Wissenschaft prägte: kritisches Hinterfragen, ist das, was im Beisl täglich tausendfach geschieht, wenn die Antwort immer lautet: „Des glab i net!" Wo, wenn nicht im Kaffeehaus (jenem Ort, dem Jürgen Habermas für den Strukturwandel der Öffentlichkeit durch die Handel treibenden Bürger eine essenzielle Bedeutung zuschrieb), wo zu jeder Zeitungszeile drei widerstreitende Meinungen aufeinandertreffen und alle sich als Meinungsführer präsentieren, konnte die spätere Idee der „Opinion Leaders" von Paul Lazarsfeld keimen (geboren in Wien 1901 und Autor von „Die Arbeitslosen von Marienthal")? Und wo, wenn nicht in der multikulturellen Wiener Vorstadt, konnte die Inspiration der Gestaltpsychologie für das Marketing durch den heute global gerühmten „Vater der Motivforschung", Ernest Dichter (geboren in Wien 1907), entstehen? Er kreierte einfach einen neuen, heute gängigen Begriff zur Beflügelung der Konsumentenfantasie: Image. Wien ist aber nur ein Emblem für eine Kultur, die sich in vielen anderen europäischen Großstädten ebenso verorten ließ, und nicht nur da.

Neben den Größen, die eben als wirtschaftsorientierte Vordenker angeführt wurden, ist mehrfach bereits Hans Albert genannt worden. Der gebürtige Kölner hatte mehr als ein Vierteljahrhundert bis zu seiner Emeritierung den Lehrstuhl für Soziologie und Wissenschaftslehre an der Universität Mannheim inne. Für sein wissenschaftliches Werk wurde er mit Ehrendoktorwürden der Universitäten Linz, Athen, Kassel, Graz und Klagenfurt ausgezeichnet. 2008 erhielt er das Bundesverdienstkreuz 1. Klasse. Christian Geyer-Hindemith, Journalist der Frankfurter Allgemeinen Zeitung, schreibt in einem Nachruf: „Mit Hans Albert, dem hiesigen Statthalter des kritischen Rationalismus, wie der imponierende Begriff im Gefolge Karl Poppers sich nennt, ist eine erkenntnistheoretische Ambition verbunden, die im heutigen Wissenschaftsbetrieb noch musealen Wert hat, aber längst dem aktivistischen Ethos gewichen ist. Statt der solipsistisch hochgetriebenen Frage ‚Was macht das mit mir, mit meinen Verletzlichkeiten und Identitätsgefühlen?' herrscht bei Albert ein objektiver Vernunftgestus vor, dem freilich penibel an der Unterscheidung der Geister lag." (https://www.faz.net/aktuell/feuilleton/debatten/soziologe-hans-albert-im-alter-von-102-jahren-gestorben-19267911.html)

Man sieht: Die wirtschaftswissenschaftlich inspirierte Literatur zur Lösung praktischer Probleme repräsentiert eine faszinierende Bandbreite. Und wäre mehr Platz hier in diesem Buch, ließe sich ein weiteres Sachbuch mit der Beschreibung bahnbrechender methodologischer Arbeiten der 1950er- bis 1980er-Jahre füllen – als man den Problemen noch nicht mit künstlicher Intelligenz zu Leibe rücken konnte. Die Auseinandersetzung mit den Techniken der beschreibenden und schließenden Statistik beschäftigte die wissenschaftliche Diskussion lange vor der Computerisierung und generierte Lösungen, die heute als fantasievolle Grundlage algorithmisch gesteuerter Analysen hervorragend geeignet wären. Zum Beispiel durch Charles O „Evaluative Assertion Analysis" der 1950er-Jahre oder Paul Lazarsfelds mathematisch begründete „Latent Structure Analysis" (weitere ausführlichere Hinweise in Rust 2014).

10.6 Unbekannte Wirkungen

Aber ist, um auf die in diesem Buch beispielhaft diskutierten Protagonisten der Simplifizierung zurückzukommen und dennoch bei Fragen der empirischen Forschung zu bleiben, die Philosophiegeschichte, die in mehreren Bänden seit 2015 von Richard David Precht vorgelegt wird, eine Lösung? Die Titel versprechen ja ebenfalls anwendbare Ratschläge im Stil eines Traktats: „Erkenne die Welt"; „Erkenne Dich selbst"; „Sei Du selbst"; „Mache die Welt" – und was sonst noch so folgen wird.

Die professionellen Urteile sind ambivalent, von Begeisterung im Netz (man brauche nicht mehr die Originale zu lesen, um mitreden zu können – ohne dass allerdings der Ort eines solchen Diskurses je erwähnt würde) bis hin zur fachlichen Kritik, zum Beispiel im Spektrum: „Die Frage, warum sich der Autor trotz der Fülle verfügbarer Philosophiegeschichten dieses Projekt vorgenommen hat, wird nicht wirklich geklärt. […] Als Nachschlagewerk eignet sich das Buch also schon mal nicht. Akademischen Anspruch im Sinne neuer Erkenntnisse hat der populärwissenschaftliche Abriss der Philosophiegeschichte auch nicht. Der zwar gefällige, streckenweise gar dahinplätschernde Stil und der narrative Duktus lassen darauf schließen, dass das Werk eher der Unterhaltung dienen soll. […] Leser, die akademisch selbst aus der Philosophie und angrenzenden Disziplinen kommen, werden allerdings wenig Neues und kaum originelle Zusammenhänge darin finden." (https://www.spektrum.de/rezension/buchkritik-zu-mache-die-welt/2207091)

Das Kardinalproblem auch der hier vorgelegten Analyse besteht darin, dass außer den quantitativen Informationen über Verkaufszahlen keine soziologischen Kenntnisse über die Zusammensetzung der und die Wirkung auf die Leserschaft der als prototypische Beispiele für die Geschäftsfelder der Simplifizierung ausgewählten Autoren Horx und Precht existieren. Es wäre ja möglich, dass die Impulse einer eher jugendbuchartigen Literatur Leserinnen und Leser dazu motivieren, sich mit den Originalen zu beschäftigen und auf diese Weise tiefer gehende Einsichten zu gewinnen. Oder dass die Abonnenten der Trend-Reports sich mit der Zukunftsforschung so auseinandersetzen, dass man ihre Relevanz und ihre Reichweite durch die Suche nach entsprechenden wissenschaftlichen Studien einzuordnen versteht. Das mag alles sein, so unwahrscheinlich es klingt. Aber es ist nicht bekannt.

Was bedeutet das eigentlich, wenn beispielsweise Peter Hahnes Bücher sich acht Millionen Mal verkauft haben? Welchen Einfluss auf die Meinungsbildung hat das? Ist es wirklich die „Diskursverschiebung nach rechts", wie eine Reihe von Kritikern und Kritikerinnen anmerkt? Dann wären die Leserinnen und Leser dieser Bücher also durch die Lektüre politisch inspiriert?

Wer sind sie, diese Leserinnen und Leser?

Viele, relativ gesehen.

Aber acht Millionen, wenn man die verkauften Bücher Hahnes zählt? Das ist statistischer Unsinn und würde voraussetzen, dass jedes Mal, wenn Hahne ein Buch auf den Markt bringt, neue Leserinnen und Leser zugreifen. Wenn es – ebenso ungeklärt wie unwahrscheinlich – umgekehrt immer wieder dieselben wären, blieben noch 200.000. Wie viele also sind es wirklich? Und was bewirken sie? Bestätigung von Meinungen? Beeinflussung des Wahlverhaltens? Und wenn die Wirkungen identifizierbar wären, müssten nicht die Social-Media-Kommentare und -rezeptionen eingerechnet werden? Auch auf dieser Basis lassen sich allenfalls Mutmaßungen anstellen. Und eine der plausibelsten ist die Einsicht der Kommunikationsforschung, dass der Kauf von Medien und das Abonnement (Following) von Social Media eher bestätigende Funktionen für bereits bestehende Meinungen haben. Man kann den Betreibern der Bestseller-Listen wirklich nur nahelegen, über Innovationen nachzudenken, Lesermilieus zu definieren oder auch Effizienzreichweiten einzubeziehen – das heißt, die kommunikative Wirkung von Publikationen, um ihre gesellschaftliche Potenz einschätzen zu können. Das würde sehr teuer, es entstünde ein unter wirtschaftlichen Gesichtspunkten kaum vertretbarer Aufwand. Aber als Forschungsprojekt literaturwissenschaftlicher Fachbereiche wäre eine solche Initiative sowohl finanzierbar als auch von hohem öffentlichem Informationswert. Zudem wäre es unterhaltsam.

Ebenso wenig ist klar, welche Führungskräfte sich eigentlich nach den Weissagungen von Trendforschern richten oder die Erfolgstipps der Gurus beherzigen. Die Listen der Kunden, mit denen Speaker und ihre Agenturen werben, sind zum Teil gigantisch, interessanterweise durchweg DAX-Unternehmen. Nach diesen Informationen und amüsierten Berechnungen, die sich daran anschließen, dürfte wohl kein Tag vergehen, an dem nicht mindestens zehn Vertreter dieser Branche in jedem einzelnen Großkonzern auf irgendeine Weise tätig ist. Was genau da geschieht, erfährt man selten.

10.7 Vergessenes Erbe

Dennoch kann auch ohne präzise Informationen über quantitative Reichweiten und inhaltliche Wirkungen, die eine Frage gestellt werden, die sich durch dieses Buch zieht: die der Vermittlung und Übertragung in den Alltag der Menschen, die für tiefergreifende Lektüre keine Zeit haben oder darin nicht geübt sind. Es ist die Frage auch nach der Verständlichkeit, die zum Beispiel Precht für sich in Anspruch nimmt. Denn natürlich erscheint es unzumutbar, die Philosophiegeschichte, die Jürgen Habermas 2019 publiziert hat und deren zweibändige Ausgabe um die 1700 Seiten umfasst, einem weiten Leserkreis als Lektüre anzubieten. Das Material, mit dem eine Wirkungskette der Ablösung religiöser und metaphysischer Glaubensbestandteile zugunsten einer wissenschaftlich-rationalen Weltbetrachtung seit der Antike nachvollzogen und in allen ihren sozialen, kulturellen, politischen und wirtschaftlichen Konsequenzen durchleuchtet wird, ist selbst für nicht-philosophisch ausgebildete Akademiker kaum verständlich.

Allein die Sätze! Bei den klassischen Philosophinnen und Philosophen, insbesondere bei dem zum unmittelbaren Vergleich genannten Jürgen Habermas, wird die Grammatik ausgereizt, werden die Sätze kontextuell und sichern immer den Bezug zum Leitmotiv. Ein Stil, der um jeden Gedanken ringt, um keine Doppeldeutigkeiten zuzulassen und damit hoch komplex wirkt. Die Satzlänge zum Beispiel. Bei Precht: kurze Aussagen, Punkt. Nächste Aussage, vielleicht der eine oder andere Nebensatz, erläuternd. Punkt. Satz. Punkt. Und so weiter. Hübls Satz-Rhythmen sind genauso. Eher in Buchform gebrachte Zettelkästen aufgereihter Infos. Es wäre ein interessantes Projekt für wissenschaftlich genutzte künstliche Intelligenz, semantische Vergleiche von Habermas und Precht durchführen zu lassen.

In den Rezensionen wird bemängelt, dass die kompilatorischen Bestseller nichts Neues bieten, und nur selten eine Leitidee, die man für sich durchdenken könnte. Und das ist der deutlichste Unterschied zu den – als zu komplex verschrieenen – Werken der Klassiker. Sie arbeiten sich in der Regel an einem Grundgedanken ab, der dann in weitere praktische Sphären übersetzt werden kann. Ernst Bloch zum Beispiel, mit seinem epochalen Werk über das „Prinzip Hoffnung", das in der gesamten Kultur, in Kunst, Politik und Alltag, beim Essen und Trinken, Denken und in der Liebe waltet und die Philosophie der Philosophien bestimmt. Oder aktueller Robert Pfaller mit seinen Thesen zum lustvollen Leben. Die Wirkung derartiger Unternehmungen entwickelt sich indirekt über die fachliche Rezeption, die sich der Praxis allmählich annähert und dann mit konkreten Konsequenzen beschäftigt.

Philip Cassier, Autor der Tageszeitung Die Welt kommentiert: „Das Elend heutiger Intellektueller liegt immer nur eine Polit-Talkshow weit entfernt. Was einer in der U-Bahn gehört oder sonstwo aufgeschnappt hat, gilt manchem in diesen Sendungen als Grundlage einer ganzen gesellschaftlichen Theorie. Dies geht natürlich nur ohne weitere empirische Überprüfungen oder formal korrekte Argumente. […] Mit anderen Worten: Was derzeit passiert, ist ein Beleg für die alte These des Soziologen Rainer Lepsius: Wer Kritik zum Beruf erhebe, wisse oft genug nicht, wovon er überhaupt rede. könnte man sich fragen, was wohl ein Intellektueller wie Sebastian Haffner zum heutigen Treiben anzumerken gehabt hätte. Wirklich gute Laune macht einem diese Vorstellung sicher nicht, zu groß ist der Unterschied. Doch es lohnt trotzdem oder gerade deswegen, zentrale Positionen dieses Mannes in Erinnerung zu rufen. Nun weiß kaum noch jemand, wer Sebastian Haffner war." (https://www.welt.de/geschichte/kopf-des-tages/article242864187/Sebastian-Haffner-Was-ihn-zum-Vorzeige-Intellektuellen-machte.html)

Ja, wir alle sind die Erben-Generation. Aber wir treten, wie kulturpessimistische Beobachter beklagen, dieses Erbe nicht an.

Und so verstaubt es in Keller-Regalen oder auf Dachböden. Wirklich?

10.8 Stimmen aus dem Off

Nein, eigentlich nicht: Es ist weiter und in einem Ausmaß verfügbar, das es zuvor auch in lebendigsten Zeiten literarischer Diskurse nicht gegeben hat. Für alle, die wollen, jederzeit und zu geringen Kosten oder gar gratis: im

World Wide Web – mit Bildern, Anekdoten, Hintergründen. Und wenn die Zukunftsdeuter und New Public Intellectuals bei aller Kritik eines beweisen, dann ist es dies: dass es ein Interesse an der Auseinandersetzung mit wichtigen Fragen gibt. Eine winzige Voraussetzung muss allerdings erfüllt sein, um dieses vage Interesse mit praktischem Leben zu füllen: Die Kompetenz zur Einordnung jenseits der vordergründigen Verschwörungstheorie, dass Bildung und ihre Grundlage – die Wissenschaften – elitäre Veranstaltungen seien. Dazu muss die immer noch offene Frage beantwortet werden, in welcher Weise diese Kompetenz aktiviert werden kann.

Nicht zuletzt deshalb, weil die Beschäftigung mit diesem Erbe Impulse bietet, aktuelle Probleme zu beschreiben, die Zusammenhänge zu verstehen, aus denen sie entstanden sind, Erklärungen zu finden, warum sie entstanden sind und daraus für die Zukunft zu lernen. Also genau das zu tun, was man der trivialisierten Fassung der Optimierungsangebote durch TV-Prominente und Influencer zutraut: Vertrauen zu fassen.

Es wird also eine Art Bestandsaufnahme entstehen, der den gegenwärtig orthodoxen Kanon der Pflichtliteratur für Wirtschafts- und Sozialwissenschaftler und der aus ihnen entstehenden Berufsfelder erweitert und gleichzeitig neue Impulse entwickelt. Eine Bestandsaufnahme ausgewählter früherer Werke der Wirtschafts- und Sozialwissenschaften im Hinblick auf Thesen, Modelle, Theorien und Befunde, die zeitlos gültig sind und überraschende Antworten auf Fragen geben, die heute wieder neu gestellt werden – auch und insbesondere zum Verständnis der gegenwärtigen multiplen Transformationen. Nur zum Beispiel das Kapitel „Kulturtheorie" aus „Dialektik der Aufklärung" von Max Horkheimer und Theodor W. Adorno, das bis in späten 1950er-Jahre in Deutschland nicht erhältlich war und von Studierenden der 1960er-Jahre als „Raubdruck" wieder aufgelegt wurde – eine kritische Analyse der Medienwirtschaft und ihrer Marktrationalität, die letztlich nur noch auf die Verstärkung der massenhaft absetzbaren Inhalte setzt. Geschrieben im Jahr 1947 in den USA, in den Grundgedanken gültig bis heute und dies auch im Kontext der Kant-Retrospektive und der in dieser Rückschau immer wieder zitierten kleinen Schrift über Aufklärung (Horkheimer und Adorno 2003, S. 128–176).

Aus literarischer Sicht ließe dazu sich die ebenso erschreckende wie erheiternde Interpretation einer Begebenheit aus der Odyssee durch Alberto

Moravia anbieten: „Erinnerungen an Circe" – mit einer gänzlich anderen und metaphorischen Sicht auf die Verwandlung der Matrosen durch die Sirenen zu Schweinen. Nämlich als lustvolle Unterwerfung, um nichts Anderes mehr tun zu müssen, als Urinstinkte zu befriedigen, ohne nach den Konsequenzen zu fragen. Originaltitel: „Ricordo di Circe", erstmals publiziert in „La Gazetta del Popolo", 25. Oktober 1940 (auf Deutsch: Moravia 2004).

Dieses Beispiel wirft erneut die Frage auf, ob – trotz aller Ernsthaftigkeit der Verfahren und Feinheiten des Vokabulars – Wissenschaft nicht humorvoll sein sollte, poetisch, feuilletonistisch oder literarisch wie bei Moravia, dessen „Circe" ja eine erzählerische Vorwegnahme der von Adorno und Horkheimer formulierten Analyse der Mediengesellschaft darstellt.

10.9 Überwindung der Ungleichheit als Zukunftsaufgabe

Aber nun ist die Frage noch einmal zu stellen: Lohnt sich das? Andreas Poltermann hat sie ja in seiner Analyse zur Wissensgesellschaft vor Jahren gestellt und festgestellt: „Das Versprechen, durch Bildung auch sozial aufzusteigen und eine den gestiegenen Qualifikationen entsprechende, anforderungsreichere und besser bezahlte Arbeit zu finden, wurde vielfach enttäuscht" (siehe ausführlicher Abschn. 1.2). Diese Frage gewinnt an Brisanz, wenn eine soziologische Analyse dieser Versprechen unternommen wird – so wie sie am Beispiel der Creative Class in Abschn. 9.7 oder bei der Einschätzung des Smart Capitalism in Abschn. 6.6 skizziert wurde. Man gerät sehr schnell in Niederungen ideologischer Schlussfolgerungen, was dann im engeren Sinne aber keine Wissenschaft mehr wäre. Dennoch sind die einschlägigen wirtschaftswissenschaftlich inspirierten Gesellschaftsanalysen von großem Wert für die Beantwortung der Frage nach dem Sinn von Bildung. Und das nicht erst, seit die Forschung zu den Folgen der Corona Pandemie das sozioökonomische Gefälle und die sehr unterschiedlich starke Betroffenheit der verschiedenen Milieus offengelegt hat. Offensichtlich wird die sozialstrukturelle Verteilung der Lebensentgelte durch Bildung weiterhin bestehen bleiben.

Die PISA-Studien und der Bildungsbericht belegen eindringlich die Tatsache, dass die Zugangsmöglichkeiten zur Bildung mit statistischer Signifikanz auf den sozioökonomischen Status der Familien zurückgeführt werden können. Gleichzeitig aber, und das ist der Circulus vitiosus, hängt dieser Status wiederum auch von der Bildung ab. Das bestätigt im Übrigen auch die aktuelle PIAAC-Studie (Programme for the International Assessment of Adult Competencies) – eine Art PISA für Erwachsene. Darin werden die Lese-, Rechen- und Problemlösefähigkeiten von Menschen im Alter zwischen 16 und 65 Jahren untersucht. Zusammengenommen bilden diese Fähigkeiten nicht nur die Grundlage für die persönliche und berufliche Entwicklung, sondern auch für die Bewältigung der komplexen Anforderungen des modernen Lebens – so die OECD.

Doch allmählich verlagern sich die Schwerpunkte dieses Missverhältnisses zwischen Bildung und biografischem Erfolg. Die Diskussion um das sogenannte akademische Prekariat offenbart eine ähnliche Problematik auf höherem Bildungs-Niveau. Das Argument, dass die Betroffenen ja etwas „Vernünftiges" hätte studieren können, um einen Job in der Wirtschaft zu erhalten, wirkt angesichts der bedrohlichen Expansion der künstlichen Intelligenz auch in anspruchsvollen Tätigkeitsfeldern befremdlich. Sie zeigt sich sogar in der in Abschn. 4.3 beschriebenen zunehmenden Arbeitslosigkeit hochklassiger IT-Fachkräfte.

All diese Bereiche mit einer sozialdarwinistischen Idee der Ich-AG im Smart Capitalism zu beruhigen, grenzt an Zynismus. Und die Idee der Bildungsrevolution hört sich zwar gut an, lässt aber keine irgendwie geartete praktische Lösung erkennen. Wo sind die Alternativen? Waldkindergärtnerinnen? Trauerritualisten? Lebenscoach oder Duftgestalter und sonstige Resteverwertungen von Personal, wie sie von Horx als Errungenschaften eines Smart Capitalism beschrieben wurden?

Wenn gleichzeitig, wie im Handelsblatt umfänglich berichtet, Geldhäuser aus der Schweiz oder Liechtenstein den Markteintritt in Deutschland vorantreiben, um Milliardären einen sicheren Ort für ihr Vermögen außerhalb der Euro-Zone zu eröffnen und das auf die wachsende politische und wirtschaftliche Unsicherheit in Deutschland zurückführen, wirkt das bigott. Insbesondere deshalb, weil, um es noch einmal zu betonen, die spektakuläre Ungleichheit bei der Verteilung des Vermögens (ganz unabhängig davon, wie gerechtfertigt Reichtum in vielen Fällen auch sein mag) ein mehr als mutmaßlicher Grund für wachsendes Misstrauen in das System der modernen Gesellschaft ist.

Die Sprecherinnen und Sprecher des World Economic Forums beziehen sich in ihrem aktuellen Aufruf „Rebuilding Trust" auf prominente Wirtschaftswissenschaftler, zum Beispiel auf Joseph Stiglitz, Laureat des Nobelpreises für Wirtschaftswissenschaften des Jahres 2001.

Seine Thesen zum hier verhandelten Themenfeld sind im Buch „Der Preis der Ungleichheit. Wie die Spaltung der Gesellschaft unsere Zukunft bedroht" von 2012 nachzulesen. Stiglitz fasst es in neun Punkten zusammen, und nur wenige davon lassen auf die von Horx entdeckte „verblüffende, seltsam entspannte Heiterkeit, eine Leichtigkeit, die wir schon lange nicht erlebt, vielleicht sogar vermisst haben" schließen. (vgl. Abschn. 6.8).

1. Die Krise hat das obere eine Prozent reicher gemacht und die Ungleichheit verstärkt.
2. Wirtschaftliche Ungleichheit führt zunehmend auch zu politischer Ungleichheit.
3. Das obere eine Prozent manipuliert die öffentliche Meinung mit Hilfe der Medien.
4. Rent-Seeking schafft Wohlstand für das obere eine Prozent auf Kosten der Allgemeinheit.
5. Der Strukturwandel in der Wirtschaft führt zur Polarisierung der Einkommen und reduziert die Chancengleichheit.
6. Schwache Gewerkschaften verstärken die Ungleichheit.
7. Die Politik fördert Ungleichheit durch Deregulierung und Sozialhilfe für Konzerne.
8. Der Rechtsstaat beschützt die Reichen vor den Armen statt umgekehrt.
9. Eine andere Politik könnte die Ungleichheit reduzieren.

Auch Robert Shiller, Träger des Wirtschafts-Nobelpreises 2013, wird in diesem Zusammenhang aus seinem Werk „Märkte für Menschen" (auf Deutsch erschienen 2012) zitiert. Dort kritisiert er Börsenspekulationen, Milliardenpoker sowie überzogene Boni. Was im Interesse der Finanzwirtschaft erstrebenswert sei, habe für den „Rest der Gesellschaft" oft katastrophale Folgen. Shiller stellt seine Vision einer besseren Finanzordnung vor, in der die Märkte wieder ihre ursprüngliche Funktion erfüllen: das Kapital der *Gesellschaft* zu verwalten und zu mehren. Nicht nur das monetäre Kapital, sondern auch das kulturelle und das Bildungskapital. Denn all das zusammengenommen ist die einzige Sicherung für eine gesamtgesellschaftliche und -wirtschaftliche Erfolgsvorsorge gegen die Willkür etwa wirtschaftspolitischer Interventionen machtvoller Staaten.

2007 schon mahnte Morris Berman in seiner Warnung „Dark Ages America" vor dem Niedergang der großen klassischen Demokratien (hier nach einer allen jederzeit zugänglichen Quelle: Wikipedia). Es bedürfe jedenfalls starker monastischer Individuen, die kein Interesse am materiellen Erfolg hätten, und des vagabundierenden, nomadischen Denkens, um die kritische intellektuelle Energie für bessere Zeiten zu bewahren.

Man mag die Verbindung einer monastischen (also nicht auf materielle Güter und Status ausgerichteten Lebensweise) mit dem nomadischen, also frei beweglichen Denken, als romantisch abtun. Doch die Anregung zur Relativierung der marktrationalen Nutzwert-Bildung und ihrer Systeme könnte zu einer neuen soziologischen Sichtweise führen, die nicht mehr allein an Schichten oder Klassen, sondern an Mentalitätsmilieus gemeinsam von den Transformationen betroffener Bürgerinnen und Bürger der Bildungsrepublik ausgeht. Diese Perspektive liegt auch im Interesse einer auf innovativen Ideen und intellektuelle Utopien des Möglichen und Denkbaren angewiesenen Wirtschaft. Rafael Laguna de la Vera, Direktor der Bundesagentur für Sprunginnovationen SprinD, sieht – interessante Terminologie – „die Gesellschaft selbst" in der Pflicht: „Wir müssen als Gesellschaft unser Verständnis dafür schärfen, welche Art von Innovationen wir auf Grundlage welcher Werte künftig entwickeln wollen."

Schließlich gehe es um Innovationen, „die das Leben einer größtmöglichen Anzahl von Menschen in größtmöglichem Umfang besser machen". Lagunas Bemerkungen werden in einer Vielzahl von Medien zitiert.

10.10 Die Verantwortung des neuen Bildungsbürgertums

Diese Aufgabe muss von den Repräsentantinnen und Repräsentanten öffentlicher und privater Bildungseinrichtungen im Sinne ihrer Verantwortung für die Mitarbeit an der Sicherung der Zukunft eines pluralistischen

Gemeinwesens erfüllt werden. Dafür – um es volkstümlich und in diesem Fall unmissverständlich auszudrücken – haben wir sie studieren lassen. Das heißt aber eben auch, Vertrauen in diese Repräsentation und Stolz auf diese Menschen zu entwickeln, statt sie mit Horrorgeschichten über faule Professoren und unfähige Lehrer zu diskreditieren, um auf dem Markt der Aufmerksamkeitsökonomie ein paar Tantiemen zu generieren. Auch darüber ließe sich eine Geistesgeschichte schreiben. Und über ihre nicht (mehr) so präsenten Vertreterinnen und Vertreter, die als Leitidee ihrer Philosophie die Bedeutung dieses Vertrauensvorschusses und dieses Stolzes betont haben.

Zufällige weitere Fundstücke von Stimmen aus dem Off in zufällig zur Verfügung stehenden Bibliotheken (wie zum Beispiel die folgenden, die der Autor in einer abenteuerlich gemischten Büchersammlung in einem angemieteten Ferienhaus fand), die im Sinne der im ersten Kapitel getroffenen Definition von Bildung eine durchwegs individuelle Auswahl repräsentieren: zum Beispiel Vargas-Llosa in seinem – damals heftig als nostalgisches Genörgel kritisierten – Pamphlet „Alles Boulevard: Wer seine Kultur verliert, verliert sich selbst". Er schreibt: „Die Teilnahme denkender und schöpferischer Geister am öffentlichen Leben, an den politischen, philosophischen und religiösen Debatten reicht bis zu den Anfängen des Abendlandes zurück. […] Neben ihrer forschenden, akademischen oder schöpfenden Tätigkeit nahmen zahlreiche herausragende Schriftsteller und Denker mit ihren Büchern, Erklärungen und Stellungnahmen Einfluss auf das gesellschaftliche Geschehen, und so war es auch noch, als ich jung war, in England mit Bertrand Russell, in Frankreich mit Sartre und Camus, in Italien mit Moravia und Vittorini, in Deutschland mit Günter Grass und Enzensberger. Oder denken wir nur daran, wie in Spanien José Ortega y Gasset und Miguel de Unamuno öffentlich das Wort ergriffen."

Ortega y Gasset, ein Name, und ein Zeuge für dasselbe Motiv, unteranderem in seinen 1937 publizierten kleinen Essays über Spanien mit dem Titel: „Stern und Unstern. Gedanken über Spaniens Landschaft und Geschichte", hier zitiert aus dem Essay „Die Herrschaft der Massen" nach der Ausgabe der Deutschen Verlagsanstalt aus dem Jahr 1952: „Ich, ein Universitätsprofessor, bin auf die Mitarbeit des bäuerlichen Denkens weit dringender angewiesen als der Bauer auf meine Hilfe. […] Wo es keine Minderheit gibt, die auf eine kollektive Masse einwirkt, welche sich dem Einfluss einer Minderheit öffnet, da gibt es auch keine oder doch nur rudimentäre Gesellschaft. [...] Diese bürgerlichen Damen und Herren brachten mit so viel Sicherheit und Selbstvertrauen ihr endloses Gewäsch hervor, sie saßen so fest verschanzt hinter ihrer unangreifbaren Dummheit, dass jedes treffende, präzise, elegante Wort albern und beinah anstößig galt.

Sie braucht neben den großen Gelehrten und Künstlern den vorbildlichen Offizier, den vollkommenen Industriellen, den musterhaften Arbeiter, ja den glänzenden Weltmann. Und ebenso sehr, wenn nicht mehr, braucht eine Nation edle Frauen." (S. 119/135)

Diese letzte Bemerkung wiederum erinnert noch einmal an das Urbino, das Baldassare Castiglione beschreibt, Autor des 1528 erschienenen berühmtesten unbekannten Buches der Weltliteratur: „Il Cortegiano", einer als Unterhaltung angelegten Auseinandersetzung mit den Prinzipien des politischen und wirtschaftlichen Verhaltens. In dem Buch geht es nicht um einen vordergründigen Ratgeber, sondern um eine ganzheitliche Geisteshaltung – um Stil, Eleganz und Unverwechselbarkeit, kurz: die lebenslange Bemühung um eine „schlafwandlerische Handlungskompetenz" (so Gerhart von Graevenitz in einem Festvortrag an der Universität St. Gallen 2005). Castiglione hat sein Buch im klaren Gegensatz zur viril-utilitaristischen Machtphilosophie Machiavellis der „zweiten Führungsebene" gewidmet, inszeniert in einem munteren Diskurs im Palazzo Ducale in Urbino, heute Weltkulturerbe. Hier diskutiert eine Runde von hochrangigen Funktionsträgern über die „virtú", die einem idealen Cortegiano ansteht. Ein Plädoyer gegen Opportunismus und oberflächlichen Karrierismus, für Haltung und ein Selbstbewusstsein, dem man die Mühe nicht mehr anmerkt, die zu seiner Entwicklung aufgewendet wurde. In einem Diskurs im Übrigen, dessen wesentliche Moderation zwei Damen überantwortet ist, in deren Habitus sich diese „virtú" am offensichtlichsten zeigt – 1528! Es geht um das, was Castiglione (beziehungsweise einer der Gesprächsteilnehmer) als „Sprezzatura" bezeichnete – ein schon deshalb bemerkenswerter Begriff, weil er aktuell Millionen Treffer in den Internet-Suchmaschinen hat. Gerade heute erscheint es angemessen, und ist zudem auch überaus unterhaltsam, an diese Inspiration einer klassischen „Italianitá" zu erinnern. Das Ziel ist ja nie aus dem Blick geraten: unsere Interessen und Kompetenzen, unseren Stil und die Persönlichkeit vor den Zumutungen der kurzfristigen Ertragsorientierung und ihrer ebenso machtvollen wie mitunter stillosen Protagonisten zu retten – für eine lebendige Innovationskultur und eine inspirierende, ganzheitliche Eleganz (dazu: Burke 1996; Rust 2018).

Zurück zu Vargas-Llosa, der im bereits zitierten Werk das Fazit formuliert: „Heute hat sich der Intellektuelle aus den Debatten verzogen. […] Verbannt in die Nische ihres Fachgebiets oder sonstigen Tuns, kehren sie dem, was man vor einem halben Jahrhundert das bürgerliche oder moralische Engagement nannte, den Rücken. Es gibt Ausnahmen, aber unter denen, die zählen – weil sie in die Medien kommen –, sind es in aller Regel die Selbstvermarkter und Exhibitionisten, nicht die Streiter für ein Prinzip oder einen Wert. In der Kultur des Spektakels interessiert der Intellektuelle nur, wenn er das Spiel des Tages mitspielt und den Narren gibt." (S. 217)

Was fast wörtlich einige Jahrzehnte zuvor der Soziologe Jonas Cohn, ein sogenannter Neokantianer, warnend im Vorwort zu dem Monumentalwerk Toynbees „Der Gang der Weltgeschichte" prognostizierte: „Wenn die führende Minderheit einer Aufgabe gegenüber versagt, wenn sie aufhört schöpferisch zu sein, dann wird sie zu einer nur noch herrschenden Minderheit, deren Herrschaft ihr Recht verliert. Das fühlt die große Masse, so dass sie nun nicht mehr freiwillig folgt und nachahmt." Der Ursprung sozialer Aktionen liege daher nicht in der Gemeinschaft, sondern in den Individuen. Die Gemeinschaften, die wir Kulturen nennen, würden durch überlegene Individuen bestimmt und geleitet, die eine „schöpferische Minderheit" bilden.

Stefan Zweig differenzierte das Motiv Ortegas und Cohns 1940 in einem viel beachteten Vortrag in Paris im Théatre Marigny und konzentrierte sich auf die bedeutsame Rolle des normalen Bürgertums: „Wie eine Pflanze den gesättigten Boden, so braucht produktive Kunst zu ihrer Entfaltung das aufnehmende Element, die Kennerschaft weiter Kreise, sie braucht, wie jene Sonne und Licht, die fördernde Wärme einer weiten Anteilnahme – immer wird die höchste Stufe der Kunst dort erreicht, wo sie Passion eines ganzen Volkes ist." (diverse Quellen. Z. B. Auf Reisen, Frankfurt/Main, Fischer 1987, S. 399)

Sicher lässt sich nicht von der Hand weisen, was die Befunde der PISA-Studie, des Bildungsberichts, der Ministerien und des Europa-Rats, der Bildungssoziologie und der heterodoxen Wirtschaftswissenschaften übereinstimmend zeigen: dass die Bildungsmotivation jedes einzelnen Bürgers und jeder einzelnen Bürgerin der Bildungsrepublik vom sozio-ökonomischen Status abhängig ist.

Aber das hat auch viel mit der herkömmlichen Definition von Intelligenz zu tun, wie das in Abschn. 1.10 schon ausgeführte Gedanken-Experiment belegt: Die Intelligenz eines IT-Spezialisten für die Konstruktion von Algorithmen zur Auswertung von Kundendaten ist eigentlich – um es wissenschaftlich auszudrücken – strukturell äquivalent zu der eines Auszubildenden, der nicht nur die Historie eines Fußball-Drittligisten lückenlos zu vermitteln weiß, sondern darüber hinaus in der Lage ist, Zukunftsaussichten durch den Einkauf von Spielern im Verhältnis zu den Transferkosten in einer Punktetabelle potenzieller Spiele einzuschätzen. Aus dieser Perspektive kann auch die Theorie des Soziologen Pierre Bourdieu differenziert werden, dass nur den Kindern, die in privilegierte Milieus hineingeboren werden, über Erziehung, Bildung, Sozialisation und Status kulturelle und soziale „Kapitalien" überantwortet werden – sozusagen als steuerfreie Mitgift fürs Leben. Dem widersprach 2007 der Psychologie-Professor John Goldthorpe in einem häufiger zitierten Working Paper mit dem Titel: „‚Cultural Capital': Some Critical Observations" (www.sociology.ox.ac.uk/research). Goldthorpe war von der Statistik irritiert, dass die Zahl an Studierenden sich stetig erhöht, sich aber nicht (nur) aus den oberen Bildungsschichten rekrutieren könne, wenn deren quantitative Anteile an der Gesellschaft nicht im gleichen Maße zunähmen. In dieser Studie wird die resozialisierende Funktion der Schule betont.

Und was die Frage des kulturellen Kapitals in ökonomisch weniger begünstigten Milieus betrifft, wies zum selben Zeitpunkt Paul M. de Graaf (Universität Tilburg) in seinen Forschungen auf die innere Differenzierung dieses unzulässig pauschalisierten Milieus hin – in dem es durchaus auch Subkulturen gäbe, die schulischen Erfolg begünstigten, Lesen zum Beispiel. Ein Befund, der sich mit den Beobachtungen der PISA-Studie 2022 deckt, die immerhin einen 20-prozentigen Anteil von überdurchschnittlichen Schülerinnen und Schülern aus ökonomisch belasteten Milieus identifiziert. Das lässt sich durchaus umkehren, denn auch ein sozioökomisch arrivierter Status bedeutet nicht, dass Dummheit und

Verbohrtheit ausgeschlossen sind. Man wird sich, vor allem in den intellektuellen Zirkeln dieser Republik, eine Reihe unbequemer Fragen stellen müssen – danach zum Beispiel, welchen Anteil man selbst am beklagten Bildungs- und Vertrauensverlust hat, durch ungewollte Barrieren oder durch, den Gedanken eines Universalismus, wie Omri Böhm ihn als sein Leitmotiv aus der Philosophie Kants entwickelt hat, zuwiderlaufende hermetische identitätspolitische Abschottungen.

Die Schlussfolgerung ist also die einer doppelten Verantwortung: Bildung von jeder elitären und marktrationalen oder milieuspezifischen Verfremdung zu befreien und das Vertrauen aufzubringen, dass eine funktionierende bildungsrepublikanisch verfasste Wissensgesellschaft uns durch grenzüberschreitende Kommunikation alle gescheiter macht.

Literatur

Albert, H. (1963): Modell-Platonismus. In: Karrenberg, F., Albert, H. (Hrsg.), Festschrift für Gerhard Weißer, Berlin; auch: https://www.gleichsatz.de/b-u-t/can/101/halbert_modell.html

Ansoff, I. (1976): Managing Surprise and Discontinuity. Strategic Response to Weak Signals. Zeitschrift für betriebswirtschaftliche Forschung 28, 3, 129–152

Atkins, C. (1972): Anticipated Communication and Mass Media Information-Seeking. In: The Public Opinion Quarterly 36, 2, 188–199

Autor:innengruppe Bildungsberichterstattung (2024): Bildung in Deutschland 2024. Ein indikatorengestützter Bericht mit einer Analyse zu beruflicher Bildung. Bielefeld: wbv Media

Bäuerle, L. (2021): Beyond indifference: An economics for the future. In: Real-World Economics Review, 96, S. 82–97

Bourdieu, P. (1974): „Haute Couture" und „Haute Culture". In: Ders. (1993): Soziologische Fragen, Frankfurt a. M: Suhrkamp Verlag, S. 187–196

Bourdieu, P. (1993): Die feinen Unterschiede. Kritik der gesellschaftlichen Urteilskraft Frankfurt a. M. (Suhrkamp); zuerst 1987

Brumfield, G. (2008): The Testosterone of Trading. Nature; (https://doi.org/10.1038/news.2008.753)

Buckingham, M. & Coffman, C. (1999): First, Break All the Rules. What the World's Greatest Managers Do Differently. New York: Simon & Schuster

Burke, P. (1996): Die Geschicke des ‚Hofmann'. Zur Wirkung eines Renaissance-Breviers über angemessenes Verhalten. Berlin: Klaus Wagenbach Verlag

Castiglione, B. (1996): Der Hofmann. Lebensart in der Renaissance. Berlin: Klaus Wagenbach Verlag

Ciompi, L. (1982): Affektlogik. Über die Struktur der Psyche und ihre Entwicklung. Stuttgart: Klett Cotta

Coates J. & Herbert, J. (2008): Endogenous Steroids and Financial Risk-Taking on a London Trading Floor. Proceedings of the National Academy of Sciences 105,16, S. 6167–72

DAAD/AvH/HRK, Hrsg. (2019): Internationalität an deutschen Hochschulen: Erhebung von Profildaten 2018. DAAD-Studien. Bonn: DAAD

Dahrendorf, R. (1958): Homo sociologicus. Ein Versuch zur Geschichte, Bedeutung und Kritik der Kategorie der sozialen Rolle. Wiesbaden: VS Verlag, 16. Auflage

Dahrendorf, R. (1979): Lebenschancen. Anläufe zur sozialen und politischen Theorie. Frankfurt: Suhrkamp Verlag

Dahrendorf, R. (2001): Öffentliche Sozialwissenschaft Nützlich? Lehrreich? Unterhaltsam? Berlin: Wissenschaftszentrum Berlin für Sozialforschung, Vorlesungen

Damasio, A. R. (1994): Descartes' Error: Emotion, Reason, and the Human Brain, Putnam

Damasio, A. R. (2000): Ich fühle, also bin ich. Die Entschlüsselung des Bewusstseins München: List Verlag

Denrell, J. (2003): Vicarious Learning, Undersampling of Failure, and the Myths of Management. In: Organization Science, 14, 3, S. 227–243

Dubrović, M. (2001): Die veruntreute Geschichte, Frankfurt/Main: Fischer Taschenbuchverlag

Elger, C. E., Friederici, A. D., Koch, C., Luhmann, H., von der Malsburg, C., Menzel, R., Monyer, H., Rösler, F., Roth, G., Scheich, H., Singer, Wolf. (2004): Das Manifest. Elf führende Neurowissenschaftler über Gegenwart und Zukunft der Hirnforschung. Gehirn & Geist, Heft 6, 30–37; im Faksimile: http://www.wissenschaft-online.de/artikel/834924

Fehr, E. (2001): Die Psychologische Wende in der Ökonomik. Vortrag vor dem Wissenschaftskolleg Berlin. http://www.iew.unizh.ch/home/fehr/papers/stgallen02.pdf

Fehr, E., Fischbacher, U. (2003): The Nature of Human Altruism. Nature 425, 785–791.
Fehr, E., Fischbacher, U., Kosfeld M. (2005): Neuroeconomic Foundations of Trust and Social Preferences. American Economic Review, 95. Jg., Heft 2, 346–351; auch unter http://www.iew.unizh.ch/home/fehr/nature/Neuroeconomic_Foundations_June_2005.pdf
Florida, R. (2004): The Rise of the Creative Class. New York: Basic Books
Forsthuber, M.: Futur unexakt. Trend. Das österreichische Wirtschaftsmagazin 11/2005, 187–190
Frankfurt, H. (2005): On Bullshit. Princeton University Press
Frey, B. S., Scheidegger, F. (2021): Macht Wohlstand glücklich? Die Volkswirtschaft, 10, S. 22–25
Frey, B. S. (2017): Wirtschaftswissenschaftliche Glücksforschung: Kompakt–verständlich–anwendungsorientiert.
Habermas, J. (2019): Auch eine Geschichte der Philosophie. Band 2: Vernünftige Freiheit. Spuren des Diskurses über Glauben und Wissen. Frankfurt/M.: Suhrkamp
Halbritter, K.1968: Adolf Hitlers Mein Kampf, antiquarisch; als Neuauflage im Oktober 2023 erschienen im Verlag Bärmeier & Nikel,)
Hardt, M., Negri, A. (2000): Empire. Harvard University Press
Häusel, H.-G. (2002a): Limbic Success: So beherrschen Sie die unbewussten Regeln des Erfolgs. Die besten Strategien für Sieger. Freiburg: Haufe Verlag
Häusel, H.-G. (2002b): Neuromarketing. Erkenntnisse der Hirnforschung für Markenführung, Werbung und Verkauf. Freiburg: Haufe Verlag
Hesse, V., Müller, St. (1997): Top Dogs. Entstehung, Hintergründe, Materialien. Zürich: Kontrast Verlag
Hömberg, W. (2009): Wissen ist Macht!? Medien und Kommunikation in der „Wissensgesellschaft". In. Die Politische Meinung 473, 4, S. 69–74
Horkheimer, M., Adorno Th. W. (2003): Dialektik der Aufklärung. Philosophische Fragmente. Fischer Taschenbuch Verlag
Horx, M. Wippermann, P. (1996): Was ist Trendforschung? München: Econ
Horx, M. (1997): Das Zukunftsmanifest. Aufbruch aus der Jammerkultur. München: Econ/List
Horx, M. (2001): Smart Capitalism. Frankfurt a. M.: Eichborn Verlag
Horx, M. (2005): Der Traum von der Gesellschaft der Hochgebildeten. Wie die Transformation in eine Wissensgesellschaft gelingen kann. Zdf.de 20.01.2005

Horx, M. (2007): Anleitung zum Zukunftsoptimismus. Frankfurt/M.: Campus Verlag
Horx, M. (2008): Steckt Gott im Quant? PM Magazin 1, 2008, 61–65
Horx, M. (2020): Die Zukunft nach Corona. Wie eine Krise die Gesellschaft, unser Denken und unser Handeln verändert. München: Econ Verlag
Horx, M. (2021): Die Hoffnung nach der Krise. Wohin die Welt jetzt geht oder Wie Zukunft sich immer wieder neu erfindet. München: Econ Verlag
Horx, M., Höhn, L., Papasabbas, L., Schuldt, Christian. (2024): Die Omnikrise: Wie uns eine Krise, in der alles miteinander zusammenhängt, den Weg in die Zukunft zeigt. Zukunftsinstitut
Jánszky, S. G. & Jenzowsky, St. A. (2010): Rulebreaker: Wie Menschen denken, deren Ideen die Welt verändern. Goldegg
Johnston, H. & Shoon, Lio (1998): Collective Behavior and Social Movements in the Postmodern Age: Looking Backward to Look Forward. In: Sociological Perspectives 41, 3, 453–472
Jürgs, M.(2002): Opa Schowski und seine trendigen Enkel. In: Ders.: Keine Macht den Drögen. Menschen, Medien, Sensationen. München, Goldmann, S. 48–50
Kaesler, D. (2008): Die Verantwortung der Soziologie für eine Gute Gesellschaft. In: Pichlbauer, M., & Rosner, S. (Hrsg.) Systemdynamik und Systemethik: Verantwortung für Soziale Systeme. Gedenkschrift für Walter Ludwig Bühl. Hampp, S. 108–123
Kamenz, U., Wehrle, M. (2007): Professor Untat. Was faul ist hinter den Hochschulkulissen. Berlin: Econ
Kant, I. (1776): Träume eines Geistersehers. Könemann Verlag; Ausgabe Werke 1, 1995, S. 309–381
Kant, I. (1784): Beantwortung der Frage: Was ist Aufklärung? Könemann Verlag; Ausgabe Werke 6, 1995, S. 162–170
Kant, I. (1795): Zum ewigen Frieden. Ein philosophischer Entwurf. Könemann Verlag; Ausgabe Werke 6, 1995, S. 279–333
Kehlmann, D. & Boehm, O. (2024) Der bestirnte Himmel über mir. Ein Gespräch über Kant. Propyläen
Kets de Vries, M. (2004): Führer, Narren und Hochstapler: Die Psychologie der Führung. Stuttgart: Klett-Cotta
Korn/Ferry & Columbia University (1989): Reinventing the CEO. 21st Century Report. New York: Korn Ferry, Columbia University
Kracht, Ch. (1995): Faserland. Köln: Kiepenhauer und Witsch
Krockow, Ch. (1983): Scheiterhaufen. Größe und Elend des deutschen Geistes. Berlin: Severin & Siedler

Lamiell, J. T. (1981): Toward an idiothetic psychology of personality. *American Psychologist, 3*, 276–289

Lanier, J. (2014): Wem gehört die Zukunft? Hamburg: Hoffmann & Campe

Lanier, J. (2018) Zehn Gründe, warum du deine Social Media Accounts sofort löschen musst. Hamburg: Hoffmann & Campe

Lazarsfeld, P. F., Henry. N. W. (1968): Latent Structure Analysis. Boston: Houghton Mifflin. Eine kürzere Fassung findet sich in Lazarsfeld, P. F. 1959: Latent Structure Analysis. Psychology: A Study of a Science, 3, New York: McGraw-Hill

Lévy, B.-H. (1978): „Die Barbarei mit menschlichem Gesicht". Reinbek bei Hamburg: Rowohlt Taschenbuch Verlag

Gabriel, M., Horn, Ch., Katsman, A., Krull, W., Lippold, A. L., Pelluchon, C., Venzke, I. (2022): Auf dem Weg zu einer neuen Aufklärung. Ein Plädoyer für zukunftsorientierte Geisteswissenschaften. Bielefeld: transcript

McGuire, W. J. (1982): Theoretical Foundations of Campaigns. In: Rice, R. E. & Paisley, W. J. (Hrsg.): Public Communication Campaigns. London: Sage. S. 43–65

Merton, R. K. (1957): The Role-Set. Problems in Sociological Theory. The British Journal of Sociology. 8, 2. S. 106–120

Michaels, E., Handfield-Jones, H., Axelrod, B. (1997): The War for Talent. Boston: Harvard Business Press, 2001

Moravia, A. (2004): Der neugierige Dieb. München Goldmann Verlag

Moss-Kanter, R. (1997): On the Frontiers of Management. Boston: Harvard Business Review Book

Neff, Th. J. & Citrin, J. M. (1999): Lessons from the Top: In Search of America's Best Business Leaders. New York: Crown Business

Nordhaus, W. D. and Tobin, J. (1973): Is Growth Obsolete? New York: Columbia University Press

Nora, S. & Minc, A. (1978): L'Informatisation de la Sociéte, Paris: La Documentation Française

OECD (2023), PISA 2022 Ergebnisse (Band I): Lernstände und Bildungsgerechtigkeit, PISA, Bielefeld: wbv Media, https://doi.org/10.3278/6004956w.

Osgood, C. E., Saporta, S. Nunnally J. G., 1956: Evaluative Assertion Analysis. Litera, 3. Jg. Heft 1, 47–102

Pires, J. C. (1997): Lissabonner Logbuch. Stimmen, Blicke, Erinnerungen. München/Wien: Hanser Verlag

Popcorn, F. (1990): The Popcorn Report: Faith Popcorn on the Future of Your Company, Your World, Your Life, New York: Harper Collins/Harperbusiness

Popcorn, F. & Marigold, L. (1999): ,Clicking Der neue Popcorn-Report. München Heyne Verlag (Original 1996: Clicking: 17 Trends That Drive Your Business – and Your Life)

Rapaille, C. (2006): The Culture Code: An Ingenious Way to Understand Why People Around the World Live and Buy as They Do. New York: Crown Business Publications

Ray, M. L., Sawyer, Alan G., Rothschild, M. L., Heeler, R. M., Strong, Edward C., Reed, J. B. (1973): Marketing Communication and the Hierarchy-of-Effects. In P. Clarke (Hg.), New Models for Mass Communication Research. Beverly Hills: Sage, 147–173

Ray, P. H. & Anderson, R. (2000): The Cultural Creatives. How 50 Million People Are Changing the World, New York: Harmony Books

Raynor, M. E., Mumtaz A., Henderson, A. D. (2009): A Random Search for Excellence. Why "great company" research delivers fables and not facts

Raynor, M.E., Mumtaz A., Henderson, A. D. (2012): A Random Search for Excellence. Why 'great company' research delivers fables and not facts. Diverse Internetquellen, z. B.: https://www2.deloitte.com/content/dam/insights/us/articles/a-random-search-for-excellence-why-great-company-research-delivers-fables-not-facts/DUP106_Random_Search_For_Excellence.pdf

Romer, P., M. (2000): Thinking and Feeling. *American Economic Review*, 90, 2, 439–443

Rust, H. (2002): Zurück zur Vernunft. Wenn Gurus, Powertrainer und Trendforscher nicht mehr weiterhelfen. Wiesbaden: Gabler Verlag

Rust, H. (2006): Trend-Soziologismen. Die Überfremdung der professionellen Soziologie durch feuilletonistische Nutzwerttheorien und ihre Lieferanten. Soziologie 35. 2, 143–160

Rust, H. (2007a): Homo neurooeconomicus Wie der wirtschaftswissenschaftliche Versuch, die ökonomische Handlungslogik des Individuums durch neuronale Prozesse zu erklären, zwangsläufig zur Soziologie zurückführt. Soziologie. 36, 3, 264–279

Rust, H. (2007b): Geist. Die Kraft der klugen Köpfe in Management und Marketing. Wiesbaden Gabler

Rust, H. (2008): Zukunftsillusionen. Kritik der Trendforschung. Wiesbaden: Verlag für Sozialwissenschaften

Rust, H. (2012): Strategie? Genie? Oder Zufall? Was wirklich hinter Managementerfolgen steckt. Gabler

Rust, H. (2014): Fauler Zahlenzauber. Fiktionen über Fakten in Wirtschaft und Management. Gabler

Rust, H. (2017): Virtuelle Bilderwolken. Eine qualitative Big Data-Analyse der Geschmackskulturen im Internet. Wiesbaden: Verlag Sozialwissenschaften
Rust, H. (2018): Klassische Inspirationen zu professioneller Gelassenheit – Sprezzatura statt Machiavelli. Wiesbaden: Springer Verlag
Rust, H. (2019): Rettung der Digitalisierung vor dem Digitalismus. Der ‚Europäische Weg' in eine nicht nur künstlich intelligente Zukunft, Wiesbaden: Springer Gabler
Rust, H. (2020): Irrwege und Entwicklungspfade. Eine konstruktive Kritik der Trend- und Zukunftsforschung. In: Steven Engler, Julia Janik, Matthias Wolf (Hg.): Energiewende und Megatrends Wechselwirkungen von globaler Gesellschaftsentwicklung und Nachhaltigkeit. Bielefeld transcript Verlag, Edition Politik Band 93, S. 61–79
Rust, H. (2021): Weise Voraussicht. Ziele, Inhalte und Strategien einer neuen Zukunftsforschung für Unternehmen. Springer Gabler
Rust, H. (2023): Messewirtschaft und Innovationskultur. Wiesbaden: Gabler Verlag
Schildt, A. (2020): Medien-Intellektuelle in der Bundesrepublik. Göttingen: Wallstein Verlag
Seligman M. E. P. (1991): Learned optimism: How to change your mind and your life. New York: Pocket Books
Simmel, G. (1895): Zur Psychologie der Mode. Sociologische Studie. In: Die Zeit. Wiener Wochenschrift für Politik, Volkswirtschaft, Wissenschaft und Kunst, Nr. 54, 22–24
Snow, Ch. P. (2012): The Two Cultures. Cambridge: Cambridge University Press.
Stahel, A. W. (2020): Is economics a science? In: *real-world economics review*, 94, 9, 61–82, http://www.paecon.net/PAEReview/issue94/Stahel94.pdf
Stevenson, B. & Wolfers, J. (2008): Economic Growth and Subjective Well-being: Reassessing the Easterlin Paradox, NBER Working paper N°14282
Sułkowski, Ł. (2019): On bullshit management – the critical management studies perspective. Economics and Sociology, 12(1), 302–312
Trebeis, O. V. (1994): Nationalökonom*olog*ie. Tübigen: Mohr Verlag
Vargas Llosa, M. (2013): Alles Boulevard. Wer seine Kultur verliert, verliert sich selbst. Suhrkamp Verlag
Veblen, T. (1899): Theory oft he Leisure Class; 1958: Theorie der feinen Leute: eine ökonomische Untersuchung der Institutionen, Köln und Berlin: Kiepenheuer & Witsch
Widmer, U. (1997): Top Dogs. Frankfurt: Verlag der Autoren
Zajonc, R. (1980): Feeling and Thinking: Preferences need no Inferences. American Psychologist, 35, 151–175

MIX
Papier aus verantwortungsvollen Quellen
Paper from responsible sources
FSC® C105338

If you have any concerns about our products,
you can contact us on
ProductSafety@springernature.com

In case Publisher is established outside the EU,
the EU authorized representative is:
**Springer Nature Customer Service Center GmbH
Europaplatz 3, 69115 Heidelberg, Germany**

Printed by Libri Plureos GmbH
in Hamburg, Germany